2019 年度河北省社会科学重要学术著作出版资助项目

中国农业高质量发展
基于出口对产业的影响与传导路径

刘 妍丨著

光明日报出版社

图书在版编目（CIP）数据

中国农业高质量发展：基于出口对产业的影响与传
导路径 / 刘妍著. -- 北京：光明日报出版社，2019.11
ISBN 978 - 7 - 5194 - 5551 - 4

Ⅰ.①中… Ⅱ.①刘… Ⅲ.①农产品—出口贸易—影
响—农业产业—产业发展—研究—中国 Ⅳ.①F323

中国版本图书馆 CIP 数据核字（2019）第 211785 号

中国农业高质量发展：基于出口对产业的影响与传导路径
ZHONGGUO NONGYE GAOZHILIANG FAZHAN：JIYU CHUKOU DUI
CHANYE DE YINGXIANG YU CHUANDAO LUJING

著　者：刘　妍

责任编辑：石建峰　　　　　　　责任校对：傅泉泽
封面设计：中联学林　　　　　　责任印制：曹　净

出版发行：光明日报出版社
地　　址：北京市西城区永安路 106 号，100050
电　　话：010 - 63139890（咨询），010 - 63131930（邮购）
传　　真：010 - 63131930
网　　址：http://book. gmw. cn
E - mail：shijianfeng@ gmw. cn
法律顾问：北京德恒律师事务所龚柳方律师

印　　刷：三河市华东印刷有限公司
装　　订：三河市华东印刷有限公司
本书如有破损、缺页、装订错误，请与本社联系调换，电话：010 - 63131930

开　　本：170mm × 240mm
字　　数：276 千字　　　　　　印　　张：18
版　　次：2020 年 5 月第 1 版　　印　　次：2020 年 5 月第 1 次印刷
书　　号：ISBN 978 - 7 - 5194 - 5551 - 4

定　　价：65.00 元

前　言

　　党的十九大报告指出，我国经济已由高速增长转向高质量发展阶段。农业作为国民经济的基础产业，亦要积极推动高质量发展，这是新时代下推进农业供给侧结构性改革，保障农业安全稳定、健康发展的关键之路。高质量发展应该是"质"与"量"的统一，两者并非对立关系，量变是质变的基础，质变是量变累积的结果。高质量发展是建立在"量"的基础之上而追求的"质"的提升，离开了"量"的"质"，则相当于无源之水、无本之木。所谓"量"的累积即规模化增长；所谓"质"的提升，依据习近平总书记关于将推动产业结构转型升级作为经济高质量发展工作重点的论述，即重点为结构优化升级。因此，实现农业产业集约式规模增长和结构优化升级应作为推进农业经济高质量发展的核心内容。

　　在开放经济下，出口作为拉动经济增长的三驾马车之一，为中国农业的高速增长做出过巨大贡献。在中国农业经济转向高质量发展的阶段，出口贸易能否继续发挥重要的带动作用，出口贸易的高质量发展能否成为拉动农业产业高质量发展的"新马车"，这对于已经深入全球产业链的开放性农业大国而言，是需要重新认识并加以重视的问题。

　　随着中国农业产业规模化和科技化进程的逐步加快，在保障本国粮食安全和居民需求的基础上，发展农产品初级加工和精深加工已成为促进本国农业产业可持续增长的重要依托。中国农业从"量"上来说，是名副其实的农产品生产大国和出口大国。近五年，中国50种出口农产品①中，出口量排名世界前五的有20种，2017年排名世界第一的有16种，中国在国际农产品市场中的影响地位逐年攀升。但是，从"质"上来说，中国还尚未达到"农业

---

　　① 本书界定的农产品包括初级品和加工品。

强国"的标准。农林牧渔业生产份额虽已由 1992 年的 21.6% 缩减到 2016 年的 8.9%，但仍明显高于美国（1%）和日本（1.1%）等农业强国；农产品加工深度①虽从 1992 年的 0.33：1 增长到 2016 年的 0.90：1，但也远低于美国（2.66：1）和日本（3.83：1）。总体上，中国农业产业规模虽大，却呈现"低效率、低技术"的特点。然而，中国农产品出口质量②在 2010—2016 年间，从 3.04 万元增长到 5.07 万元，增幅 66.92%，年均增速 8.91%，虽低于发达国家水平，却呈现良好的增长势头。中国作为国际农产品市场的重要供给方，出口规模的日益庞大，出口质量的持续上升，不仅代表了农业产业中拥有更高生产效率的先进生产部门产出水平的提高，更代表了中国农产品国际地位的提升以及贸易利益所得的增加。出口部门作为农业产业中的优势竞争力代表，对农业产业发展的影响更是与日俱增，尤其在当前农业经济呈现结构性减速、内外经济局势存在较大不确定性的形势下，正确认识农产品高质量出口贸易对农业产业高质量发展的影响机制和传导路径，将有助于形成行之有效的政策引导，使出口对产业的影响效应得到充分发挥，这对中国农业高质量发展具有深远意义。

本书研究的核心主题是高质量发展下中国农产品出口贸易对农业产业发展的影响效应和传导机制，围绕这一主题，沿着理论分析、现状分析和实证分析的技术路线，从"量"和"质"两个层面，即出口规模和出口质量对产业规模和产业结构的影响展开研究。

首先，本书对出口贸易影响产业发展的理论和实证相关文献进行系统梳理和归纳总结，在此基础上，对研究范围进行基本界定，并从理论层面分析农产品出口贸易对农业产业发展的影响效应和传导机制，进而借鉴已有理论成果，构建理论模型，为后续研究提供坚实的理论基础。其次，对中国农产品出口高质量发展和农业产业高质量发展情况分别进行评价分析。其中，对中国农产品出口高质量发展的分析从出口规模和出口质量两个层面展开。出口规模层面主要从出口总量、产品结构和地区分布角度进行分析；出口质量层面在构建出口技术复杂度指标的基础上，对产品和地区出口质量的差异进

---

① 农产品加工深度即农产品加工业增加值与农林牧渔业增加值的比值，该比值越高说明初级农产品向加工农产品转化的程度越高。

② 出口质量采用 Hausmann 等（2005）的出口技术复杂度来衡量。

行比较评价。对农业产业高质量发展的分析从产业规模和产业结构两个层面展开。产业规模层面主要从整体规模、内部结构和地区分布角度进行分析；产业结构层面在构建衡量指标的基础上，对产业结构合理化与高级化水平进行比较评价。最后，在把握基本现状的基础上，以理论机制为依据，从直接影响和影响机制两个层面，逐步深入地实证检验农产品出口规模和出口质量分别对农业产业规模化、合理化和高级化发展的影响。第一层面从静态和动态两个角度，运用静态面板的固定效应和随机效应模型，以及动态面板的向量自回归模型对直接影响的方向和程度进行实证分析；第二层面运用中介效应检验模型，以物质资本、人力资本、科学技术和制度质量为中介变量，实证检验出口贸易通过中介变量的传导对产业发展的影响机制，从中得出各中介变量的传导作用及中介效应的贡献程度。

根据以上理论分析、现状分析和实证检验的结果，得出以下研究结论：第一，农产品出口和农业产业均呈平稳增长趋势，其中，劳动密集型农产品出口和产业是增长的主力，而资本技术密集型农产品出口和产业的提升潜力更大，中西部地区出口和产业提升速度均快于东部地区；第二，农产品出口贸易能显著促进农业产业发展，出口质量的促进效果优于出口规模，尤其对中西部产业合理化和高级化的影响最为显著；第三，农产品出口规模和出口质量影响农业产业发展的传导路径有所差别，物质资本和科学技术的传导作用必不可少，人力资本在出口规模对产业发展的影响中具有传导作用，制度质量在出口质量对产业发展的影响中具有传导作用；第四，东部地区农业产业结构升级空间已不及中西部，中部地区制度质量仍需进一步提高，西部地区人力资本和科学技术投入力度亟待加强。

基于以上研究结论，提出以下推动中国农产品出口贸易有效促进农业产业发展的政策启示：第一，利用国内外市场，重视技术和品牌，提升出口贸易质量；第二，重视合理化调整，加速高级化进程，推进农业产业健康发展；第三，提高要素配置效率，加强中西部引进力度，扩大中介传导效应；第四，优化内外制度环境，缩小地区制度差异，提供坚实的制度保障。

随着中国农业产业结构改革的深入推进，利用国内农产品出口部门的先进经验带动整个产业转型升级的作用会愈加明显和深化，因此，出口贸易影响产业发展的选题仍具有继续研究的必要性和重要性。毋庸讳言，本书相关研究仍存在许多不足和值得改进之处，期望通过本书的研究，能起到抛砖引玉的作用，为中国农业的高质量发展实践贡献更多力量。

本书受到"2019年度河北省社会科学重要学术著作出版资助项目"资助，感谢河北省社会科学院、河北社会科学界联合会的鼎力资助；同时感谢河北新型智库（河北省三农问题研究中心）、河北省软科学研究基地（河北省"三农"问题研究基地）、河北省人文社科基地（河北农业大学现代农业发展研究中心）以及河北省农业经济发展战略研究基地的大力支持；感谢首都经济贸易大学郎丽华教授在本书构思、撰写和修改过程中的悉心指导；感谢河北农业大学副校长赵帮宏教授、经济管理学院副院长宗义湘教授以及张润清教授、王俊芹教授、王哲教授等对本书写作思路提出的宝贵建议；感谢大连瀚闻咨询公司的领导及张洋老师为本书贸易数据提供的莫大支持；更感谢父母、公婆、先生孙振铎博士和儿子孙肇汐在本书创作过程中给予的鼓励和包容。

谨以此书献于关心和支持我的亲朋挚友。

刘 妍

2019 年 11 月 12 日于保定

目　录
CONTENTS

图表清单

第1章

绪　论

1.1　研究背景与意义

1.1.1　研究背景

在开放的市场经济和区域经济一体化进程不断推进的形势下，世界各国的出口贸易代表各自国内产业更高的竞争实力，在国际市场上的竞争角逐日益激烈。在当前逆全球化和贸易保护主义逐步升温的局势下，出口贸易依然是促进一国经济增长的重要途径之一，且更加体现了各国产业实力水平的较量。对于参与全球经济与国际分工的发展中国家而言，实施出口导向战略是带动产业发展、促进经济增长的重要战略选择（林毅夫和李永军，2003）。出口贸易水平的提高不仅代表了出口国所处国际地位的提升以及贸易利益所得的增加，更为出口国的整体产业经济发展注入了有效动力。中国自改革开放以来，通过积极参与发达国家主导的国际分工，促使出口贸易特别是与低成本劳动相结合的加工贸易的出口规模迅速扩大。借助与国外先进技术接触的便利性，通过吸引外资、引进技术和自主创新，以及充分利用劳动力资源的方式，中国出口贸易尤其是货物贸易的出口竞争优势得到大幅提高，并有效推动了国内相关产业的快速发展。2017 年，中国货物贸易总额达到 27.79 万亿元，比上年增长 14.2%，增幅创下 6 年新高，再次成为世界第一贸易大国，其中，出口贸易总额为 15.33 万亿元，增长 10.8%，且高技术、高品质和高附加值产品的出口占总出口的30%左右①。可见，中国外贸产品的比较优势，在传统劳动力成本优势趋弱的形势下，已经具有向"资本和技术密集型"领域扩展的良好势头，并对发达国家构成了强有力的竞争（Jarreau 和 Poncet，2012；戴翔，2013）。

农产品贸易作为国际货物贸易中既重要又敏感的基础领域，是各国贸易发展中必不可少的重要组成部分。中国是世界农业大国，自2001年加入WTO以来，农产品贸易的自由化程度逐步加强。截至目前，中国已与24个国家或地区签署了16项自由贸易协定，所涉及的国家既包括周边的东盟成员，也有"一带一路"的沿线国家巴基斯坦、格鲁吉亚和哥斯达黎加，还包括拉美的秘鲁、智利等其他国家；既包括澳大利亚、韩国、瑞士等发达国家，又包括一些发展中国家②。同时，内地还与中国香港、澳门和台湾签订了《内地与香港关于建立更紧密经贸关系的安排》、《内地与澳门关于建立更紧密经贸关系的安排》和《海峡两岸经济合作框架协议》等③。在这些自由贸易协定或经贸关系安排中，农产品贸易是推行自由贸易的重要内容。根据联合国统计数据库（UN Comtrade），中国加入WTO以来，农产品出口贸易规模得到快速增长。1992—2001年间，农产品④出口贸易额由200.06亿美元增长到363.66亿美元，增长了1.82倍，年均增长率为6.87%；2002—2017年间，出口贸易额则由418.61亿美元增长到1 847.87亿美元，增长了4.41倍，年均增长率为10.41%。可见，入世后中国农产品出口贸易额的增长幅度和增长速度均有很大程度的提高。同时，中国农产品出口贸易占世界农产品出口贸易的份额亦呈上升趋势，由2001年的4.39%上升到2017年的8.16%。近五年，中国50种农产品中，出口排名世界前五的有20种，2017年排名世界第一的有16种。可见，中国农产品不仅出口贸易规模呈现突飞猛进地增长，而且在世界农产品出口中的比重及市场地位也在持续升高，中国在农产品出口方面可谓名副其实的"贸易大国"。

然而，随着世界各国激励出口政策实施力度的加大，越来越多的发展中

---

① 资料来源：中国产业经济信息网，http：//www. cinic. org. cn/xw/kx/423298. html
② 资料来源：中国新闻网，http：//www. chinanews. com/gn/2018/03－11/8464997. shtml
③ 资料来源：中国自由贸易区服务网，http：//fta. mofcom. gov. cn/list/zhengwugk/22/catlist. html
④ 本书"农产品"包括初级农产品和加工农产品，具体界定见第2章所示。

国家参与到国际竞争中来，尤其是具有大量自然资源和低成本劳动力国家的加入，加重了以自然禀赋和人口红利等传统要素为比较优势来源的竞争压力（董直庆等，2011）。当前，中国正处于土地、资源和劳动力等要素价格集中上升的时期，并受到贸易保护主义冲击、世界需求不足等因素的影响，中国农产品出口贸易所依托的传统低成本优势则呈现出逐渐弱化的趋势（戴翔和金碚，2014），传统的以贸易规模粗放式增长为主的出口贸易模式已不具备发展的可持续性。各国出口贸易的竞争力开始向以技术进步为依托的出口质量的提升方面转移。只有当出口贸易规模增加的同时，出口质量也得到了相应的提高，这种贸易模式才能做到真正的可持续发展（杜修立和王维国，2007）。由出口规模为主向出口质量为主的转变，是一个国家从"贸易大国"向"贸易强国"转型的本质体现。2010—2016 年间，中国农产品出口质量①从 3.04 万元增长到 5.07 万元，增幅 66.92%，年均增速 8.91%，呈现出良好的增长趋势，但整体农产品出口质量与美、日等发达国家相比，差距还很大。总体上，虽然与发达国家的农产品出口相比，中国尚未达到"贸易强国"的标准，但也正在向高质量出口方向努力。

按照贸易自由化理论，参与农产品自由贸易的国家在贸易利益的驱使下，将会依据出口贸易的比较优势资源对本国农业产业结构进行调整，市场机制的自我强化功能将会促使贸易专业化程度的提高（何树全，2008），但也可能导致低端专业化的形成（杜修立和王维国，2007），这与该国农产品出口贸易的质量水平以及在国际市场中的地位息息相关。中国作为农业大国，农产品出口贸易快速发展，国内农业产业规模化和科技化进程逐步加快。农业产业早已告别单纯发展初级农产品的阶段，在保障本国粮食安全和居民需求的基础上，发展农产品初级加工和精深加工已经成为促进本国农业产业高质量发展的重要依托。1992—2016 年间，中国农业产业②总产值由 1.67 万亿元增长到 17.98 万亿元，增长了 9.79 倍。其中，农林牧渔业总产值由 0.91 万亿元增长到 3.08 万亿元，增长了 2.39 倍，年均增长率为 5.22%；农产品加工业总产值由 0.76 万亿元增长到 14.90 万亿元，增长了 18.66 倍，年均增长率为 13.21%。可见，农产品加工业总产值的增长速度更快，是带动整个农业产业

---

① 出口质量采用 Hausmann 等（2005）的出口技术复杂度来衡量。

② 农业产业包括农林牧渔业及农产品加工业。

增长的主要力量。农产品出口代表了农业产业中具有较高生产率的出口部门参与国际竞争的结果，其出口竞争力从出口规模向出口质量的转变，体现了农业产业的国际发展形势，即由产业的粗放式增长向以先进技术为依托的集约式增长转变。然而，中国农业产业的技术水平虽然逐年提高，但是与美、日等农业强国相比，仍然存在较大差距。在农林牧渔业方面，中国虽然其生产份额已由 1992 年的 21.6% 缩减到 2016 年的 8.9%，但仍明显高于美国（1%）和日本（1.1%）。美国第一产业生产份额虽仅为 1%，但始终是世界农业排名第一的农业大国和农业强国，其农业人口仅占全国总人口的 2%，却使用占全球耕地面积 13% 的土地生产出占全球 16% 的粮食产量，可见其生产技术的先进性和产出的高效率；同样，日本农业产业的集约化、精细化生产模式也是举世闻名。可见，中国初级农产品产出规模虽大，但总体产出效率偏低，良种使用率、生产技术水平和管理经验与发达国家相比差距较大。在农产品加工业方面，通过农产品加工业增加值与农林牧渔业增加值的比值衡量农产品加工深度，中国农产品加工深度从 1992 年的 0.33 : 1 增长到 2016 年的 0.90 : 1，表明初级品农产品向加工农产品转化的程度逐年提高，但仍远低于美国（2.66 : 1）和日本（3.83 : 1）。可见，中国农产品加工转化程度远低于发达国家，多数仍是以初级农产品形态流向消费市场，产业经济效益低下。总体上，中国农业产业规模虽大，但仍存在产出效率偏低、加工深度不足以及技术水平落后的普遍问题，整体产业呈现出"低技术、低效率"的特点。

如何提高中国农业产业技术水平，实现高速增长向高质量发展的转变，推进农业产业结构升级，是传统农业向现代农业转型过程中不断追求的目标。当前，国家农业政策优惠力度不断提升，农业科技水平不断提高，农业产业结构也在不断调整，这些都为中国农业产业高质量发展提供了很大的支持和很好的机遇。但是，在开放经济条件下，要更善于发现和利用现有的便利条件和影响途径，事半功倍地完成农业产业的转型升级。农产品出口规模和出口质量的不断提升，恰好代表了农业产业中拥有更高生产效率的先进生产部门产出水平的提高。这些参与出口的生产部门作为激烈的国际市场竞争的胜出者，不仅拥有相对先进的生产技术和管理经验，其掌握的国际市场信息更为产业发展指明了方向。出口部门的带头作用可对产业整体发展水平的提高带来更为直接和显著的影响和推动。在当前国内外经济形势均存在较大不确定性的情况下，农产品出口贸易对于农业产业发展是否能继续发挥其有效性，其内在的影响效应和传导机制究竟是什么。对于这些问题的正确认识，将有助于形成行之有效的政策引导，使出口贸易对产业的影响效应发挥到最大，从而加速农业产业结构优化升级的转型，推进高质量发展进程。

1.1.2 研究意义

中国农业正处于经济转型的关键时期，农业产业的集约增长和优化升级是推进农业经济高质量发展的核心内容。随着开放经济下农产品出口贸易规模和出口贸易质量的不断提升，出口贸易对农业产业发展的影响应不容忽视。因此，理清出口贸易对农业产业发展的影响机制，对于有效发挥出口贸易的积极影响，进而推动农业产业高质量发展具有重要的理论价值和现实意义。

1.1.2.1 理论意义

虽然出口贸易对产业规模增长和结构调整具有显著的带动作用，两者作为各自独立的研究视角，在学术界已经形成了各自较为系统和完善的理论体系，但关于出口贸易对产业发展影响的理论研究却相对较少。主要原因在于，一方面，国际贸易理论和产业结构理论隶属于两大独立学科，在两者交叉问题上形成的理论框架尚不成熟；另一方面，由于发达国家已进入高度工业化时期，通过出口贸易调整来带动产业优化升级的作用空间十分有限，因此西方学者对该问题的关注相对较少。但是，对于像中国等经济正处于转型时期的发展中国家而言，出口贸易对产业发展的影响机制却具有很重要的理论指导意义。

目前，国外与该问题研究方向最为接近且较为成熟的理论框架大体分为两类：第一类是对外贸易对经济增长影响的研究，具有代表性的有 Balassa（1978）、Feder（1982）以及 Levin 和 Raut（1997）等构建的出口贸易对经济增长影响的理论模型，Grossman 和 Helpman（1991）、Frankel 等（1996）以及 Lichtenberg（1998）等构建的进口贸易对经济增长影响的理论模型。第二类是对外贸易、经济增长和产业结构之间影响关系的研究，具有代表性的有 Baldwin（1992）、Mazumdar（1996）以及 Michaely（1977）等以经济增长为最终目的所构建的三者影响关系的理论模型。国内学者的相关研究主要是在国外理论的基础上进行适当拓展，但是对出口贸易影响产业发展的研究，尤其是在农业领域两者之间影响效应及影响机制研究方面尚未出现较为贴切和系统的理论成果。因此，本书针对中国农业经济领域，构建的中国农产品出口贸易对农业产业规模增长和结构升级的理论模型和影响机制，可为中国农业产业结构的转型升级和高质量发展提供重要的理论参考。

1.1.2.2 现实意义

中国作为农业大国，农业经济的基础地位不容动摇，但在全国经济整体下行的情况下，农业也陷入了结构性减速的困境，农业产业结构的优化和升级是推行农业供给侧结构性改革进程中亟须解决的关键问题。在开放经济条件下，作为国际农产品市场的重要供给方，中国农产品的出口规模日益庞大，出口质量虽然尚不如发达国家，但整体技术水平在不断提升。中国农业在国际市场中的影响地位，使其在进行国内农业产业调整和改革时，势必要综合考虑农产品出口贸易从中发挥的重要作用。农产品出口部门在国内农业生产部门中通常具有更强的竞争优势，在先进技术和管理经验的示范效应及国内资源竞争效应的影响下，对非出口部门起到良好的引领作用，即对国内市场的供给侧具有积极的带动性。因此，本书从农产品出口规模和出口质量对农业产业规模增长和结构升级的影响效应和传导机制方面进行研究，将为我国农业高质量发展和供给侧结构性改革的推行提供新角度的现实参考。

另外，农业产业的结构调整和升级只有在全面把握各省份出口优势和产业特点的基础上，才能做好全国产业的整体协调。本书所采用的分地区分省份的研究方法，既确保了对不同地区和省份农产品出口贸易和农业产业发展特点的区别掌握，避免了"一刀切"的结论判断，又分析了不同地区出口规模及出口质量对产业规模增长和结构升级影响程度的差别以及传导路径的迥异，这些结论将为各地方的农业产业结构改革重点和区域协调方向提供重要的现实指引。

1.2 国内外文献综述

学术界最初对国际贸易和产业发展的研究是分开的，国际贸易理论和产业发展理论是两大独立的理论体系，关于两者的交叉理论研究较少。但是随着各国自由贸易的深入和展开，两者间的融合已逐渐成为近年来学术界研究的新方向和新趋势。本书以农产品出口贸易为出发点，以农业产业规模增长和结构升级为最终目标，分析出口贸易对产业发展的内在影响机制，为此，将国内外现有的相关研究进行梳理和归纳，借鉴前人的研究成果，并以此为基础进行延伸和拓展，力求在中国农业领域相关问题的研究方面做出一些贡献。

1.2.1 出口贸易对产业发展的直接影响

（1）国际贸易对产业发展的直接影响

关于国际贸易和产业发展的关系，国外学者最早分别针对不同类型的经济体进行研究，最具代表性的分别有：Chenery 等（1986）对日本、韩国等发达国家和地区的工业化进程的研究，Chow（1989）对新兴工业国家的研究，以及 Syrquin 和 Chenery（1989）对欠发达国家的研究。结果表明，国际贸易和产业发展之间具有显著的关联性，且通过国际贸易加速产业升级是加快经济增长的有效途径。

近些年，国外学者更加细化了对两者间关系的研究。Baxter 和 Kouparitsas（2003）通过分析 164 个工业化及非工业化国家的贸易结构和产业结构之间的关系发现，两个关系密切的贸易伙伴国各自的产业结构会呈现趋势较为一致的变动周期。Guerrieri 和 Meliciani（2003）通过研究服务贸易和制造产业的互动关系发现，生产性服务贸易与制造业的相关关系明显，且具有一定的依赖性，一国生产性服务贸易的国际竞争力越强，则该国的制造业产业升级速度越快。Andersson 和 Lööf（2008）以瑞典企业为研究对象，将企业按照从事的贸易业务分为单出口、单进口和双边贸易三类，发现从事双边贸易且经营规模大、品种多的企业更能深入地融入全球产业链分工中，其对先进理念、知识以及技术的投入力度会更大，进而能更加显著地促进产业升级和经济增长。Matsuyama（2009）认为国际贸易促进了国际分工的产生，对产业结构调整和升级起到了重要的推动作用。Boschma 和 Iammarino（2009）分析了意大利国内各省贸易结构发现，贸易结构的多样化对区域产业的发展呈正向影响关系，且贸易相关区域的知识储备和结构越相近，越有利于该区域的就业及经济增长。Jongwanich 等（2009）运用一般均衡模型对亚洲发展中国家 20 年的贸易和产业结构发展进行分析发现，高收入国家贸易保护主义会严重影响东南亚国家的发展，若这些国家自身也实行贸易保护主义，则会直接影响其国内制造业发展，进而改变其产业结构的合理化配置。为了区别不同发展阶段国家的差异性，Oyama 等（2011）构建了两个国家两种产品的模型，结果显示国际贸易会首先促进发达国家的产业升级，对发展中国家产业升级的推动具有滞后性。

对于中国现象的研究，多数学者都认为国际贸易的优化能够促进产业结构的优化升级。周振华（1995）在分析经济增长中的结构效应时，提到国际贸易可以借助与其他国家相关产业间联系的便利性，来提高国内产业经济效益，进而促进产业结构的调整和优化。余剑和谷克鉴（2005）运用 HOV 模型将对外贸易、生产要素跨国流动、资源要素禀赋、产业结构以及经济增长之间的关系进行实证研究，指出开放条件下比较优势的动态变化引致的要素结构的改变，对贸易结构变革的影响，以及在由此而产生的产业结构优化过程中占据指导性地位。陈元（2007）认为一国贸易结构促进产业结构优化的程度取决于对外贸易和国内产业政策的扭曲程度，若扭曲程度较小，则贸易结构与产业结构的优化程度较为接近，否则会加大偏离程度。黄庆波和范厚明（2010）以中国、印度、中国香港、中国台湾、新加坡和韩国为实证分析对象，研究发现对外贸易可明显促进产业结构调整和升级，总体上对第二、三产业的拉动性更加明显，其中，中国香港、新加坡、印度和中国的贸易相对更利于拉动第三产业发展。部分学者针对不同类别的产品贸易进行研究。Athukorala 和 Yamashita（2006）主要对东亚和中国的零部件贸易进行研究，发现各国厂商所处的产业链位置导致其贸易对产业的影响存在明显差异。姜茜与李荣林（2010）按照要素密集类型对部门进行划分后发现，我国的贸易结构与产业结构具有较强的关联性，且在部门之间存在交叉性影响，且在资本密集型部门的表现更为明显。马颖等（2012）基于联立方程和 VAR 模型对我国贸易开放度、劳动密集型产业结构和经济增长的关系进行实证分析，结果表明贸易开放虽然促进了经济增长但是不利于劳动密集型产业的发展。孙晓华和王昀（2013）运用半对数模型和结构效应研究表明，贸易结构效应可显著带动产业升级，其中工业制成品贸易能显著提高第二产业比重。不过，也有学者认为中国的对外贸易并未与产业结构存在必然的内部关联性，袁欣（2010）就指出，中国的对外贸易并未有效带动产业升级，两者实际上是"镜像"与"原像"关系，贸易结构只是产业结构的空间扩展而已，且中国大多为"两头在外"的加工贸易，这使得贸易结构呈现出超前发展的幻象，并不能反映真正的产业结构。

（2）出口贸易对产业发展的直接影响

关于出口贸易对产业发展的影响，按国外学者所研究对象的不同，可分为以下三类：

第一类，世界范围角度的研究。Syrquin 和 Chenery（1989）运用 30 多年的时间序列数据，在对 100 多个经济体按照人口规模、初级产品及制成品的出口份额、出口占 GDP 的权重等进行分类的基础上构建实证模型，结果显示，制造业出口占主导地位的经济体，出口对产业结构和经济增长的作用更为明显。

第二类，不同类型经济体的研究。Levin 和 Raut（1997）运用 1965—1984年间 30 个半工业化国家的面板数据进行分析，结果显示，制成品出口占比越高，则出口贸易对产业经济增长的作用越大。Brenton 和 Gros（1997）以欧盟过渡经济体为研究对象，验证了出口贸易商品结构对产业结构调整的促进作用。Baxter 和 Kouparitsas（2003）对 164 个工业化和非工业化国家的贸易结构和产业结构进行分析，结果发现，一个国家产业结构变动周期会和与之贸易往来较多的国家趋于一致。Hotopp 等（2005）以中东和东欧为例，发现其出口贸易存在向劳动密集型和技术密集型商品结构转变的趋势，该贸易结构对产业升级的影响因各国贸易比例的不同而存在较明显的差异。Harrison 和 Rodríguez－Clare（2009）通过对发展中国家的出口贸易、FDI 和要素资源配置分析发现，出口贸易以及 FDI 产生的溢出性对产业结构的优化具有显著的促进作用。

第三类，针对某个国家内部的研究。Khalafalla 和 Webb（2001）运用 VAR 模型对马来西亚的贸易结构和产业经济的关系进行检验，结果显示，出口贸易比进口贸易更能促进产业经济增长，且初级品出口对产业经济增长比制成品出口更能发挥促进作用，其促进的程度要取决于该国工业产业的发展进程。Bértola 和 Porcile（2006）以巴西、阿根廷和乌拉圭三个拉美国家为研究对象，研究其与美国、英国、德国和法国等发达国家的贸易结构对其产业升级的影响，结果显示由于巴西出口产品的多样化，使得其产业格局的转变及经济增长的速度明显优于其他两个国家。Caju 等（2011）以比利时为研究对象，对各行业的对外贸易和产业发展进行分析，结果表明比利时出口竞争优势带来的经济效益倍增，其相应产业也得到迅速扩张。

以上研究均表明，出口贸易对产业发展具有明显的促进作用，且对于工业化程度较高的国家来说，制造业出口对产业发展的带动性更强。学术界对中国出口贸易影响产业发展的研究同样表明，出口贸易对产业发展具有明显的拉动作用，但是对不同的产业其作用程度有所不同。吴进红（2005）通过对长江三角洲地区的研究发现，出口贸易对第三产业增长的拉动作用最强，其次是第二产业，最后是第一产业，总体上，出口贸易比进口贸易对三次产业的拉动作用相对更明显。黄蓉（2014）运用 VAR 模型对全国整体情况进行分析，得出一致的结论，即出口贸易对产业结构优化的贡献程度要明显大于进口贸易。

进而，部分学者研究发现，出口贸易结构的优化升级会带动产业结构的优化升级。其中，张亚斌（2001）通过对贸易结构和产业结构两个系统进行耦合研究，发现出口贸易结构的优化会促使出口商品比较优势的累积，进而带动了产业结构的优化升级。Xu 和 Lu（2009）借助 Hausmann 模型对中国出口商品结构进行研究，结果显示，中国出口结构的优化促使产业结构向复杂产品领域快速转移。Li 等（2012）对 1996—2008 年中国向欧盟出口情况进行分析，结果显示，中国向欧盟出口的产品正逐渐由纺织品和服装为主向电脑、机械和通信设备等为主进行转移，出口结构呈现出优化升级的趋势，进而带动国内产业结构的不断升级。

另外，有学者研究发现，并非所有类型产品的出口贸易均利于产业发展，通常，资本密集型产品尤其是工业制成品出口更有利于促进产业升级。Shan 和 Sun（1998）通过格兰杰因果检验发现，中国出口贸易结构和工业产业结构之间存在显著的因果关系。杨全发（1999）在对钱纳里模型改进的基础上，对分类商品的进出口贸易对产业结构的影响进行实证分析，结果发现，改革开放之前，各类商品的进出口贸易与产业结构之间的关系并不明显，改革开放之后，食品、活动物出口与第一产业增长负相关，但部分化学原料和化学制品则与之正相关，资源密集型产品出口与第二产业负相关，另外，工业制成品出口贸易相对于进口而言，对工业产业增长的贡献程度更大，总体上，出口贸易结构与产业结构之间保持了较为一致的变化。李磊（2000）对 1985—1998 年中国出口贸易结构和产业结构进行分析得知，资本密集型行业的出口贸易与产业结构正相关，但劳动密集型行业则呈负相关。蒋昭侠（2005）也认为，工业制成品出口的技术水平越高，越能促进产业结构的优化升级。黄蓉（2014）同样在钱纳里半对数模型改进的基础上对贸易结构对产业升级的影响进行了分析，结果显示减少初级品出口贸易、增加新兴服务商品出口则可促进产业升级。刘斌斌和丁俊峰（2015）利用面板数据分析表明，工业制成品出口贸易有利于第二、三产业的升级优化，而初级产品出口贸易则与产业结构合理化呈负相关性。陈能军（2017）运用动态面板模型研究表明，工业制成品出口贸易对产业升级有正效应，而初级产品出口贸易对产业升级存在负效应。另外，还有学者（胡秋阳，2008）认为，只有资本技术密集型出口贸易才能真正带动产业结构升级，而中国的出口主导产业仍属于技术水平相对落后的劳动密集型产业，因此出口贸易带动产业升级的作用并不显著。

综上所述，总体上中国出口贸易能显著带动产业发展，且比进口贸易更能发挥其有效性，出口贸易结构的优化升级能有效带动产业结构的优化升级，且工业制成品出口对产业升级的带动效果更为显著。这表明，出口产品技术水平越高对产业升级带动的效果越明显，尤其对于发展中国家而言，高技术水平产品比低技术水平产品的发展相对更快，可以通过加快技术密集型产品的发展来加速出口贸易对产业升级的带动（Lall，2000）。

通常，出口贸易额代表了产品的出口规模，而出口技术水平则代表了产品的出口质量（杜修立和王维国，2007），学术界一般采用出口技术含量、出口技术复杂度等指标来度量出口质量。因此，从出口质量的角度研究对产业发展的影响更有意义。但是，目前国内对出口质量影响产业发展的研究非常少。马鹏和肖宇（2014）对服务贸易领域的出口技术复杂度与产业升级的关系进行研究，运用 G20 国家面板数据，采用动态面板模型进行实证分析，结果显示，服务贸易出口技术复杂度与产业转型升级呈显著正效应，但中国服务贸易出口技术复杂度偏低，建议中国加大人力资本投入以及推行高端服务外包来提高服务贸易的出口技术复杂度，进而带动产业的转型升级。李小平等（2015）对制造业领域的出口复杂度和产业增长的关系进行研究，运用1998—2011 年间中国 26 个制造行业的相关数据，首先采用反射法和适合度法测算了制造业出口复杂度，进而采用面板模型对出口复杂度影响制造业增长的问题进行实证分析，结果显示，制造业出口复杂度能有效促进行业增长，其中，对重工业、同质行业和中等技术行业增长的促进作用相对更显著，而对轻工业、异质行业和低、高等技术行业增长的促进作用相对较小。以上关于出口质量对产业发展影响的研究涉及服务业和制造业领域，在其他领域的相关研究并不多见。关于出口质量的研究视角，国内学术界主要集中于出口质量变迁研究（樊纲等，2006；杜修立和王维国，2007；陈晓华等，2011；戴翔，2012；倪红福，2017）、出口质量影响因素研究（张雨，2012；李磊等，2012；杨晶晶等，2013；陈晓华和沈成燕，2015；刘洪铎和陈和，2016）、出口质量影响效应研究（王佃凯，2017；陈晓华和刘慧，2018），以及出口质量与经济增长关系研究（戴翔，2011）等，这些研究成果在出口质量衡量指标的选取方面具有重要的参考价值。

另外，国内关于农业领域出口贸易对产业发展影响的研究极少，最为相关的是孙会敏和张越杰（2016）对中国农产品进出口与农业结构优化关系的研究，其运用 VAR 模型进行实证检验，结果显示，两者存在长期均衡关系，且农产品贸易结构对农业结构具有负冲击响应，其中，蔬菜和鱼、肉、甲壳动物及其制品的出口有利于农业结构的优化调整。其研究范围仅限于初级农产品进出口规模以及农林牧渔业内部结构调整，并未涉及农产品的出口质量以及农业产业结构的优化升级。而其他涉及农产品出口贸易的相关文献（郑云，2006；杜红梅和安龙送，2007；程铖和杨杰，2011）均将重心放在了与农业经济增长关系的研究方面。

1.2.2 出口贸易对产业发展的影响机制

国内外学者关于出口贸易对产业发展影响机制的研究，可从出口贸易对产业发展的影响效应及传导机制两个角度进行归纳。

（1）出口贸易对产业发展的影响效应

随着新新贸易理论的出现和内生经济增长理论的发展，越来越多的理论和实证研究表明，出口贸易所带来的规模效应、竞争效应、学习效应、示范效应和溢出效应等对促进产业增长、带动产业结构升级等方面具有积极作用。本书认为，部分学者（关兵，2010；吕大国和耿强，2015）所提出的溢出效应源自技术水平或管理经验等方面相对先进的出口方向其他企业或部门的主动或被动示范，因此，本书将溢出效应归属于示范效应。以下即从规模效应、竞争效应、学习效应和示范效应对国内外理论和实证研究成果进行归纳和总结。

第一，规模效应。出口贸易规模的扩大会带来规模经济效应，进而促进生产率增长并带动产业发展。Nishimizu 和 Robinson（1984）通过对韩国、土耳其、南斯拉夫和日本的出口贸易以及制造业全要素生产率等数据进行分析，发现出口扩张会通过规模经济效应带动制造业生产率提高，并促进工业产业增长。Rivera - Batiz 和 Romer（1991）通过对欧洲和北美洲地区之间的贸易进行分析，发现自由贸易条件下，出口贸易的规模经济效应能带动经济增长，而贸易保护则会减少全球经济增长。另外，Feder（1982）以及 Helpman 和 Krugman（1985）的研究也肯定了出口贸易会带来规模经济，进而促进产业生产率的提高。国内学者王岳平（2002）认为，出口贸易通过扩大市场空间可以获得规模经济，不仅能提高产品国际竞争力，还能延长产业生命周期。关兵（2010）认为，出口贸易可以促使产业生产边界外移，进而产生规模效应，促进产业发展。宋文（2014）认为，出口为国内过剩产能提供了新市场，促使出口企业获得规模经济效益，生产成本得以降低，产业效益得到提高，进而吸引要素资源的集中，有利于主导产业的形成。

第二，竞争效应。Findlay（1978）、Pack 和 Page（1994）、Roberts 和 Tybout（1997）、Bernard 和 Jensen（1999）以及 Isgut（2001）研究均表明，出口贸易给企业带来的国际竞争压力，促使企业从产品质量、生产成本以及营销手段等方面主动提高自身竞争力，以保证更高的经济效益。Melitz（2003）以及 Melitz 和 Ottaviano（2008）在新贸易理论的基础上引入了企业异质性，指出异质性企业在自由贸易竞争压力下，会自行提高技术水平及生产效率，只有生产率较高的企业才能在国际竞争中立足，生产率较低的企业只能进入国内市场，生产率最低的企业则会被淘汰出局，这种竞争会促使产业内资源重新配置，带动国内产业整体生产效率的提升。Bekkers 和 Francois（2013）改进了 Melitz 模型，将一些寡头垄断企业作为研究对象，结果表明在一国企业的规模分布充分分散的前提下，其他企业免费进入市场带来的竞争会提高生产率和贸易福利，同时产业结构得以优化，反之则会降低生产率和贸易福利，不利于产业优化升级。国内学者赖明勇等（2004）认为，出口部门迫于国际市场的竞争压力而主动提高技术水平，改进产品质量，其产生的国内竞争效应还会带动整个产业及上下游产业技术水平的提升。余淼杰（2010）运用 1998—2002 年间中国制造业企业的面板数据分析发现，出口企业在竞争效应的带动下对企业生产率的提升程度要明显大于非出口企业。郑永杰（2013）认为，一个地区内部市场竞争的激烈程度与当地出口贸易的活跃程度呈正相关关系，就此产生的技术溢出程度会越大，这将更有益于当地产业整体水平的提高。

第三，学习效应。Aw 和 Hwang（1995）指出，出口贸易的学习效应，即出口企业在国际市场交易中所接触的前沿技术和信息，为企业提供了机会和方向，使其更便于学习新的技术和知识，并通过不断积累和改进，促使其生产效率的不断提升。Evenson 和 Westphal（1995）认为，出口学习效应通常是发展中国家的出口企业从发达国家的先进企业那里利用技术和经验的外部溢出性，而免费汲取新产品、新工艺和新技能，以达到提升本企业技术水平的目的。Crespi、Criscuolo 和 Haskel（2006）认为，出口企业向客户的学习使其生产率得到提高。国内外学者通过对不同类型国家或地区的研究发现，发达国家的出口学习效应缺乏普遍性，而发展中国家的出口学习效应则普遍存在。其中，对于发达国家具有代表性的研究有，Delgado 等（2002）对西班牙1991—1996 年间出口企业与非出口企业进行实证分析发现，出口学习效应在全样本中并不显著，但在年轻企业样本中具有显著性。Castellani（2002）对意大利制造业出口企业研究发现，出口学习效应只有在出口企业的出口贸易强度达到一定水平后才能显现出来。Girma 等（2004）对英国制造企业的出口和企业绩效进行面板分析，结果发现，出口企业一般比非出口企业更有效率，且出口贸易能进一步提升企业生产率。Greenaway 和 Yu（2004）对英国高技术密集型的化工类企业的出口和生产率进行研究发现，出口企业比非出口企业更具生产力是由自我选择和出口学习效应造成的，其中，新出口企业的学习效应最为显著，有经验的出口企业学习效应偏弱，而资历最老的出口企业学习效应最弱。对于发展中国家具有代表性的研究有，Biesebroeck（2005）对非洲九个国家制造业企业进行面板分析发现，出口企业的学习效应非常显著。Aw 和 Batra（1998）对中国台湾地区制造业企业调查研究发现，出口企业存在明显的学习效应，尤其在产品创新方面，32% 的出口企业都表示其创新思路和想法均源自国外客户的需求。Aw 等（2000）对中国台湾地区和韩国进行比较分析发现，中国台湾存在显著的出口学习效应，但韩国并不明显。张杰等（2009）对中国制造业企业实证分析发现，出口学习效应显著存在，是出口企业提高生产效率的主要原因。钱学锋等（2011）、邱斌等（2012）以及范剑勇和冯猛（2013）运用中国工业企业数据库研究证实，中国出口企业普遍存在出口学习效应。黄庆波和范厚明（2010）、曹玉平（2012）、童馨乐等（2015）和王菁（2016）指出，"干中学"的模仿、吸收并改进国外先进技术和经验，是中国出口企业提高企业竞争力，并带动产业整体技术水平提升的重要途径。

第四，示范效应。Feder（1982）认为，由于出口部门生产率高于非出口部门，出口部门的先进技术或经验会通过示范效应直接或间接地传递给非出口部门，进而带动其生产率的提升。Hopenhayn（1992）、Ericson 和 Pakes（1995）以及 Melitz（2003）从微观企业异质性的角度分析企业在出口市场的进入和退出行为，均认为具有较高生产率的企业才可进入出口市场，出口企业会对效率低下的其他企业产生示范效应，进而带动非出口企业生产率的提升，甚至可以进入出口市场，而生产率最低、进步最慢的企业则会被国内市场淘汰。Aitken 等（1994）对墨西哥制造业企业面板数据进行实证分析得出，出口企业产生的示范效应带动邻近企业生产率的提升，相对降低了这些企业进入出口市场的沉没成本。Alvarez 和 López（2006）运用 1990—1999 年间智利企业数据研究出口企业对关联企业的示范效应，结果发现，出口企业通过垂直示范，提高了本地供应商的生产率，但未能提高中间投入商的生产率，但是，水平示范对同行业其他企业生产率的带动效果相对较小。Koenig（2009）对 1986—1992 年间法国企业数据进行分析发现，出口企业对周围非出口企业带来的示范效应会促进非出口企业生产率的提高，以及出口贸易行为的产生。

（2）出口贸易影响产业发展的传导机制

根据 H－O 理论，自由的国际贸易会引起要素相对价格的变动，进而将推动产业结构的升级，这个过程是"自然演进"的结果。所谓产业升级，本质上即有限的要素资源如何在产业间进行合理有效配置，一国的要素禀赋直接决定了其产业结构和技术水平，这是产业升级所必备的基础条件（林毅夫等，1999）。

国外学者对出口贸易影响产业增长和结构升级影响机制的研究较为成熟。从宏观视角，最早 Robinson（1934）即从行业价格成本的角度研究发现，国际贸易带来的价格成本加成的分散度越小，产业的要素配置结构越合理。Michaely（1977）和 Balassa（1978）均认为，出口贸易可以通过资源要素配置、技术转移等路径有效提高全要素生产率，进而促进产业升级。Chow（1989）同样认为，出口贸易结构可以在一定程度上使资源配置结构得以优化，提高资源要素使用效率，从而促进产业结构的优化升级。Fugita 和 Hu

(2001)、Zhang 等 (2003)、Görg 和 Greenaway (2004)、Ge (2006) 以及 Amiti 和 Javorcik (2008) 研究发现，相对于非出口部门，出口部门为了应对更严格的市场准入条件、更高标准的市场需求以及更多的运输费用等问题，必须持有更高的生产率才能在国际市场中生存，而保有更高生产率所具备的先进生产条件不仅带动了劳动、资本等生产要素的国内甚至国际上的流动，其产生的溢出性也通过资源要素的流动而对关联生产部门产生影响，进而为整个产业生产率水平的提升及产业格局的形成提供了强大的助推力。从微观视角，Krugman (1979) 认为，企业从事出口贸易所获得的相对更为丰厚的收益为其不断进行技术创新和经营改革提供了重要动力，随着交易活动和出口服务的不断扩散，技术溢出以及资源流动将会逐步弱化企业的技术优势，进而出口企业迫于竞争压力会展开新一轮的技术革新，整个过程既提高了企业自身的竞争实力，又带动了其他企业技术水平的提升，进而有利于整个产业的进步和发展。Melitz (2003) 的异质性企业理论认为，出口贸易产生的企业竞争会促使要素资源由低效企业流向高效企业，进而促使企业优胜劣汰，提高了要素整体生产率，即出口贸易通过促进生产要素和市场份额的重新分配来提高产业整体生产水平。Hsieh 和 Klenow (2009) 同样认为，在要素充分自由流动的前提下，出口贸易竞争会促使生产率较高的企业逐步兼并或淘汰生产率较低的企业，进而生产要素得到最优配置，从而实现产业的优化升级。

在对中国问题的研究方面，Fan (2003) 认为，中国产业升级的实现可以通过贸易结构的要素转移功能和要素升级功能来完成。入世前后，出口贸易引致的劳动力要素跨地区、跨部门的大量流动是我国产业结构调整的重要原因，也是当时我国经济得以高速增长的重要源泉。陈明森 (2003) 认为，出口贸易主要通过国际比较利益机制来影响产业结构变化，其中，最终产品贸易可以使贸易国之间保持相互独立的产业发展模式，而中间品贸易则会使贸易国各产业之间形成互为依赖的关联性。Lu 和 Yu (2015) 对中国加入 WTO 前后进行实证研究发现，贸易自由化会带来资源配置结构的变化，最终将有利于一国产业发展和经济增长。周茂等 (2016) 运用倍差法研究表明，产业升级本质上就是要素资源的重新配制，自由贸易下，要素资源在企业集约边际和扩展边际上的优化再配置，均能显著促进产业升级，其中在集约边际配置的促进效应更为明显；另外，对于中国沿海地区和内陆地区而言，出口贸易带来的竞争效应对内陆企业的影响大于沿海企业，主要原因是随着市场竞争力的提升，贸易自由化对要素配置效率的正向拉动作用存在递减效应（Edmond 等，2012；Holmes 等，2014；Hsu 等，2014），这使得内陆企业在市场竞争机制下更有助于实现产业升级。蔡海亚和徐盈之（2017）对中国各省 2003—2014 年间面板数据进行中介效应检验，发现贸易开放会通过物质资本、消费需求、技术进步和制度变革等途径间接促进产业结构优化升级。

可见，国内外学者大多认为出口贸易对产业发展的影响主要是通过资源要素流动和重新配置进行传导的，在影响产业升级的贡献中，物质资本、人力资本、科学技术通常被认为是最为重要的要素资源，也有学者认为制度变革也是重要的传导媒介。

第一，关于物质资本相关研究。Baldwin（1992）综合比较优势理论和新古典增长理论研究表明，出口贸易对产业结构会产生静态的比较优势效应和动态的要素积累效应，其中物质资本要素的积累效应对比较优势效应具有放大效果。Mazumdar（1996）运用索洛模型和资本积累理论对 Baldwin 的研究进行了扩展，发现当经济体的对外贸易结构是出口消费品而进口资本品时，才会对产业增长有更为明显的促进作用，该结论与 Baldwin 结论相反。邓慧慧（2009）通过构建三区域、两部门、三要素的空间均衡模型发现，当贸易成本较低时，物质资本要素流动快于劳动力要素流动，资本密集度的增加更能促进制造业产业结构的优化和升级。郑永杰（2013）认为，出口贸易可以促进物质资本积累，进而为资源地区实现技术升级并带动产业发展创造必要条件。郭浩淼（2013）认为物质资本积累不仅是促进产业发展的直接因素，还是技术进步的物质载体，并能与人力资本协同发挥作用，进而更加有效地促进产业结构转型升级。蒋坦（2015）认为贸易开放对物质资本积累的积极作用表现在闲置资源的利用、创造新的投资、提高国内储蓄以及吸引外资等方面。

第二，关于人力资本相关研究。Romer（1990）认为人力资本存量能提高产业增长率，人力资本水平的提高产生的知识外溢能有效促进技术创新，在国际市场开放的情况下，更能促进产业增长率的提升。Ciccone 和 Papaioannou（2006）研究发现，初等教育水平较高的国家在知识密集型产业中得到更快的发展，贸易开放促进了人力资本的引进和吸收，并提高了人力资本水平，在生产上加强了产业向知识密集型结构的转变。陈凌和姚先国（1997）从人力资本所具备的资源配置能力角度，阐述了其对产业发展的重要性。陈晓光（2005）认为不同水平的人力资本对产业和经济的影响方式和程度有所差别，因此在人力资本总量的核算中将人力资本的向下兼容性考虑进去，保证了人力资本结构信息的全面性，进而提出在开放经济下加强人力资本培育产业发展和经济增长的首要战略。代谦和别朝霞（2006）通过构建动态比较优势模型发现，人力资本积累是促进发展中国家产业结构升级的核心因素，这不仅是因为其可作为生产要素投入经济活动，更因为其所具有的外部性能不断促使发展中国家产业的高级化推进。周海银（2014）认为人力资本的不断积累以及自身所具有的外部性会拉大产业间的生产率差异，进而促使要素资源的重新配置，最终带动产业结构的优化升级。邓平平（2018）运用 SYS－GMM 方法对 2000—2016 年间中国省级面板数据进行分析后得出，对外贸易对产业结构的优化产生先抑后扬的影响，但人力资本在其中起到持续推进产业优化的作用。

第三，关于技术进步相关研究。Raymond（1966）认为，一国欲将其产业结构与国际市场形势相匹配，需要积极参与国际贸易和分工，实现产品的技术创新，提高产品的技术水平，进而带动产业升级。Tyler（1981）对 1960—1977 年间 55 个中等收入发展中国家进行实证检验，发现工业部门出口贸易有利于推动技术进步，进而促进工业产业发展。Feder（1982）构建的两部门模型得出的结论表明，出口部门可通过技术溢出效应间接影响非出口部门，进而带动整个产业经济的增长。Nishimizu 和 Robinson（1984）对日本、韩国和土耳其进行实证分析发现，出口扩张通过规模经济和市场竞争带来了全要素生产率的显著提高，进而促使产业经济快速发展。Coe 和 Helpman（1993）通过对发达国家和发展中国家进行分析，得出国际贸易是跨国技术溢出的重要途径，即便发展中国家没有或仅有少许研发支出，仍然可通过与发达国家的出口或进口贸易所产生的技术溢出性而获取先进产品和技术。Lichtenberg（1998）用出口加权计算来自国外的研发支出，认为进出口贸易产生的技术溢出能显著促进本国产业发展。Park（1995）以中国为研究对象，同样得到出口贸易通过技术外溢的渠道来推动国内产业增长的结论。许和连和栾永玉（2005）、刘正良和刘厚俊（2008）以及王庆石等（2009）均基于 Feder 模型对中国进行实证检验，结果显示，中国出口贸易尤其是制成品出口能产生更多的技术溢出，进而有助于产业经济的增长升级，另外，不同地区所产生的技术外溢有所差异，一般与地区发展水平、开放程度、工业化程度等密切相关。王菲（2012）和陈晋玲（2015）同样得出出口贸易通过技术溢出推进产业发展的结论。毛其淋和许家云（2016）研究发现，出口导向型跨国公司通过溢出效应对本国企业成本加成率具有促进性，且促进作用大于市场寻求型跨国公司，进而有利于提高行业资源配置效率。孙莹等（2018）研究发现，中国高新技术产品出口产生的技术溢出效应能促进上游制造业非出口部门以及行业内水平链接部门的技术提升。

第四，关于制度质量相关研究。首先，多数学者认为对外贸易是提高一国经济和政治制度质量水平的重要渠道。Ades 和 Tella（1997）以及 Rodrick 等（2004）通过实证研究发现，贸易开放对于一国制度质量的提升具有积极促进作用，开放程度越高，越能通过各种途径改进和完善本国制度安排。Levchenko（2004）认为，自由开放的贸易将促使经济主体对高质量制度安排的偏好，包括减少寻租行为、加大改革支持力度等，进而有利于推动低质量制度环境的改善。Acemoglu 等（2005）通过对 16—19 世纪中期的西欧国家进行分析发现，对外贸易促成的制度质量提升是推动产业经济持续增长的重要原因。制度质量的提升对一国产业发展的影响非常重要，新近研究中已将制度质量类比于生产要素和技术投入等因素，作为产业甚至国家比较优势的最新来源。Belloc 和 Bowles（2009）认为制度质量差异构成了产业比较优势的独立来源，对产业发展起到决定性的作用。Costinot（2009）认为，制度质量越高，越能带动复杂产业的发展，且制度质量还能与人力资本交互作用，对生产率提高和产业发展模式起到重要推动作用。Levchenko（2013）通过对不同国家部门数据实证研究发现，越是有出口制度密集型倾向的国家，其制度质量水平相对越高。王军等（2013）在对中国制度变迁和经济增长关系的研究中发现，中国各产业增长受制度冲击的影响各不相同，总体上稳健化、规则化的高质量制度安排会推进产业平稳、快速发展。李强和徐康宁（2017）认为，中国在贸易开放条件下，强制性制度变迁和诱致性制度变迁都会显著促进产业发展和经济增长，因此，加快制度创新改革是经济发展的关键所在。

1.2.3 文献评述

第一，选题领域的文献评述。国内外对出口贸易影响产业发展的研究大多关注于整体产业领域，部分文献对制造业、工业、服务业或其中某些具体行业领域展开研究，但是对农业领域的研究却寥寥无几。在开放经济中农业供给侧结构性改革政策背景下，农业领域的出口贸易和产业发展的关系亟须验证。现有文献对农业领域相关问题的研究，大多仅局限于农林牧渔第一产业，即只包括初级农产品和部分初加工农产品，仅考察了其出口对农林牧渔业内部结构调整的影响，并未体现对农业产业升级的影响。然而，产业升级作为推进农业高质量发展的重要举措，若仅从农林牧渔业着手，则推动农业转型升级的作用将受到很大局限。2016 年 12 月，国务院办公厅发布《关于进一步促进农产品加工业发展的意见》中指出，农产品加工业是农业产业现代化发展的支撑力量，是推动农业产业效益提高和结构升级的重要领域。因此，农业领域不仅包括农林牧渔第一产业，还包括农产品加工业，可将两者统称为"农业产业"，本书研究的是该"农业产业"范围内的农产品出口贸易对其产业规模增长和结构升级的影响。

第二，研究视角的文献评述。以往文献主要研究出口贸易规模对产业经济增长或者产业结构升级的影响，从出口贸易质量角度开展的研究工作却并不多见。当前，随着各国贸易竞争日益激烈，产品的竞争优势更多地体现在技术水平的差异上，技术水平的高低决定了出口产品质量的高低，各国出口贸易竞争早已从追求出口规模增长逐步转向出口质量提升方面。只有在出口规模增长的同时，出口质量也得到相应的提升，贸易才具备发展的可持续性。因此，从出口质量方面考察对产业发展的影响更具现实意义。已有文献分别从服务贸易领域和制造业领域做出过研究，但是服务贸易领域考察的是 G20 国家层面出口质量对产业升级的影响，未能体现中国国内的具体情况；制造业领域虽然考察的是中国国内情况，但只分析了对制造业增长的影响，未体现产业升级方面。本书以中国各省农业产业为研究对象，分别从农产品出口规模和出口质量两个角度考察对农业产业增长和产业升级的影响，同时，不仅对全国整体情况进行统筹分析，还对东中西三大地区情况进行详细比较。

第三，理论基础的文献评述。国外理论文献关于出口贸易和产业发展理论的研究较为成熟且自成体系，对于两者融合的研究虽侧重角度各有不同，但均得到较为一致的结论，即出口贸易能促进产业优化发展。进而，对两者内在的影响机制，虽不同文献的研究角度不同，但总体上论证了出口贸易对产业发展具有规模效应、竞争效应、学习效应和示范效应等，主要通过物质资本、人力资本、科学技术等要素禀赋渠道传导出口贸易对产业发展的影响。但是，仅有少数文献提到了制度质量的传导作用，大多学者只是论证了国际贸易对制度质量的影响，或者制度质量对产业发展的影响，综合出口、制度和产业三者关系的研究并不多见。另外,国内理论文献主要是在国外理论基础上的拓展,并结合中国情况进行分析,虽多数观点支持出口贸易对产业发展的促进作用,也有部分学者基于视角的不同,持有反对意见,但总体上均为本书提供了理论思路的借鉴。本书在前人已有的理论基础上,探讨农业领域出口贸易对产业发展的影响机制,尽量弥补前人分析的不足,从规模效应、竞争效应、学习效应和示范效应四方面分析出口贸易对产业发展的影响效应,从物质资本积累、人力资本投入、科学技术溢出和制度质量提升四条路径,理论分析出口贸易影响产业发展的传导机制,进而构建出口贸易影响产业规模增长以及产业结构升级两个理论模型,为后续实证研究提供坚实的理论支撑。

第四,实证方法的文献评述。国内外学者对出口贸易影响产业发展的实证检验采用了各种计量方法,但由于各文献研究领域、贸易和产业结构划分标准、指标选取、实证方法各不相同,得出的结论缺乏可比性。另外,已有文献对出口贸易影响产业发展传导机制的实证研究较少,陈晋玲(2015)运用联立方程 SUR 估计法从资本积累、技术溢出和需求结构三方面实证分析了贸易结构变化对产业结构优化的影响机制,蔡海亚和徐盈之(2017)运用中介效应检验,从物质资本、消费需求、技术进步和制度变革四方面实证分析了贸易开放度对产业结构升级的影响机制。两篇文献的研究方法能很好地体现贸易对产业影响的内在传导机制,对本书研究具有很大的参考价值,但是,并未更全面地体现出口规模和出口质量分别对产业增长和产业升级的内在影响。因此,本书借鉴以上文献的研究思路,从两个层面实证检验农产品出口贸易对农业产业的影响:一是运用静态面板和 PVAR 估计法分别从静态和动态两个角度对出口规模、出口质量对产业增长和产业升级的影响进行实证检验;二是运用中介效应检验法,从物质资本、人力资本、科学技术和制度质量四个方面,对出口规模和质量影响产业增长和升级的传导机制进行实证检验。

1.3　研究内容与目标

1.3.1　研究内容

本书在对"农产品"和"农业产业"重新界定的前提下，分别对农产品出口高质量和农业产业高质量的衡量指标进行了测度，在此基础上，对农产品出口贸易对农业产业发展的影响机制进行研究。具体内容安排如下：

第1章，绪论。首先，认识中国农产品出口贸易和农业产业发展的国内外环境和现实状况，从而引出借助出口带动产业的选题意义；其次，系统梳理出口贸易对产业发展直接影响及影响机制的国内外文献，在已有成果的基础上探求本书拟做出的贡献；然后，阐明本书研究的内容、思路、目标和方法；最后，对全书主要创新和不足进行总结。

第2章，对基本概念和分类标准进行界定，并构建农产品出口高质量影响农业产业发展的理论分析框架。首先，对"农产品"和"农业产业"的概念范围以及贸易结构与产业结构的分类标准进行基本界定；其次，从影响效应和传导机制两个层面理论分析农产品出口贸易对农业产业发展的影响机制，其中，影响效应包括规模效应、竞争效应、学习效应和示范效应四个方面，传导机制即分别通过物质资本、人力资本、科学技术和制度质量四个传导媒介进行影响；最后，构建出农产品出口贸易影响农业产业规模增长以及影响农业产业结构升级的两个理论模型。以上研究是后续分析的基本前提和理论基础，对全文研究起到重要的规范和指引作用。

第3章，从农产品出口规模和出口质量两个角度分析并评价中国农产品出口高质量发展情况。一方面，对农产品出口规模发展的评价，分别从出口总量变动、出口产品结构和出口区域分布三个角度展开，不仅把握总体变化，还分析产品和地区的差异变化；另一方面，对农产品出口质量发展的评价，首先对出口质量测度指标进行选取，在对国内外各指标构建研究系统整理的基础上，结合农产品出口特点，将出口技术复杂度作为农产品出口质量的衡量指标，进而，在该指标核算的基础上，从产品和地区两个角度对农产品出口质量发展水平进行分析和评价。

第4章，从农业产业规模增长和结构升级两个角度分析并评价中国农业产业高质量发展情况。一方面，对农业产业规模增长情况的评价，从整体规模变动、内部结构变动和区域分布变动三个角度展开，既把握整体变化，又兼顾内部结构和地区差异变化；另一方面，对农业产业结构升级情况的评价，首先是对产业升级测度指标的选取，在对国内外衡量产业升级标准的研究进行系统归纳的基础上，结合农业产业特点，从农业产业合理化和高级化两方面作为衡量产业升级的标准，其中农业产业合理化指标用泰尔指数衡量，农业产业高级化指标借鉴干春晖等（2011）的算法，在以上指标核算的基础上，从整体、区域以及省市三个层面分别对农业产业的合理化水平和高级化水平进行分析和评价。

第5章，从静态和动态两个角度对高质量发展下的农产品出口对农业产业的直接影响进行实证检验。首先，静态分析为基准回归，运用静态面板模型从全国、东部、中部和西部地区层面，对农产品出口规模和出口质量分别对农业产业规模化、合理化和高级化发展的静态影响进行实证检验；其次，动态分析运用面板向量自回归模型结合动态 GMM 估计，针对全国、东部、中部和西部地区层面，分别从农产品出口规模和出口质量角度对农业产业规模化、合理化和高级化发展的动态影响进行实证检验，并分析农业产业规模化、合理化和高级化发展各自应对农产品出口规模及出口质量的冲击响应，以及运用方差分解分析出口规模和出口质量在影响农业产业规模化、合理化和高级化发展中的贡献力度。

第6章，从物质资本积累、人力资本投入、科学技术溢出和制度质量提升四个方面对高质量发展下的农产品出口影响农业产业的传导机制进行实证检验。本章运用中介效应检验模型，以物质资本、人力资本、科学技术和制度质量为中介变量，分别检验农产品出口规模和出口质量通过中介变量对农业产业规模化、合理化和高级化发展的影响程度，进而检验各中介变量从中发挥的传导作用，以及中介效应的贡献程度。

第7章，主要结论与政策建议。对全文理论分析和实证检验的结论进行总结，根据实证结果提出中国农产品出口贸易如何更好地促进农业产业高质量发展的政策建议。

1.3.2 研究目标

本书包括四个研究目标：第一，理清并界定中国农产品出口贸易结构和农业产业结构的分类标准，在此基础上选择合适的测度指标对农产品出口高质量和农业产业高质量进行合理衡量；第二，分析中国农产品出口高质量发展和农业产业高质量发展现状，从整体和局部出发，从横向和纵向比较，尽可能全面地把握出口和产业的时序变迁及产品和地区差异；第三，探讨农产品出口高质量对农业产业高质量发展的直接影响效应，并全面把握对全国及各地区两者各代理变量间的影响表现；第四，阐明农产品出口高质量影响农业产业高质量发展的理论传导机制，并以此为依据，对全国及各地区的影响传导路径进行分析和比较，从而提出具有针对性的政策启示。

1.4　研究思路与方法

1.4.1　研究思路

随着农产品出口规模和出口质量的提升，出口贸易对农业产业发展的影响与日俱增，尤其在当前农业经济呈现结构性减速，国家提倡高质量发展的时期，正确认识农产品出口贸易对农业产业发展的影响机制，进而有针对性有目的性地提高其推动作用发挥的积极性和有效性，对于中国农业产业高质量发展具有重要意义。

本书的主要研究思路为：

首先，本书对出口贸易影响产业发展的影响理论和影响实证的相关文献进行系统梳理和归纳总结，在此基础上，对本书的研究范围进行基本界定，并从理论层面分析农产品出口贸易对农业产业发展的影响效应和传导机制，进而借鉴已有理论成果，构建出适合本书研究思路的数理模型，为全书研究提供坚实的理论基础；其次，本书对农产品出口规模、出口质量，农业产业规模增长和结构升级的现状进行统计描述，并从产品或产业类别之间、国家之间、地区之间、省与省之间以及时序之间等进行横向或纵向比较分析，尽可能详尽地把握中国农产品出口高质量发展和农业产业高质量发展的现状和问题；再次，在基本现状的把握基础上，以理论机制为依据，分别从出口贸易对产业发展的直接影响和影响机制两个层面，逐渐深入地进行实证检验，考察农产品出口规模、出口质量分别对农业产业规模化、合理化和高级化发展的直接影响，并通过物质资本、人力资本、科学技术和制度质量传导的中介效应，了解其发挥作用的程度和有效性以及地区之间的差异；最后，根据理论分析、现状分析和实证检验的结果，提出相应的政策建议。具体研究思路见技术路线图1-1所示。

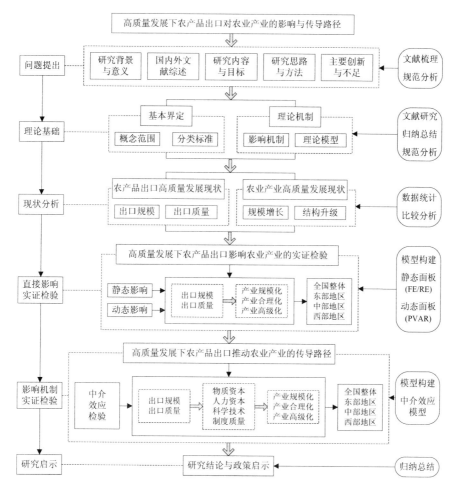

图1-1 技术路线图

1.4.2 研究方法

（1）比较分析方法。本书在第3章和第4章分析中国农产品出口高质量发展和农业产业高质量发展现状中，采用纵向和横向比较的研究方法。纵向比较主要对农产品出口规模和出口质量，以及农业产业规模增长和产业结构升级时序上的演变情况进行比较分析，了解两者的时序变迁特征；横向比较主要从产品或产业结构类型之间、国内外之间、地区之间以及省与省之间进行比较，了解出口和产业的内部结构分布、国际市场地位以及地区和省际差异等特征。

（2）规范分析方法。本书在第 1 章、第 2 章和第 7 章主要采用规范分析方法。首先，在系统梳理和归纳国内外文献研究的基础上，总结前人研究观点，对相关论证进行合理运用及拓展；其次，在前人研究成果的基础上，对农产品出口贸易影响农业产业发展的直接效应和内在机理进行规范分析，并构建反映内在影响机制的数理模型，为后续实证分析提供理论支撑；最后，在全文理论和实证分析的基础上，对能使农产品出口贸易更大程度地发挥对农业产业促进性的相关对策进行规范研究。

（3）实证分析方法。本书在第 5 章和第 6 章采用实证分析方法。在总结已有文献对相关问题实证方法的基础上，以前文影响机理为依据，通过搜集整理国家宏观数据，筛选出适合本书研究内容的相关指标。首先采用静态面板的固定效应模型和随机效应模型以及面板向量自回归模型，从静态和动态两个角度对高质量发展下农产品出口对农业产业的直接影响进行实证检验；其次，采用中介效应检验模型，以物质资本、人力资本、科学技术和制度质量为中介变量，对农产品出口影响农业产业的传导机制进行实证检验。所有实证分析结果均为政策建议的提出提供有价值的现实参考。

1.5　主要创新与不足

1.5.1　主要创新点

本研究立足中国农业增长呈现结构性减速，国家推行农业供给侧结构性改革和农业高质量发展的背景，在借鉴前人相关研究成果的基础上，探究中国农产品出口贸易对农业产业发展的影响。与现有相关成果比较，本研究主要在以下方面做出积极探索：

第一，将农产品加工业并入农业领域研究扩展后的农产品出口对农业的影响，拓展了新的研究视角。中国是农产品生产和贸易大国，农业人口占总人口的一半以上，农业发展事关国计民生。但是，我国农业经济已步入结构性减速阶段，在国内外市场上呈现的结构矛盾已使农业经济陷入发展瓶颈。在开放经济条件下，如何利用农产品出口贸易的竞争优势来促进整体农业产业高质量发展，是农业产业结构转型升级过程中需要正确认识并值得重视的问题。然而，学术界通常研究农业问题时大多仅局限于农林牧渔第一产业，这在农业产业结构升级的研究范畴中，很大程度上限制了产业升级的空间和力度。目前，国家已将农产品加工业作为促进农业产业升级和现代农业发展的重要支撑，因此，本书在界定农业产业范围时，将农产品加工业并入农业领域，农产品贸易中亦将农产品加工业的产出品贸易涵盖其中。在新的界定基础上，紧扣中国农业发展新形势，力争从出口贸易促进产业增长和升级的影响机制上有所突破，不仅对农业产业升级问题的研究带来现实意义，更为农业经济高质量发展新思路的拓展做出积极贡献。

第二，从"量"和"质"两个层面，更为全面地分析了出口贸易对产业发展的影响。目前学术界主流的做法是从出口规模的角度研究对产业经济增长或产业结构升级的影响，从出口质量对产业发展的研究却寥寥无几。中国的农业从"量"上来说，已经是农业生产大国和农产品出口大国，但是在"质"上，却均未达到"农业强国"的标准。当前中国农产品出口质量日渐提升，说明出口部门的技术水平在不断提高，这些出口部门作为国内农业生产部门中更具竞争优势的领先者，在国际竞争中所汲取的技术和经验水平要普遍高于同领域非出口部门，怎样发挥好这些领先部门对落后部门的带头作用，是有效并快速推进整体产业效率提升和转型升级的关键所在。因此，仅从"量"上来衡量出口对产业的促进性已经不能适应当前经济技术全面升级的形势，从"质"上衡量两者的关系才是更具现实意义的做法。只有在保持规模增长的同时，质量也随之提升，才是更为持久的贸易发展模式和产业发展模式，也是当前经济高质量发展的基本要求。本书即分别从农产品出口的"量"（出口规模）和"质"（出口质量）来考察对农业产业"量"（规模增长）和"质"（结构升级）的影响程度及影响机制，其理论和实证研究的结论为农业产业改革的对接和落实提供了更为全面和客观的事实依据。

1.5.2 主要不足

随着中国农业产业结构改革的深入推进，利用国内农产品出口部门的先进经验带动整个产业转型升级的作用会愈加明显和深化，因此，出口贸易影响产业发展的选题具有继续研究的意义。受知识储备和研究能力所限，本书仍然存在一些不足和值得改进之处：

第一，研究样本范围受限。在研究时间方面，由于本书实证分析主要研究国内情况，需要采用省际面板数据，而关于 HS 编码的分省市农产品出口贸易额数据的获得受到客观条件的限制，只能获取 2010—2016 年的数据，导致时间跨度较小，无法分析中国在重要贸易政策（如 WTO）影响前后的变化情况；在研究对象方面，分析中国农产品出口质量水平时，若能与其他国家进行比较则能更直观地体现中国出口质量的国际地位，但是，若从各国视角进行出口质量测算，则需要全世界所有国家（地区）的人均收入及 HS 两位码分类水平上各农产品的出口贸易额（杜修立和王维国，2007），整理和计算的工作量过于庞大。

第二，研究内容和方法仍需进一步拓展。在研究内容方面，本书仅从出口贸易角度衡量对农业产业发展的影响，随着中国农产品进口规模的扩大以及农产品贸易逆差的出现，从进口贸易角度的研究也具有很大的现实意义。但是，由于学术界关于进口复杂度的核算方法并不成熟，则从进口质量方面的研究仍需更多钻研和探索。在研究方法方面，本书从国内省份角度分析出口和产业结构调整，各地之间通常存在空间上的依赖性和异质性，若采用空间计量方法则更能体现出口贸易影响产业发展的空间关系。这也是本书在后续研究中需要补充和完善之处。

第 2 章

基本界定和理论机制

本章首先对研究所涉及的"农产品"和"农业产业"的概念范围，以及农产品贸易结构和农业产业结构的分类标准进行界定，然后，在此基础上，对农产品出口贸易对农业产业发展的影响效应以及传导机制进行理论分析，并构建出农产品出口贸易对农业产业规模增长和结构升级的理论模型，为后续分析提供合理的理论依据。

2.1 基本界定

学术界对于"农产品"和"农业产业"的概念范围界定不一，关于农产品贸易结构和农业产业结构的分类标准也千差万别。本书根据研究所需，对主要概念范围和结构分类标准做出基本界定。

2.1.1 概念范围的界定

2.1.1.1 农产品范围界定

目前，关于农产品的定义及所涵盖的产品范围，国内外并无统一定论，各数据公布部门对农产品的界定均有所差别。由于农产品范围的界定以商品分类标准作为基本依据，因此，应首先把握目前国际上通用的商品分类标准，进而归纳出国际上常见的农产品分类口径，最后在此基础上对本书的农产品范围进行界定。

（1）商品分类标准

国际贸易商品分类标准是界定农产品范围的基本依据。目前，国际上较为普遍适用的分类标准有《国际贸易标准分类》（SITC 编码）、《海事合作理事会税则商品分类目录》（CCCN 编码）和《商品名称及编码协调制度》（HS 编码）。

前两种分类标准分别由联合国统计委员会和原海关合作理事会（2000 年更名为世界海关组织）于 1950 年和 1953 年发布生效。由于在执行中，联合国成员国采用 SITC 编码，而世界海关组织缔约国采用 CCCN 编码，彼此贸易的商品需要进行类别转换，导致通关效率降低，贸易成本加大。因此，为了提高执行效率，原海关合作理事会于 1983 年 6 月，将 SITC 和 CCCN 两大编码体系合并，制定了《商品名称及编码协调制度》（HS 编码），并于 1988 年 1 月 1 日正式实施。

HS 编码是一套系统的、用途广泛的商品分类体系，不仅适用于各国的海关税则以及贸易统计核算，还为商品的运输成本计费、电子数据传输、国际贸易单证简化、普惠制待遇实施以及经济统计分析等方面提供了一套涵盖全面、标准统一的商品分类依据。目前世界上已有 200 多个国家、地区使用 HS 编码，用此分类标准统计的货物贸易量占全球贸易总量的 98% 以上①。HS 编码颁布后，每 4 年修订一次，当前最新版本于 2017 年 1 月 1 日颁布实施，该版本并未对商品分类标准进行调整，仍然分为 21 类、97 章，章下再分为目和子目②。HS 采用六位数编码，其中，第一、二位代表"章"，第三、四位代表"目"，第五、六位代表"子目"。

（2）农产品统计口径

不同的国际组织以及国家和地区在农产品贸易统计时所遵循的统计口径并不统一，常见的农产品统计口径有以下几种：

第一，WTO 农产品统计口径。WTO 对农产品的界定分为"基本农产品"和"统计农产品"。其中，"基本农产品"即 WTO 成员方进行谈判时界定的农产品范围，也称"谈判农产品"，在乌拉圭回合《农业协定》的附件中有详细目录，其以 HS 编码为基础，包括 1 ~ 24 章产品（除水产品外），以及生

---

① 资料来源：世界海关组织官网，http：//www.wcoomd.org/en/about – us/wco – members/membership.aspx

② 资料来源：世界海关组织官网，http：//www.wcoomd.org/en/topics/nomenclature/instrument – and – tools/ – hs – nomenclature – 2017 – edition/hs – nomenclature – 2017 – edition.aspx

皮、生毛皮、生丝和废丝、羊毛和动物毛、原棉、废棉和已梳棉、生亚麻和生大麻等部分其他产品①。该统计口径不包含水产品和林产品。另外，"统计农产品"作为严格意义上的 WTO 口径，涵盖范围较为全面，除了"基本农产品"范围，还包括水产品及其加工品，以及天然橡胶、软木和木材、纸浆等部分林产品。该统计口径能较好地与农业生产口径衔接。

第二，FAO 农产品统计口径。FAO（联合国粮食及农业组织）对农产品范围的界定是以 SITC 编码为基础的，其统计口径小于 WTO，不包括水产品、软木和木材、纸浆和废纸，并剔除了生胶、纺织纤维及其废料中的合成和再生产品②。相较于 HS 编码，该统计口径的数据时序较长，但产品分类不够详细。

第三，USDA 农产品统计口径。USDA（美国农业部）以 HS 编码为基础，将 WTO《农业协定》中的农产品剔除了部分以动植物为原料的加工产品③。该统计口径不仅将水产品和林产品剔除在外，还剔除了农产品加工制成品。

第四，欧盟农产品统计口径。欧盟共同农业政策适用的农产品范围以 CCCN 编码为基础，包括 1～24 章（剔除部分加工品），以及软木、亚麻和大麻。该口径包括土地产出品、畜牧产品和水产品，及以这些产品为原料的初级加工品。但由于以 CCCN 编码为基础，与 HS 编码的具体分类标准仍存在一些差异④。

第五，中国农产品统计口径。在生产统计口径上，农产品有广义和狭义之分，广义农产品即为农（种植业）、林、牧、渔四类产业的产出品，狭义农产品仅限于种植业产出品。国内权威统计资料，如《中国统计年鉴》、《中国农业年鉴》和《中国农村统计年鉴》等关于农产品的统计口径均为广义范围的农产品。在贸易统计口径上，由农业部发布的《中国农产品贸易发展报告》和商务部发布的《中国农产品进出口月度统计报告》对农产品的统计均以 HS 编码为基础，其口径均在 WTO《农业协定》的基础上补充了全部（或部分）水产品，但仍未包括林产品，这与国内农产品的生产统计口径不吻合。

---

① 资料来源：WTO. Uruguay round agreement on agriculture［Z］. 1996.

② 资料来源：联合国粮食及农业组织官网，http：//www. fao. org/faostat/en/#data

③ 资料来源：https：//apps. fas. usda. gov/gats/AgriculturalProducts. aspx

④ 资料来源：European Union. Consolidated Treaties Charter of Fundamental Rights［R］. Luxembourg, 2010.

（3）本书对农产品范围的界定

在贸易商品分类标准的选择上，多数国家和地区更倾向于使用 HS 编码，同时，我国的贸易统计也以 HS 编码为基础，因此，本书对农产品范围的界定也选用 HS 编码。在农产品贸易统计口径的界定上，首先借鉴我国农业部和商务部的做法，即"WTO《农业协定》＋水产品"，同时，考虑到要和我国农林牧渔生产统计口径相衔接，则再加上"林产品"，然后，由于本书研究主题为农产品出口贸易对农业产业增长和升级的影响，其中，所指农业产业的升级，并非单指农林牧渔第一产业的升级，农产品加工业即农业中的第二产业，在我国大农业的整体升级中起到更为关键和重要的作用，因此，本书农产品不仅包括农林牧渔产业的初级农产品，还包括以初级农产品为原料的农业加工品，对应我国生产口径的十二类农产品加工业，需再加上相应的"农业加工品"。最后，本书的农产品范围界定为"《农业协定》＋水产品＋林产品＋农业加工品"，具体类目见表 2 - 1 所示。

表 2 - 1　农产品范围界定

HS 编码	商品名称	商品简称
第一类	活动物；动物产品	
01	活动物	活动物
02	肉及食用杂碎	肉及杂碎
03	鱼、甲壳动物、软体动物及其他水生无脊椎动物	水、海产品
04	乳品；蛋品；天然蜂蜜；其他食用动物产品	乳品、蛋品、蜂蜜及其他食用动物产品
05	其他动物产品	其他动物产品
第二类	植物产品	
06	活树及其他活植物；鳞茎、根及类似品；插花及装饰用簇叶	活植物及花卉
07	食用蔬菜、根及块茎	食用蔬菜
08	食用水果及坚果；甜瓜或柑橘属水果的果皮	食用水果及坚果
09	咖啡、茶、马黛茶及调味香料	咖啡、茶、马黛茶及调味香料
10	谷物	谷物

续表

HS 编码	商品名称	商品简称
11	制粉工业产品；麦芽；淀粉；菊粉；面粉	制粉工业产品
12	含油子仁及果实；杂项子仁及果仁；工业用或药用植物；稻草、秸秆及饲料	油料、工业用或药用植物、稻草、秸秆及饲料
13	虫胶；树胶、树脂及其他植物液、汁	植物液、汁
14	编结用植物材料；其他植物产品	编结用植物材料
第三类	动、植物油、脂及其分解产品；精制的食用油脂；动、植物蜡	
15	动、植物油、脂及其分解产品；精制的食用油脂；动、植物蜡	动植物油脂及其分解产品
第四类	食品；饮料、酒及醋；烟草、烟草及烟草代用品的制品	
16	肉、鱼、甲壳动物、软体动物及其他水生无脊椎动物的制品	肉、水产品制品
17	糖及糖食	糖及糖食
18	可可及可可制品	可可及其制品
19	谷物、粮食粉、淀粉或乳的制品；糕饼点心	谷物、粮食粉、淀粉等制品
20	蔬菜、水果、坚果或植物其他部分的制品	蔬菜、水果、坚果等制品
21	杂项食品	杂项食品
22	饮料、酒及醋	饮料、酒及醋
23	食品工业的残渣及废料；配制的动物饲料	食品工业残渣废料，配制的动物饲料
24	烟草、烟草及烟草代用品的制品	烟草及其制品
第七类	塑料及其制品；橡胶及其制品	
40	橡胶及其制品	橡胶及其制品
第八类	生皮、皮革、皮毛及其制品；鞍具及挽具；旅行用品、手提包及类似容器；动物肠线（蚕胶丝除外）制品	

HS 编码	商品名称	商品简称
41	生皮（皮毛除外）及其制品	生皮（皮毛除外）及其制品
42	皮革制品；鞍具及挽具；旅行用品、手提包及类似容器；动物肠线（蚕胶丝除外）制品	皮革、动物肠线（蚕胶丝除外）制品
43	毛皮、人造毛皮及其制品	毛皮、人造毛皮及其制品
第九类	木及木制品；木炭；软木及软木制品；稻草、秸秆、针茅或其他编结材料制品；篮筐及柳条编结品	
44	木及木制品；木炭	木及木制品；木炭
45	软木及软木制品	软木及软木制品
46	稻草、秸秆、针茅或其他编结材料制品；篮筐及柳条编结品	植物编结材料制品
第十类	木浆及其他纤维状纤维素浆；纸及纸板的废碎品；纸、纸板及其制品	
47	木浆及其他纤维状纤维素浆；纸及纸板的废碎品	木浆等、纸（板）的废碎品
48	纸及纸板；纸浆、纸或纸板制品	纸或纸板及其制品、纸浆
49	书籍、报纸、印刷图画及其他印刷品；手稿、打字稿及设计图纸	印刷制品
第十一类	纺织原料及纺织制品	
50	蚕丝	蚕丝及其制品
51	羊毛、动物细毛或粗毛；马毛纱线及其机织物	羊毛、动物毛及其制品
52	棉花	棉花及其制品
53	其他植物纺织纤维；纸纱线及其机织物	其他植物纺织纤维及其制品

资料来源：海关统计资讯网（http：//www. chinacustomsstat. com/aspx/1/Self_ Search/ParSearch. aspx？State＝2&next＝1）；中华人民共和国商务部对外贸易司网站（http：//wms. mofcom. gov. cn/article/ztxx/ncpmy/ncpydtj/200603/20060301783733. shtml）。

2.1.1.2 农业产业范围界定

通常，学术界所界定的农业产业有广义和狭义之分，广义农业产业即为农（种植业）、林、牧和渔四大领域所组成的第一产业，狭义农业产业仅指种植业。

　　本书所研究农业产业高质量发展中的结构升级，并非仅局限于农林牧渔第一产业的升级，因为第一产业仅包括初级农产品及简单初加工农产品的生产，这类产业推动农业整体发展的作用极为有限。2016 年 12 月，国务院办公厅发布《关于进一步促进农产品加工业发展的意见》，指出农产品加工业对促进农业生产发展并提高农业生产效益的重要性，认为农产品加工业是农业产业现代化发展的支撑力量。农产品加工业相当于传统农业向第二产业的延伸。我国对农产品加工业的行业界定通常包括 12 类，具体为食品制造业，农副食品加工业，烟草制品业，饮料制造业，纺织业，纺织服装、鞋、帽制造业，木材加工及木、竹、藤、棕、草制品业，皮革、毛皮、羽毛（绒）及其制品业，家具制造行业，造纸、纸制品业，印刷业与记录媒介等，橡胶制品业（陈诗波和李崇光，2007；王亚静等，2010）。

　　正如学术界研究整体产业升级时常用第二产业或第三产业发展的重要程度作为衡量产业升级的标准（吴敬琏，2008；干春晖等，2011；马章良和顾国达，2011；刘培森和尹希果，2015；李小卷，2017），本书在衡量农业产业升级时所界定的农业产业范围也借鉴于此。

　　“大农业”范围不仅包括农林牧渔第一产业，同样包括涉农第二产业和涉农第三产业。其中，涉农第二产业即为农产品加工业。但是，对于涉农第三产业即农业服务业而言，其包括农业生产性服务业和生活性服务业，但数据库中只能获取农林牧渔服务业产值，涉及农产品加工业的服务业及生活性服务业产值均无法从总服务业中分离出来，因此体现涉农第三产业的数值要远远低于实际值。同时，有学者认为，中国的工业化尚未完成，过早地去工业化而推进服务业的主导地位，反而不利于经济的长期增长（王文和孙早，2017），因此不能完全照搬国外用第三产业衡量产业升级的方法。更何况我国农业产业“大而不强”，涉农第二产业（农产品加工业）的技术含量和附加值仍处于较低水平，具有很大的升级空间。

　　因此，本书农业产业范围的界定，不仅包括农林牧渔第一产业，更包括以 12 类农产品加工行业为代表的涉农第二产业，但并未包括涉农第三产业即农业服务业。

2.1.2 结构分类的界定

本书从"量"和"质"两个角度研究中国农业的出口高质量发展对产业高质量发展的影响。对出口而言，"量"即出口规模，用出口贸易额来衡量，"质"即出口质量，用出口贸易技术水平来衡量；对产业而言，"量"即产业规模，用产业总产值来衡量，"质"即产业结构，用产业结构升级水平来衡量。其中，对于出口贸易和农业产业"质"的度量，需要在界定贸易结构和产业结构分类的基础上，才能进一步核算贸易的技术水平以及产业结构的升级状况。因此，对贸易和产业结构分类的界定是本书研究的重要基础。

2.1.2.1 农产品贸易结构分类标准

传统产业间贸易理论假设产品都是同质的，不考虑产品种类及品质上的差异，因此对国际贸易扩张问题的研究仅限于产品贸易数量扩张层面（施炳展和李坤望，2009）。之后，水平产业内贸易理论提出了产品差异化假设，所谓"差异化"仅强调产品的多样性差异，并不体现品质及成本差异（Helpman 和 Krugman，1985）。随后，垂直产业内贸易理论开始关注产品的品质差异（Flam 和 Helpman，1987）。新新贸易理论的产生开始将视角转移到微观企业的贸易问题上，从贸易增长的二元分解（即广度和深度）角度分析问题，即重点强调贸易品种的多样化及品质的提升是对外贸易获益的重要途径，其中，贸易品质的提升更是起到关键作用（Hummles 和 Klenow，2005；Broda等，2006；Amiti 和 Freund，2010；Weldemicael，2014）。可见，随着国际贸易理论的发展，研究的重点已从对贸易数量扩张的关注逐步转移到对贸易结构的深入探讨中。

（1）贸易结构的概念和分类标准

关于贸易结构的概念，基于不同的分类标准，所体现的构成元素有所差别，一般是指一个经济体对外贸易的各种商品进出口所占贸易整体的份额情况（樊纲等，2006）。

关于贸易结构的分类标准大体有以下几种：

第一，从贸易方向角度分为出口和进口两大类。杜红梅和安龙送（2007）研究农产品贸易与农业经济增长关系时，将农产品贸易分为农产品出口和进口两类。孙会敏和张越杰（2016）研究农产品进出口和农业结构优化问题时，也将农产品贸易结构分为进、出口两类。对进出口的分类是研究贸易问题最基本的分类方法，但是过于简单，若单纯使用这一种划分标准则并不适用于深入研究贸易结构问题。

第二，从商品用途角度的分类。裴长洪（2013）在研究进口贸易结构与经济增长的问题上，按照商品用途对 266 个商品子类划分为初级品、中间品、资本品和消费品，进而分别计算四类商品的进口结构变化指数、进口结构变化贡献度和进口趋势指数，以考察对经济增长的影响。董翔宇和赵守国（2017）同样按照此分类法研究出口贸易结构与经济增长的关系。易先忠等（2014）直接使用 SITC 三分位贸易数据，更加细分地测度出口产品结构多元化程度。此分类标准虽然更为细致，但从商品的用途上未能体现代表产业升级的产品属性，因此若研究贸易对产业升级的影响问题，此类划分标准并不适合。

第三，从贸易方式角度分为一般贸易和加工贸易。实现从加工贸易向附加值较高的一般贸易转型，对中国从贸易大国转向贸易强国十分必要（刘晴，2015）。Manova 和 Yu（2016）指出，贸易方式的选择隐含地反映了企业的技术水平和所处的全球价值链分工地位，一般贸易的技术水平和分工地位高于加工贸易，加工贸易中的进料加工高于来料加工。刘晴和徐蕾（2013）认为企业从来料加工到进料加工的转型可视为加工贸易企业的一种过程升级或产品升级模式，加工贸易企业中的高效率企业会首先选择升级。可见，从贸易方式的角度研究产业升级的问题有很大意义。但是学术界从该角度研究的文献并不多见，黄蓉（2014）和陈晋玲（2015）实证分析了贸易方式结构对产业结构的影响，但只是从一般贸易和加工贸易的划分入手，并未从体现全球价值链分工地位的来料加工和进料加工的角度展开研究。另外，多数学者从贸易方式角度研究其他问题，如贸易方式与就业结构问题（马光明和刘春生，2016）、贸易方式与产业集聚问题等（沈鸿和顾乃华，2017）。此类划分标准虽然能很好地体现一国产业的经济地位及产业升级的问题，但是关于我国尤其是省际农产品贸易方式的数据支撑较为欠缺，不利于从实证角度对该研究进行检验。

第四，从贸易模式角度分为产业间贸易和产业内贸易。Grubel 和 Lloyd（1975）出版的《产业内贸易：差别化产品国际贸易的理论与度量》著作，是产业内贸易从经验研究转向理论研究的重要标志。Greenaway 和 Milner（1994）对产业内贸易做了进一步的细分，提出了垂直型和水平型产业内贸易的度量公式，目前仍被广泛使用。Jae（2001）对韩国国内各行业的产业内贸易情况进行了实际测算，发现韩国的产业内贸易是垂直型占主导地位。Kyoji等（2003）比较分析了东亚与欧盟区域内垂直差异产品的产业内贸易现状，结论显示东亚区域产业内贸易水平较低，但其增长趋势显著。黄庆波等（2014）考察了1992年中韩两国建交以来两国工业制成品产业内贸易的发展状况及影响因素。孙致陆和李先德（2014）根据联合国商品贸易统计数据库数据，对1992—2011年中澳农产品产业内贸易水平与结构进行了分析，并进一步研究了其影响因素。齐晓辉和刘亿（2016）运用 Grubel - Lloyd 指数和GHM 指数，对2004—2013年中国与中亚五国农产品产业内贸易水平与结构进行测算，并对影响产业内贸易的因素进行实证研究。张宁宁等（2016）以农产品产业内贸易为研究对象，利用 G - L 指数，从分类和行业两个角度，对中国农产品产业内贸易的发展程度进行了评估。另外，黄蓉（2014）和陈晋玲（2015）实证检验了贸易模式结构对产业结构优化的影响。总体上，从贸易模式分类研究贸易对产业升级影响的文献并不多见。

第五，从商品要素密集角度的分类。该类划分标准在研究贸易结构问题上较为常见。最早 Leontief（1953）运用美国的商品贸易结构来验证 H - O 理论时发现，美国竟然出口国内相对稀缺的劳动密集型产品，进口国内相对丰裕的资本密集型产品，该结论完全背离 H - O 理论，被称为"里昂惕夫悖论"，该研究吸引了学界对贸易结构与要素禀赋结构的相关研究。

国内外学者从要素密集度视角对商品贸易结构进行划分，一般的做法是分为初级产品和工业制成品，而工业制成品又可细分为劳动密集型产品和资本技术密集型产品等。Baldwin（1971）认为工业制成品在美国贸易中之所以具有比较优势，原因是人力资本要素的优势地位从中发挥重要作用。Trefler（1995）通过分析33个国家和地区的9种投入要素的结构及丰裕度，发现技术要素在贸易结构中起到重要作用。孙晓华和王昀（2013）、黄蓉（2014）、陈晋玲（2015）、刘斌斌和丁俊峰（2015）及陈能军（2017）等都从初级产品和工业制成品划分的角度，考察各自占贸易总额的比重，认为工业制成品比重越高，贸易结构水平越高。

更具代表性和参考性的分类是 Lall（2000）的做法，根据 SITC2 分位法，将230类产品按照要素密集度分为初级产品、资源密集型产品、低技术密集型产品、中技术密集型产品和高技术密集型产品。该分类方法具有一定代表性，曾在联合国贸易发展会议中被采用。国内学者一般认为，低、中技术密集产品因为包含了大量技能和规模密集型的资本商品和中间品，因此可归类为资本密集型产品。王岳平（2002）运用资本与劳动力之比、劳动报酬与产出之比、研发费用与销售额之比等指标衡量中国工业行业的要素密集程度，进而分为劳动密集型、资本密集型和技术密集型三类。郑云（2006）研究农产品出口贸易与农业经济增长时，将农产品出口贸易结构分为劳动密集型农产品（蔬菜、水果、水产品和畜产品）和土地密集型农产品（粮食、油料、棉花等大宗农产品）。杨汝岱和朱诗娥（2008）根据 SITC 三位分类将产品划分为资源密集型、资本密集型、技术密集型和劳动力密集型四类。黄蓉（2014）将工业制成品内部结构分为资本密集型、劳动密集型、技术密集型和人力资源密集型产品。陈晋玲（2015）根据 Hatzichronoglou（1996）和 Lall（2000）的研究，在 SITC 二位数分类基础上，将贸易品分为资源密集型、劳动密集型、资本密集型和技术密集型产品四类。

可见，从要素密集度对贸易结构进行分类，是最广为采用的分类标准，尤其以 Lall（2000）为借鉴的分类方法更具科学性和代表性。在研究产业升级问题上，按此种方法分类的产品更能体现其所代表产业的发展水平，一般从资源密集型产品、劳动密集型产品以及资本和技术密集型产品来看，其所代表的产业具有从低级水平向高级水平递增的变化。因此，按要素密集度对贸易结构进行分类，能更好地研究出口贸易对产业升级的影响问题。

（2）本书对农产品贸易结构分类标准的界定

基于以上对贸易结构分类标准的归纳和总结，发现在研究贸易对产业升级影响的主题方面，最为理想的分类标准即为以 Lall（2000）为代表的按商品要素密集度的分类。

本书根据我国农产品（农、林、牧、渔及其加工品）的发展程度，借鉴 Lall（2000）和王岳平（2002）的做法，将农产品贸易结构分为资源密集型、劳动密集型和资本技术密集型农产品贸易三种类型。其中，资源密集型农产品即农林牧渔第一产业中的初级农产品；劳动密集型农产品即第二产业中的劳动密集型农产品，包括食品加工业、食品制造业、纺织业、服装及其他纤维制品制造、皮革毛皮羽绒及其制品业、木材加工及竹藤棕草制品业和橡胶制品业等七类行业所产出的农产品加工品①；资本技术密集型农产品即第二产业中的资本技术密集型农产品，包括饮料制造业、烟草加工业、造纸及纸制品业、印刷业记录媒介的复制等四类行业所产出的农产品加工品。具体对应HS 编码的贸易农产品类目，其划分后的类别及具体产品名目如表 2-2 所示。

表 2-2 按要素密集度分类的农产品贸易结构类别明细

类别	商品编码	商品简称		简要说明
资源密集型农产品	01	活动物		
	03-1	水、海产品	0301	活鱼
			0302	鲜、冷鱼，但品目 0304 的鱼片及其他鱼肉除外
	06-1	活植物及花卉	0601	鳞茎、块茎、块根、球茎、根颈及根茎，休眠、生长或开花的；菊苣植物及其根，但品目 12.12 的根除外
			0602	其他活植物（包括基根）、插枝及接穗；蘑菇菌丝
	07	食用蔬菜		
	08	食用水果及坚果		
	09	咖啡、茶、马黛茶及调味香料		
	10	谷物		
	12	油料、工业用或药用植物、稻草、秸秆及饲料		

① 家具制造业的产出品本应划入劳动密集型农产品，但在 HS 编码的贸易类别中，家具产品中以农产品为原料和以非农产品（如金属类）为原料的产出品合并于第 94 章，导致数据无法进行分离，因此农产品贸易数据剔除了以农产品为原料的家具产品。

类别	商品编码	商品简称		简要说明
	13	植物液、汁		
	14	编结用植物材料		
	24－1	烟草及废料	2401	烟草；烟草废料
	40－1	天然橡胶	4001	天然橡胶、巴拉塔胶等，初级形状或板、片、带
	41－1	生皮（皮毛除外）	4101	生牛皮、生马皮等
			4102	绵羊或羔羊生皮等
			4103	其他生皮等
	43－1	生毛皮	4301	生毛皮，但品目4101、4102或4103的生皮除外
资源密集型农产品	44－1	木、木炭	4401	薪柴（圆木段、块、枝、成捆或类似形状）；木片或木粒；锯末、木废料及碎片，不论是否粘结成圆木段、块、片或类似形状
			4402	木炭（包括果壳炭及果核炭），不论是否结块
			4403	原木，不论是否去皮、去边材或粗锯成方
	45－1	软木	4501	未加工或简单加工的天然软木；软木废料；碎的、粒状的或粉状的软木
			4502	天然软木、除去表皮或粗切成正方形，或成长方块、正方块、板、片或条状（包括做塞子用的方块坯料）
	50－1	蚕丝	5001	适于缫丝的蚕茧
			5002	生丝（未加捻）

续表

类别	商品编码	商品简称		简要说明
资源密集型农产品			5003	废丝（包括不适于缫丝的蚕茧、废纱及回收纤维）
	51－1	羊毛、动物毛	5101	未梳的羊毛
			5102	未梳的动物细毛或粗毛
			5103	羊毛及动物细毛或粗毛的废料，包括废纱线，但不包括回收纤维
			5104	羊毛及动物细毛或粗毛的回收纤维
	52－1	棉花	5201	未梳的棉花
			5202	废棉（包括废棉纱线及回收纤维）
	53－1	其他植物纺织纤维	5301	亚麻，生的或已经加工但未纺制的；亚麻短纤及废麻（包括废麻线及回收纤维）
			5302	大麻，生的或已经加工但未纺制的；大麻短纤及废麻（包括废麻线及回收纤维）
			5303	黄麻及其他纺织用韧皮纤维（不包括亚麻、大麻及苎麻），生的或经加工但未纺制的；上述纤维的短纤、落麻及废料（包括废纱及回收纤维）
			5304	西沙尔麻及其他纺织用龙舌兰类纤维，生的或经加工但未纺制的；上述纤维的短纤及废麻（包括废纱线及回收纤维）
			5305	椰壳纤维、蕉麻

类别	商品编码	商品简称	简要说明
劳动密集型农产品	02	肉及杂碎	
	03－2	水、海加工品	除0301和0302之外
	04	乳品、蛋品、蜂蜜及其他食用动物产品	
	05	其他动物产品	
	06－2	活植物及花卉制品	除0601和0602之外
	11	制粉工业产品	
	15	动植物油脂及其分解产品	
	16	肉、水、海产品制品	
	17	糖及糖食	
	18	可可及其制品	
	19	谷物、粮食粉、淀粉制品，糕点	
	20	蔬菜、水果、坚果等制品	
	21	杂项食品	

续表

类别	商品编码	商品简称	简要说明
劳动密集型农产品	23	食品工业的残渣、废料，配制的动物饲料	
	40-2	橡胶制品	除4001之外
	41-2	生皮制品	除4101、4102和4103之外
	42	皮革、动物肠线（蚕胶丝除外）制品	
	43-2	毛皮制品	除4301之外
	44-2	木制品	除4401、4402和4403之外
	45-2	软木制品	除4501和4502之外
	46	编结材料制品	
	50-2	蚕丝制品	除5001、5002和5003之外
	51-2	羊毛、动物毛制品	除5101、5102、5103和5104之外
	52-2	棉花制品	除5201和5202之外
	53-2	其他植物纺织纤维制品	除5301、5302、5303、5304和5305之外
资本技术密集型农产品	22	饮料、酒及醋	
	24-2	烟草制品	除2401之外
	47	木浆等、纸（板）的废碎品	
	48	纸或纸板及其制品、纸浆	
	49	印刷制品	

资料来源：海关统计资讯网（http：//www.chinacustomsstat.com/aspx/1/Self_ Search/ParSearch.aspx？State=2&next=1）。

2.1.2.2 农业产业结构分类标准

（1）产业结构的概念和分类标准

产业结构的概念最早源于20世纪40年代，即一国或地区在经济活动过程中形成的各产业的规模、要素、技术关联及空间分布等方面的构成情况及产业间的经济联系。具体可以从静态和动态两个角度对产业结构进行分类（黄蓉，2014；夏天然，2015）。

从静态关系的角度，即一国或地区在某一特定时期不同产业经济指标的量比关系，既包括产业间的结构关系，也包括产业内各行业甚至各企业间的结构关系。具体为三个层面的划分：第一，宏观层面，即三次产业间的结构。英国经济学家和统计学家克拉克（1940），借鉴澳大利亚经济学家费舍（1930）对全部经济活动的分类方法，提出三次产业分类法，即第一产业为广义的农业，第二产业为广义的工业，第三产业为服务业。产业间结构即考察第一、二和三产业之间的产值、就业等占比关系，可反映一国经济发展阶段。第二，中观层面，即产业内各行业间的结构。第一产业内农业、林业、畜牧业和渔业之间的比例结构关系；第二产业内制造业、采矿业、建筑业、电力、供水和燃气等行业之间的比例结构关系；第三产业内商业、金融、保险等生产性服务业和消费性服务业之间的比例结构关系。第三，微观层面，即产业内各企业间的结构。该层面从微观上考察各企业之间的结构关系，属于产业组织学的范畴（陈晋玲，2015）。

从动态关系的角度，即一国或地区各产业间的经济要素或技术关联及联结方式的变化情况，可反映各产业在不同经济发展阶段的演变规律。具体为三个角度的划分：第一，从要素配置角度，产业结构即为生产要素资源在各个产业间的分配情况，根据不同产业在生产过程中密集使用要素的程度不同，分为自然资源密集型、劳动密集型、资本密集型和技术密集型等产业。第二，从技术附加值角度，经济合作与发展组织（OECD）按照技术水平高低将产业分为低端、中低端、中高端和高端技术产业四类，也有学者将中高端和高端技术产业合并为高端技术产业，即分为低端、中端和高端技术产业三类（傅元海等，2014，2016；李贤珠，2010）。第三，从贡献程度角度，一国或地区在不同的经济发展阶段，各产业发挥的作用有所不同，由此可将产业按照其所处阶段对经济的贡献程度划分为基础产业、支柱产业、主导产业和新兴产业等（黄蓉，2014）。

（2）本书对农业产业结构分类标准的界定

对应农产品贸易结构按要素密集度的标准进行分类，农业产业结构也按要素配置情况进行分类。参照 Lall（2000）和王岳平（2002）的做法，根据不同产业在生产中密集使用生产要素程度的差异，将农业产业分为资源密集型、劳动密集型和资本技术密集型三类。其中，资源密集型农业产业即为农林牧渔第一产业；劳动密集型农业产业包括食品加工业、食品制造业、纺织业、服装及其他纤维制品制造、皮革毛皮羽绒及其制品业、木材加工及竹藤棕草制品业、家具制造业①和橡胶制品业共八类行业；资本技术密集型农业产业包括饮料制造业、烟草加工业、造纸及纸制品业和印刷业记录媒介的复制共四类行业。由于 Lall（2000）和王岳平（2002）对产业的划分是以所有工业产业为研究对象进行的，那么，其中涉农工业与非涉农工业相比，其资本技术密集程度普遍偏低，因此，在以非涉农工业为参照标准的基础上，涉农工业的十二类行业大多属于劳动密集型的水平，列为资本技术密集型产业的仅有四类行业。虽然相对于其他工业而言，涉农工业，尤其是列为劳动密集型产业的行业，其技术水平较为落后，但是在农业产业领域，则代表相对先进的技术水平。因此在农业产业领域，不论是劳动密集型产业还是资本技术密集型产业，其在引领农业产业升级的贡献上都起到最为关键的作用。

2.2 影响机制

开放经济条件下，农业产业经济发展过程离不开国际因素的影响和推动。农产品出口贸易作为重要的外部影响因素之一，在出口规模和出口质量的提升过程中所发挥的规模效应、竞争效应、学习效应和示范效应，能有效增加物质资本积累、促进人力资本投入、加速科学技术溢出，以及倒逼制度质量提升，这不仅引起国内要素资源的重新配置，更能促使企业间的竞相角逐、优胜劣汰。出口贸易正是通过以上这些途径促进原有产业结构的分化甚至新

---

① 虽然在农产品贸易结构中由于数据分离困难而剔除了家具类农业加工品，但劳动密集型农业产业中仍然要包括家具制造业，因为家具制造业的生产原料多来自木材等农产品，该类农产品的贸易情况对家具制造业的产出必然存在一定影响。

兴产业的诞生，最终推动农业产业向集约式增长以及结构合理化和高级化方向发展。图 2 - 1 即为农产品出口贸易对农业产业发展的影响机制。

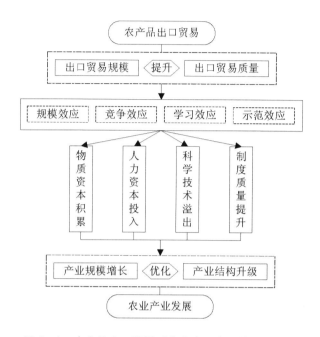

图 2 - 1 农产品出口贸易对农业产业发展的影响机制

2.2.1 影响效应

农产品出口贸易对农业产业发展的影响从规模效应、竞争效应、学习效应和示范效应四个方面发挥作用，不仅带动了整个农业产业经济效益的提升，更有效促进了农业产业的技术升级和结构优化。

2.2.1.1 规模效应

农产品出口贸易的出现将有限的国内农业市场延伸扩展到广阔的国际市场，为本国农产品出口部门的发展提供了更大的市场空间，也为国内的过剩产能提供了更多的市场机会（郎丽华和刘妍，2018）。市场规模的扩大为出口部门实现规模经营提供了更多可能，有助于推动生产边界的外向移动，进而产生规模经济效应，生产成本和边际成本得以逐步降低，提升了利润空间，更增强了农产品市场竞争优势。

随着国际市场需求规模的不断增长，农产品出口部门生产规模不断扩大，对要素资源的需求持续增加（吕大国和耿强，2015），这不但使国内闲置要素资源得到了充分利用，还大大提高了要素资源的投入报酬，而规模经济产生的利润空间为要素成本的增加提供了可能，在一定程度上减少了农产品非出口部门扩大规模所需的资源供给，进而挤压了非出口部门的发展空间，导致生产率低下的部分非出口部门被淘汰出局，从而拉动了整个农业产业发展水平的提高。

另外，随着国际市场对农产品需求质量的不断提高，农产品出口部门需要不断改进生产技术水平和品质提升方案，这些都需要投入更多的学习和研发成本，而规模经济产生的利润空间减轻了出口部门提升产品质量而承担的成本压力（关兵，2010），为出口部门的品质高质量发展提供了更多可能，也为整体农业产业的高质量发展提供了有力推动。

2.2.1.2　竞争效应

一般而言，一个国家或产业的出口贸易所占比重越大，该国或该产业中企业所面临的竞争就越激烈。一方面，在国际市场中，农产品出口部门面临更多的竞争对手，其中既包括同领域其他出口部门，也包括出口目的国的本土生产部门，因此，所承受的竞争压力要远大于仅于国内市场发展的生产部门。为了能抢占国际市场份额，农产品出口部门必须不断改进生产工艺、增加要素投入、提高要素效率、完善管理制度，在对先进技术、理念和经验模仿的基础上不断进行自我创新，不断提高生产效率，这样才能保持较强的国际竞争优势。同时，其他竞争企业同样为了保持竞争实力不断进行提升，这时最早进行技术革新的生产部门的竞争优势被逐步弱化，经济利益逐渐丧失，这些生产部门为了生存和逐利，必然会进行新一轮的革新（郑永杰，2013）。可见，农产品出口部门在国际竞争中随着最为先进技术和经验的轮番提升，必然会成长为竞争实力远高于国内同行的领军者。

另一方面，在国内市场中，由于农产品出口部门通过国际市场的激烈竞争，拥有了先进的生产技术和管理经验，在本国相关行业中建立了强有力的竞争优势，更高的生产效率吸引了更多生产要素的投入，必然会激起与同产业内非出口部门或其他相关产业内生产部门之间的国内市场竞争，进而迫使这些生产部门也进行技术引进、创新以及经营管理制度的改革，生产效率低下的生产部门会被市场淘汰，进而整个行业的经济效率得到提升，最终将带动整体农业产业的不断优化升级（郎丽华和刘妍，2018）。

2.2.1.3 学习效应

对于任何生产者来说，要想在市场竞争中胜出，必须不断吸收新技术、新方法和新经验，才能保持较强的竞争实力。通常，生产者在生产或经营过程中，会借鉴他人已有的先进技术或经验，随着对这些技术或经验应用范围的扩大和熟练程度的提高，生产者能更为深入地对其进行掌握和吸收，这个学习的过程并非刻意而为，而是在使用过程中自然转化成的学习成效，该过程可概括为"用中学"；进而，生产者在这些技术或经验使用的过程中，根据自身需求对其进行改进甚至开发出更新的功能，该过程即为"学中学"；另外，生产者在交易过程中，可能会得到来自供应商或客户方的各种技术或管理经验等方面直接或间接的帮助或支持，该过程即为"交易中学"。以上各种具体的学习形式都可统称为"干中学"（关兵，2010）。

农产品出口部门作为国际市场的供应方，在更为激烈的竞争形势下，更加需要不断提升竞争力水平，因此，学习的主动性和积极性更为强烈。同时，出口部门所面对的国际市场为其提供了更多的学习机会，所接触的国外先进技术、管理经验和市场信息为其提供了更为前沿的学习模板。出口部门一方面通过国外先进生产部门的经济外部性，学习汲取技术含量更高的生产和管理方法，另一方面通过国际市场上客户对产品质量和技术标准的更高要求，直接或间接地学习来自客户方的技术或经验指导。总之，农产品出口部门所产生的学习效应远高于国内同领域非出口部门，该效应将带动出口部门不断提升经济实力并随国际需求不断调整经营方向，同时也会带动国内非出口部门的发展，从而有利于整体产业升级效率的提升。

2.2.1.4 示范效应

按照以 Melitz（2003）为代表的新新贸易理论的解释，企业间存在生产率差异，只有生产率较高的企业才有选择是否出口的权利，因此，出口企业的生产率通常高于非出口企业。面对激烈的国际市场竞争，农产品出口部门只有不断进行技术革新和方法改进，不断增强农产品的国际竞争力，才能抢占有利的国际市场份额。因此，农产品出口部门强于非出口部门的优势不仅表现在较高的生产率水平上，更重要的在于其提高生产率所拥有的更为先进的设计理念、生产技术、经营模式、营销手段以及管理制度等。这些都会对国内农产品非出口部门甚至与产业相关联的上下游生产部门带来较为强烈的示范效应。通常，出口贸易带来的示范效应包括以下两类：

第一类，出口贸易的主动示范效应。通常，农产品出口部门出于抢占国际市场先机的考虑，会通过参加展销会等形式推广和演示新产品或新功能，甚至会给相关人员提供一定的专业技术交流和培训，这样就产生了主动示范行为，容易导致新产品、新技术的相关信息向同领域其他生产部门的传播和扩散，为其他生产部门的模仿和学习带来了一定的示范效应；另外，农产品出口部门出于业务合作的关系，对国内与其有关联的上下游生产部门通过人员交流或技术培训等途径，产生主动示范效应。总之，农产品出口部门带来的主动示范效应能在很大程度上为其他生产部门带来提升自身技术水平的经验借鉴和创新模板，进而为整个产业技术水平的提升，乃至产业整体结构的升级带来重要推动。

第二类，出口贸易的被动示范效应。由于先进技术和管理经验以物质资本或人力资本为载体，其本身具有很强的外溢特性，虽然农产品出口部门会利用知识产权保护等制度手段尽量减少外部性流失，但先进技术和经验所带来的巨大经济利益，会激发并驱使本国其他生产部门利用各种途径扩大其溢出性，通过模仿、学习或创新，提升技术水平，甚至还可能开发出更低成本的类似产品或功能，这便是出口部门所无法掌控的结果，即表现为被动示范效应。虽然这种效应为出口部门带来了竞争利益上的损失，但从产业整体发展来看，却有效带动了整体产业竞争实力的提升。

2.2.2　传导机制

农业产业规模增长及产业结构升级离不开要素禀赋、技术水平和制度环境等因素的影响。在开放经济条件下，农产品出口贸易对物质资本、人力资本、技术水平及制度质量的积累和提升起到重要的推进作用，对农业产业增长和产业升级的影响机制则通过以上几个重要因素的传导而发挥作用，即农产品出口贸易主要通过物质资本积累、人力资本投入、科学技术溢出和制度质量提升等渠道来推动农业产业发展。

2.2.2.1　物质资本积累的传导机制

古典经济学家认为，土地、劳动和资本是产业发展和经济增长的源泉。其中，物质资本的形成与积累是产业得以长期发展的重要因素和关键动力（郑永杰，2013）。对于如何促进物质资本的形成和积累，新古典理论认为，储蓄是物质资本积累的主要来源。但是，在开放经济条件下，出口贸易已经成为物质资本积累的另一重要来源，其促进物质资本积累的主要途径体现在以下三个方面。

第一，出口贸易提高了物质资本的有效性。一国在产业发展初级阶段，市场有效需求不足，导致产业中的物质资本过剩甚至出现闲置状态，难以发挥其有效应。随着对外开放的扩大，生产部门的对外出口为其提供了更多的市场需求空间，也为企业规模扩大提供了可能。进而，出口部门对物质资本的需求逐渐增加，不仅将闲置资源重新投入使用，还提高了物质资本的使用效率，充分发挥了物质资本的有效性。

第二，出口贸易促进了物质资本的集聚性。根据以 Melitz（2003）为代表的新新贸易理论，只有生产率较高的企业才有选择是否进入出口市场的资格和权利，因此，出口企业通常比非出口企业拥有更高的生产率。在物质资本完全流动的前提下，资本的逐利性将推进其从低效率企业向高效率企业流动和转移，同时，出口企业规模的扩大也会对物质资本形成更多需求，这必然会加大物质资本向出口企业的集聚。随着出口企业对所在产业整体生产率的带动提升，物质资本也就存在向该产业领域集中转移的倾向。

第三，出口贸易带动了物质资本的累积性。出口贸易作为促进经济增长的三驾马车之一，其重要性在于出口带来收入水平的提高。出口部门通常具有更高的生产率水平，虽然承受着强大的竞争压力，但拥有更为庞大的需求市场，因此，利润空间往往高于国内同类非出口部门，那么，出口收入也就高于内销收入。一方面，出口部门的利润收入本身就是物质资本积累的重要来源；另一方面，出口部门要素投入者的报酬收入，作为储蓄或投资，也成为物质资本积累的主要来源之一。所以，出口贸易创汇越多，为物质资本积累提供的来源就越多。

可见，农产品出口贸易不仅提高了物质资本的有效性，还促进了集聚程度和积累水平，为物质资本对农业产业增长和产业升级的推动发挥了更为积极的影响。物质资本积累作为农业产业发展的长期动力，对农业产业发展的重要性不仅体现在对产业的直接推动，更重要的在于作为技术进步的载体和人力资本的依托，与其他要素共同作用于农业产业发展。

首先，物质资本积累可直接推动农业产业规模增长及结构升级。一方面，物质资本投入的增加可促进农业产业规模的扩大，有助于规模经济的形成，进而对生产成本的降低和利润空间的提升带来最为直接的有利影响（李勤昌和张莉晶，2016）；另一方面，根据 Rybczynski 定理（Feenstra，2003），在要素相对价格不变的情况下，物质资本存量的增加，会使密集使用该要素的产业规模比重相对上升，与此同时，其他要素密集型产业规模比重则相对下降（陈晋玲，2015）。这意味着资本密集型农业产业比重有所上升，相对于资源密集型和劳动密集型农业产业，这种产出结构的变化则代表了农业产业结构的优化升级。

其次，物质资本作为技术进步的载体是实现农业产业发展的先决条件。一方面，在技术探索过程中，无论是技术引进，还是自主创新，都需要先进仪器和技术装备等大量物质资本的投入和配置，这样才能加快技术溢出的速度，或者提高技术研发的效率，从而缩短先进技术从认识到应用进程；另一方面，在技术应用过程中，先进技术的吸收推广、维护升级和更新换代，需要物质资本的支持和保障，才能推动技术在生产中的普及性和有效性（郭浩淼，2013）。可见，物质资本作为先进技术得以发挥作用的物质载体，在技术推动农业产业高质量发展的过程中起到重要的基础性决定作用。

再次，物质资本与人力资本的协同作用是推动产业发展的核心力量。一方面，人力资本作为劳动者中的高素质者，虽然是先进技术和经营管理的执行者，但并不能单独发挥作用，同样需要物质资本作为其有效施展能力的重要依托，即高素质劳动者需要借助物质资本的力量转化为带动产业发展的人力资本；另一方面，高素质劳动者由于具备自主学习和思维创新的特质，在对物质资本尤其是承载先进技术的物质资本的使用过程中，能充分发挥主观能动性，通过"干中学"不断提升自身人力资本水平（郭浩淼，2013）。可见，物质资本不仅能促进人力资本转化，还有助于提高人力资本水平，两者的协同作用为农业产业的增长和升级产生了更为显著的推动作用。

综上所述，农产品出口贸易通过提高物质资本的有效性、集聚性和累积性，促进了物质资本的形成和积累，进而为物质资本对技术和人力资本的带动以及共同对农业产业增长和产业升级的推动发挥了更为积极的影响。图2-2即为农产品出口贸易通过物质资本积累对农业产业发展产生影响的传导机制。

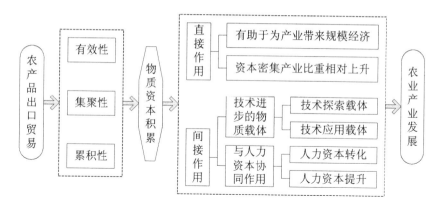

图2-2 农产品出口贸易通过物质资本积累影响农业产业发展的传导机制

2.2.2.2 人力资本投入的传导机制

人力资本概念由 Schultz 于 1961 年首次提出的，他指出，人力资本是一国通过教育、培训、卫生等方面的投资，提升普通劳动者的生产知识、劳动技能和健康状况等各方面素质，进而转化成能产生增值效应的高素质劳动要素。他认为，人力资本是比物质资本更能促进经济增长的重要因素，是经济增长的重要源泉之一。Lucas（1988）在前人研究的基础上，将人力资本作为一种独立的生产要素投入生产函数中，建立了内生增长模型，分析人力资本形成和积累的原因以及对产业发展的影响。他认为，教育和"干中学"是人力资本积累的主要途径，只有人力资本存量积累到一定程度才能更为有效地发挥对产业发展的促进作用，且专业化的人力资本是影响产业发展的真正核心动力。当前经济早已步入全球化时代，农业产业竞争力的焦点也不再单纯以自然禀赋为依托，现代科技及信息网络的发展，将具备知识、技术和创造能力的人力资本推上了促进农业产业发展和经济增长的重要位置（冯正强，2008）。因此，如何有效提高人力资本投入的质量和规模，成为农业产业发展进程中的重要环节。在当前贸易开放的条件下，农产品出口贸易对人力资本提升和集聚带来了更多机会和发展空间。

一方面，出口贸易促进了人力资本水平的提升。所有新型产品、先进工艺、创新技术、经营理念和管理模式的背后，无不渗透着高素质人力资本从中发挥的作用。任何具备竞争优势的农业生产者所持有的先进产出，都体现着生产与高素质人力资本的融合。农产品出口部门在国际市场竞争中，拥有比国内非出口部门更多接触国外先进技术和管理经验的机会，若要最大限度地受益于溢出效应，必须利用人力资本所具备的更强的模仿和学习能力予以吸纳，才能将外来技术和经验有效地引进或在借鉴的基础上继续深入研发。通常，农产品出口部门会利用国际合作关系的便利条件以及对国际市场信息掌握的优势，通过派出人力资本到国外进行技术交流、参观学习或参加培训的方式提升人力资本的能力水平，进而给出口部门带来更多先进理念和技术。由于人力资本具有很强的流动性，其在企业间甚至行业间的流动，将所附属的才能和经验进行传递和扩散，为其他农产品生产部门甚至整个农业产业人力资本水平的提升以及对产出的带动起到重要影响。

另一方面，出口贸易吸引了人力资本的跨区跨境集聚。由新新贸易理论可知，出口部门比非出口部门拥有更高的生产效率，通常也就获得更高的经济效益。高经济效益的农产品出口部门引进人才的经济条件基础要普遍优于非出口部门，即便在同等人才引进的条件下，人力资本一般也更倾向于更具国际发展前景且具有更强竞争优势的农产品出口部门。在人力资本完全流动的前提下，农产品出口部门则发挥出吸引国内各地甚至境外人力资本的强大优势，进而促成了人力资本向出口部门的广泛集聚。

可见，农产品出口贸易在人力资本质量升级和数量集聚方面发挥了重要的促进作用，为人力资本对农业产业发展的推动形成了有效助力。在促进农业产业发展的过程中，人力资本充当着无可替代的重要角色，其推动农业产业发展的作用效果具体体现在以下三个方面。

第一，人力资本不仅通过高生产率直接地促进农业产业发展，还通过节约普通劳动投入、提高物质资本使用效能及促进技术进步等方式间接有效地促进农业产业发展。人力资本由于知识水平、劳动技能以及创新思维高于普通劳动者，其产出生产率则普遍偏高，且生产率水平与人力资本素质水平的高低呈明显的正向关系。因此，越是素质水平高的人力资本，促进农业产业增长和结构升级的作用会越强。不仅如此，人力资本自身的高生产率直接推动产业发展的同时，还能通过提高其他投入要素的生产效能而间接发挥更为显著的推动性。其一，随着人力资本素质水平的提高，其投入劳动的有效性得到提升，即生产中的有效劳动供给增加，这将大大节约普通劳动要素的投入数量；其二，越是高素质的人力资本，其掌握生产技能和使用复杂机器设备的效率越高，越能更大程度发挥物质资本的使用效能；其三，人力资本所特有的知识体系、学习能力以及解决问题的思路和方法，不论是对国外先进技术的吸收和消化，还是对技术转化为生产力的应用和推广，都发挥着无可替代的推动作用，尤其是对新技术的自主研发，更离不开高素质人力资本的投入，因此，科技人员、高素质管理人才和专业技术人员等人力资本的投入和积累，是有效推进技术进步的前提和保障（郭浩淼，2013）。

第二，人力资本是协调要素配置关系，提升要素配置效率的重要纽带。农业经济产出过程不仅是各独立要素的简单投入，其各自发挥作用的程度和效率离不开彼此之间作用关系的协调性和有效性。人力资本具备更高的专业水平和管理经验，在促进物质资本、技术和劳动的协作关系方面，能发挥很大的主观能动性和科学有效性（郭浩淼，2013）。在处理要素配置关系上，一方面，实现农业产业粗放式增长向集约式增长转变是促进农业产业长期发展的必然，这需要在投入同等水平或更少要素资源的情况下获得更高的产出水平，即需要转变生产技术方式，改进生产、技术及人员管理模式，并减少产业的外部溢出；另一方面，对人员、资本和技术等资源的合理分工和配给是能否最大程度发挥要素有效性的关键所在，是否做到人尽其才、物尽其用，主要体现在要素配置关系的合理性和科学性方面。人力资本处理以上关系的能力日趋显著，为促进农业产业增长方式的改变以及产业的长期发展做出了重要贡献。

第三，人力资本具有吸引其他生产要素向其集聚的特殊功能。人力资本同其他生产要素一样，也具有集聚性，但其特殊性在于，人力资本不仅自身具有集聚性，还能吸引其他要素资源的集聚，所以人力资本的集聚效应要远大于其他要素。随着人力资本投入的积累，农业产出呈现集约式增长，经济效益大幅提升，为企业继续吸引人才提供了充足的资金条件，促使了人力资本跨区跨境的流动转移，所产生的集聚效应不仅使知识、技术、信息及经验的交流和扩散变得更加便捷和迅速，其集聚的外部性溢出更是有效地促进了整个农业产业人力资本生产率的普遍提升；同时，人力资本对其他资源要素配备的需求又引发了大量物质资本、技术等要素资源的集中流动，在人力资本主观能动性的驱使下，发挥出各类要素资源集聚重组的优势，这是其他任何生产要素都不具备的功能。可见，人力资本集聚效应的扩散对产业整体发展水平的提高起到了非常重要的推动作用。

综上所述，农产品出口贸易通过对人力资本质量水平和集聚规模的提升和扩大，间接且有效地带动了其他要素资源的配置效率和集聚重组，进而对农业产业的规模增长和结构升级发挥了更为显著和重要的推动作用。图2-3即为农产品出口贸易通过人力资本投入对农业产业发展产生影响的传导机制。

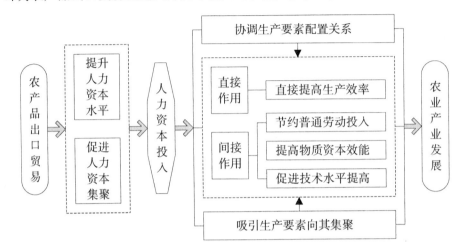

图2-3 农产品出口贸易通过人力资本投入影响农业产业发展的传导机制

2.2.2.3 科学技术溢出的传导机制

在现代市场竞争日趋激烈的形势下，农业产业发展若仅依靠物质资本和人力资本的投入，则会陷入经济增长的瓶颈，只有技术进步才是从根本上提高生产效率，推动农业产业长期增长及结构升级的核心要素和竞争力。不论是附载于先进产品上的技术工艺等"硬技术"，还是先进管理经验和经营策略等"软技术"，都是农业产业发展的动力源头和重要助推器。在开放经济条件下，农产品出口贸易在促使技术溢出，推动技术进步方面发挥了重要作用，是先进技术由国外到国内、由国内出口部门到非出口部门等层层传递和扩散的重要桥梁。

农产品出口贸易对技术进步的积极影响体现在两个方面。一方面，出口贸易有利于缩短生产部门掌握前沿科技的进程，进而提高技术进步的时间效率。农产品出口部门在国际竞争的挑战下，只有不断更新技术，才能保持强有力的竞争优势，因此，其必须随时掌握国外科技发展前沿。出口贸易活动为其提供了更多交流学习和回馈信息的便利，使得农产品出口部门在与国外强劲对手的竞争中，可以间接获得新技术、新方法的相关信息，进而避免重复性工作，并能提高技术进步的时间效率；另一方面，出口贸易有利于生产部门加大科研投入、加快科研进程。农产品出口部门面对激烈的国际竞争，要保持或者拓展国际市场份额，必须不断提高生产技术水平，来提高产品竞争力，因此，出口部门加大研发投入，提高科技研发效率的主动性和积极性普遍高于同领域其他相关生产部门（蒋坦，2015）。

可见，农产品出口贸易对促进农业产业技术进步起到积极影响。由于技术具有对外溢出的特质，技术进步不论是源自国外的技术引进，还是源自国内的自主创新，都会因为溢出效应使其向外扩散。农产品出口部门在国际市场的交易活动，使其拥有接触国外先进技术、管理经验和最新市场形势信息等"软硬技术"的便利条件，出口贸易为其带来经济效益的提升不仅受益于来自国外先进知识、技术和管理的溢出性，其自身还对本国农产品非出口部门以及其他与之相关联的上下游生产部门产生相关的溢出效应。

第一，在国际市场中，农产品出口部门作为溢出效应的受益者，一方面，通过接触国外先进生产方甚至竞争对手的先进技术经验、管理方法和经营策略，从了解、借鉴到学习、吸收，再到改进和创新，层层递进地将其吸纳为适用于自身发展且能有效提高生产经营效率的技术和方法，为出口部门生产效率的提高及国际竞争优势的保持或提升提供了最为便捷的途径；另一方面，农产品出口部门面对国外进口商尤其是发达国家进口商对农产品质量和技术标准的高要求，必须通过改进工艺流程、生产技术，甚至对设备及人员配置做出调整和提升，以满足国外高品质、高标准的市场需求。国外进口商为了保证所需商品的质量、标准和成本，有时会主动向出口部门提供设计方案、生产指导和技术培训，这便为出口部门直接带来了先进经验和理念的溢出效应（曹玉平，2012）。

第二，在国内市场中，农产品出口部门作为溢出效应的贡献者，通常会产生水平溢出和垂直溢出两种效应（吕大国和耿强，2015）。其中，水平溢出即出口部门对本国同产业领域非出口部门的溢出，出口部门作为溢出效应的受益者从国际市场获得的先进技术、管理经验和市场信息，会被本国非出口部门通过模仿、学习和吸收转变为其自身的生产力，进而带动非出口部门生产效率的提高。垂直溢出即为出口部门对本国与其相关联的上下游生产部门的溢出，一方面，出口部门对高质量、高标准产品的需求，会对与其有合作关系的上游生产部门提出更高要求，进而提供相应的技术指导和经验借鉴，间接促进了上游技术水平和生产效率的提高；另一方面，出口部门整体生产技术及经营体系的相对高端化，使其所生产的产品不论出口还是内销，质量普遍要高于国内市场非出口部门所生产的同类产品，因此，其内销产品的高品质、低成本必然会为下游生产部门带来经营效率的提高以及生产技术的借鉴。

可见，农产品出口贸易对先进技术和经验从国际市场到国内市场的溢出，发挥了重要的传递作用，在这过程中，不仅提升了出口部门自身的竞争优势，更带动了国内其他相关部门甚至整个农业产业领域技术水平的普遍提升，进而，技术的进步和创新又为农业产业的整体发展带来决定性的影响。

第一，技术进步可推动农业产业集约式增长。一方面，技术进步通过创新生产工具和生产方法，在带来新产品、新技能的同时，更提高了物质资本、人力资本等其他要素资源投入的效率和质量，从而带动生产效率的提升，并能显著降低生产成本（王岳平，2002）；另一方面，技术进步通过创新管理模式和经营策略，不仅能有效地辅助推动生产模式的改进，更能促使经营效率的提升，降低经营成本（夏天然，2015）。可见，技术进步通过降低生产成本和经营成本，能显著推进农业产业的集约式增长。

第二，技术进步可促进农业产业结构优化升级。一方面，由于农业经济各部门技术进步的速度存在差异，技术水平高、技术更新快的部门会呈现出新的比较优势和更强的市场竞争力，这必然促使要素资源从低效率部门向高效率部门的流动和转移，进而推动产业结构向高技术水平部门的变迁。另一方面，技术进步通过新工艺、新方法和新模式的改进和升级，不断促使新产品甚至新产业的诞生，产品或产业的更新换代（徐承红等，2017），对产业关联的上下游及消费市场的影响推动了市场供需结构的调整变化，从而更大程度加速了产业结构向高层次、合理化方向的变迁。

综上所述，农产品出口贸易不仅能有效带动技术进步，更能充分促进技术从国外到国内再到整个农业产业的溢出和扩散，为推动农业产业集约式增长和优化升级创造了更多的提升机会和更大的发展空间。图2-4即为农产品出口贸易通过技术溢出对农业产业发展产生影响的传导机制。

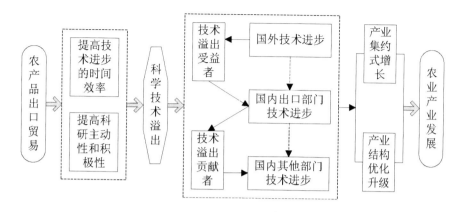

图2-4 农产品出口贸易通过科学技术溢出影响农业产业发展的传导机制

2.2.2.4 制度质量提升的传导机制

制度质量是对一个国家或地区制度体系优良程度的衡量，涉及市场运行规则、契约、产权保护、风险保障、金融管制、政府治理以及政策法规等多维层面（North，1989）。制度质量的高低对于约束行为人的选择，指引其预期导向，以减少政治或经济运行中的外部性和不确定性具有程度上的差异（冯正强，2008）。制度质量越高，推动一国或地区经济增长和社会稳定的作用越加明显。

在开放经济条件下，产品对外贸易所表现出来的比较优势，最初仅由要素禀赋和技术差异来体现，越来越多的新近研究表明，制度质量已经成为产品比较优势的最新来源，且成为一项重要的独立来源（郭界秀，2013）。Belloc和Bowler（2009）认为，一个国家的专业化分工地位以及对外贸易竞争优势的形成，并非要素禀赋和技术差异的外生结果，而是国家之间制度质量差异的内生结果。制度所涵盖的产权、激励机制，金融、风险保障以及政策法规约束等制定水平的差异，对推动一国对外贸易发展进程产生重要影响。在同等要素和技术投入水平下，制度质量的高低很大程度上影响着出口产品对外竞争优势的强弱。因为制度因素直接构成了出口部门生产运营的交易成本。如果两国制度质量存在较大差异，不同的市场规则、技术标准和管制条例等都会造成特有的"国际性制度接轨成本"（冯正强，2008），从而为双方带来相对较高的风险和不确定性，双方贸易活动的交易成本会相对增加。所以，对于本国出口部门来说，本国制度质量越高，越善于充分运用国际制度安排来减少贸易双方的制度摩擦，为出口部门带来的交易费用越低，也就越有利于提高出口部门的竞争力水平。

因此，当本国现行的制度质量低于农产品出口目的国或者竞争对手所在国家的制度质量时，制度质量的差距会为本国农产品出口部门对外贸易活动的顺利进行带来阻碍，交易成本的相对偏高，以及受制度影响的生产成本或管理成本的相对偏高，均会使出口部门利益受损（Anderson，2009），进而影响本国整体农业产业国际经济实力的提升。现行制度质量对本国农产品出口贸易及所属农业产业发展的消极影响，将迫使国内经济主体积极吸取农产品出口贸易所接触的先进制度经验，进而对本国相关制度进行改进和创新，以提升制度质量水平。可见，农产品出口贸易虽然不能直接改变制度质量，但由于其在本国农业产业发展中的重要性，可提高政府实施制度改革的主动性和积极性。

进而，制度质量的提升对于农业产业竞争力的加快形成，以及具有竞争优势的产业在经济发展中主导地位的形成，具有重要的推动作用，可为农业产业的集约增长和优化升级提供有效的制度保障及良性的发展环境。制度质量对农业产业发展的影响主要表现在以下三个方面。

第一，制度质量的提升通过降低交易费用推进农业产业发展。在产出一定的情况下，交易费用并非直接作用于生产过程，却体现了产业经济活动开展的效率高低。制度质量的提升可通过产权、信用及法律等制度的改进和完善降低经济交易费用，进而推动经济交易活动的进行，为农业产业发展提供制度保障。其中，产权制度包括对产权的界定和保护，该制度的完善可以提高交易的合理预期，降低信息的不对称和不完全所带来的风险，从而达到降低交易费用的目的（Demsetz，1967）；信用制度通常以契约的形式介入交易中，其作用在于约束交易优势方的行为，使其为损害对方利益的行为担负责任，同时，为交易劣势方提供保障，使其在遭受交易损失时得到补偿，从而推动双方交易的顺利进行，这便降低了交易费用（Spender，1993）；法律制度是促进经济交易的前提和保证（伍山林，2002），可以通过合同法保障双方交易在低成本保护的情况下顺利进行，也可以充当信息工具，促使经济信息的传递，进而降低信息披露不足的风险。

第二，制度质量的提升通过激励人力资本推进农业产业发展。首先，制度在教育、培训等人力资本培养环节，通过强制或非强制的方式，对人力资本供给方和需求方的权责划分和利益归属等做出明确规定，保证了人力资本形成途径的稳定和投入产出的合理（冯正强，2008）；其次，制度在人力资本使用环节，通过产权制度、人事制度、工资制度及税收、保障制度等，既维护了人力资本投资者的应得利益，又为人力资本提供了公平竞争的良好机制，更提高了人力资本投资的边际收益；最后，制度在人力资本流动环节，通过户籍制度、择业制度以及市场制度等，使人力资本在市场机制的作用下，能够根据产业的需求进行自由配置，不仅能发挥人力资本的最大效用，还能为农业产业发展带来更优秀的要素投入。

第三，制度质量的提升通过促进技术创新推进农业产业发展。首先，制度质量的提升可减少技术创新的外部溢出。其中，产权制度的明晰和权利保障体制的完善可为技术创新活动提供制度基础，能有效减少创新技术的外部溢出问题，通过授予技术创新者一定的专有权，确保收益的合理化分配，对技术创新活动予以保护和激励，这将充分调动技术创新的主动性和积极性。其次，制度质量的提升可为技术创新提供稳定和良好的发展环境。技术创新过程中，不论是技术本身还是市场应用，均存在很大的不确定性，良好的制度为各种经济行为提供约束或保障，能有效降低技术创新的不确定性，并能创造自由公平的外部环境。

综上所述，农产品出口贸易能倒逼相关制度质量的提升，从而良好的制度可以通过降低交易费用、激励人力资本和促进技术创新等，保障农业产业发展的可持续性。图2-5即为农产品出口贸易通过制度质量提升对农业产业发展产生影响的传导机制。

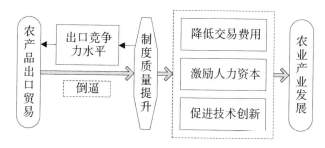

图2-5 农产品出口贸易通过制度质量提升影响农业产业发展的传导机制

2.3 理论模型

本节通过物质资本、人力资本、科学技术和制度质量四要素，分析农产品出口贸易对农业产业发展的影响效应，进而构建出口贸易影响产业规模增长和产业结构升级的理论模型，为后续章节的实证分析奠定理论基础。

2.3.1 出口贸易影响产业规模增长的理论模型

基于 Feder（1982）的研究工作，本节构建一个包含农业出口部门、农业非出口部门的两部门模型，考察农产品出口贸易以及资本、劳动、技术和制度等因素对农业产业规模增长的影响效应和作用机制。

假设整个农业经济系统由农业出口部门和农业非出口部门两个部门构成，各部门投入要素由资本、劳动、技术构成，且各要素发挥作用的有效性受制度质量的影响和制约。则两个农业经济部门及其生产函数如下：

$$\begin{cases} Y = N + X \\ N = F[(1+\mu)A_n, (1+\mu)K_n, (1+\mu)L_n, X] \\ X = G[(1+\mu)A_x, (1+\mu)K_x, (1+\mu)L_x] \end{cases} \quad (2-1)$$

其中，Y 表示农业产业总产出，N 表示农业非出口部门产出，X 表示农业出口部门产出，A、K 和 L 分别表示农业各部门技术、资本和劳动生产要素的投入；参照陈晓华（2011）的做法，资本要素包括物质资本和人力资本，劳动要素仅代表劳动数量的投入，人力资本代表劳动质量的投入；μ 表示完善制度保护下出口国生产要素的边际产出与无制度保护下边际产出的比值，该比值表达形式借鉴顾晓燕等（2018）的做法；F 函数中的 X 表示农业出口部门对农业非出口部门的外部经济效应。

参照许和连和栾永玉（2005）的做法，假设农业出口部门和非出口部门的要素边际生产率存在差异 δ，其差异表现为：

$$\frac{G_A}{F_A} = \frac{G_K}{F_K} = \frac{G_L}{F_L} = 1 + \delta \quad (2-2)$$

其中，G_A、G_K 和 G_L 分别为农业出口部门技术、资本和劳动要素的边际生产率，F_A、F_K 和 F_L 分别为农业非出口部门技术、资本和劳动要素的边际生产率。如果 $\delta > 0$，则表明农业出口部门的要素边际生产率高于非出口部门的要素边际生产率，反之亦然。Melitz（2003）认为，在自由贸易竞争压力下，只有生产率较高的企业才能在国际竞争中立足，生产率较低的企业只能进入国内市场，生产率最低的企业则会被淘汰出局，因此，出口部门的要素生产率通常高于非出口部门。

对公式（2-1）两边分别取全微分可得：

$$\begin{cases} dY = dN + dX & (2-3) \\ dN = F_A(1+\mu)dA_n + F_K(1+\mu)dK_n + F_L(1+\mu)dL_n + F_X dX & (2-4) \\ dX = G_A(1+\mu)dA_x + G_K(1+\mu)dK_x + G_L(1+\mu)dL_x & (2-5) \end{cases}$$

将公式（2-2）、（2-4）和（2-5）代入公式（2-3）可得：

$$dY = F_A(1+\mu)dA_n + F_K(1+\mu)dK_n + F_L(1+\mu)dL_n + F_X dX +$$
$$(1+\delta)(1+\mu)F_A dA_x + (1+\delta)(1+\mu)F_K dK_x + (1+\delta)(1+\mu)F_L dL_x$$

$$(2-6)$$

因为总技术投入 $A = dA_n + dA_x$；总资产增量恒等于总投资，即 $I = I_n + I_x = dK_n + dK_x$；总劳动增量 $dL = dL_n + dL_x$，从而公式（2-6）可换算为：

$$dY = F_A A + \mu F_A A + \delta F_A dA_x + \mu\delta F_A dA_x +$$
$$F_K I + \mu F_K I + \delta F_K dK_x + \mu\delta F_K dK_x +$$
$$F_L dL + \mu F_L dL + \delta F_L dL_x + \mu\delta F_L dL_x + F_X dX$$
$$= (1+\mu)F_A A + (1+\mu)F_K I + (1+\mu)F_L dL +$$
$$(\delta + \mu\delta)(F_A dA_x + F_K dK_x + F_L dL_x) + F_X dX \qquad (2-7)$$

由公式（2-2）可得：

$$F_A dA_x + F_K dK_x + F_L dL_x = \frac{1}{1+\delta}(G_A dA_x + G_K dK_x + G_L dL_x) = \frac{1}{(1+\mu)(1+\delta)}dX$$

$$(2-8)$$

将公式（2-8）代入（2-7）可得：

$$dY = (1+\mu)F_A A + (1+\mu)F_K I + (1+\mu)F_L dL + \left(\frac{\delta}{1+\delta} + F_X\right)dX$$

$$(2-9)$$

等式两边同时除以 Y，可得：

$$\frac{dY}{Y} = (1+\mu)F_A \cdot \frac{A}{Y} + (1+\mu)F_K \cdot \frac{I}{Y} + (1+\mu)F_L \cdot \frac{dL}{Y} + \left(\frac{\delta}{1+\delta} + F_X\right)\frac{dX}{X} \cdot \frac{X}{Y}$$

$$(2-10)$$

根据 Bruno（1968）的分析，假定农业经济部门的实际劳动边际生产率与整个农业经济人均产出之间存在线性关系 $F_L = \gamma \cdot \dfrac{Y}{L}$，再令 $F_A = \alpha, F_K = \beta$，则公式（2-10）可进一步表示为：

$$\frac{dY}{Y} = (1+\mu)\alpha \cdot \frac{A}{Y} + (1+\mu)\beta \cdot \frac{I}{Y} + (1+\mu)\gamma \cdot \frac{dL}{L} + \left(\frac{\delta}{1+\delta} + F_X\right)\frac{dX}{X} \cdot \frac{X}{Y}$$

$$(2-11)$$

其中，A/Y 表示技术投资产出比，I/Y 表示资本投资产出比，dL/L 表示劳动增长率，dX/X 表示农业出口的增长率，X/Y 表示农业出口占产出的比重，$F_x = \partial N/\partial X$ 表示农业出口部门对非出口部门的边际外部效应。

进而，假设农业出口部门产出对非出口部门产出的影响具有不变弹性，弹性系数为 θ，为反映出口外部性的一个衡量指标，即：

$$N = F[(1+\mu)A_n, (1+\mu)K_n, (1+\mu)L_n, X] =$$
$$X^\theta \cdot \Phi[(1+\mu)A_n, (1+\mu)K_n, (1+\mu)L_n],$$

则有：

$$\frac{\partial N}{\partial X} \equiv F_X = \theta \cdot X^{\theta-1} \cdot \Phi[(1+\mu)A_n, (1+\mu)K_n, (1+\mu)L_n] = \theta \cdot \frac{N}{X}$$

$$(2-12)$$

将公式（2-12）代入（2-11）可得：

$$\frac{dY}{Y} = (1+\mu)\alpha \cdot \frac{A}{Y} + (1+\mu)\beta \cdot \frac{I}{Y} + (1+\mu)\gamma \cdot \frac{dL}{L} + \left(\frac{\delta}{1+\delta} + \theta \cdot \frac{N}{X}\right)\frac{dX}{X} \cdot \frac{X}{Y}$$

$$(2-13)$$

又因为 $\theta \cdot \dfrac{N}{X} = \theta \cdot \dfrac{N/Y}{X/Y} = \theta \cdot \dfrac{(Y-X)/Y}{X/Y} = \theta \cdot \dfrac{Y}{X} - \theta$，将其带入（2-13），可得：

$$\frac{dY}{Y} = (1+\mu)\alpha \cdot \frac{A}{Y} + (1+\mu)\beta \cdot \frac{I}{Y} + (1+\mu)\gamma \cdot \frac{dL}{L} +$$
$$\frac{\delta}{1+\delta} \cdot \frac{dX}{X} \cdot \frac{X}{Y} + \theta\left(1 - \frac{X}{Y}\right) \cdot \frac{dX}{X}$$

$$(2-14)$$

可见，农业产业产出规模的增长与物质资本、人力资本、劳动和技术要素的投入有直接关系，同时，制度质量的提高（$1+\mu$）还能明显带动各类生产要素对产业增长的影响，另外，农业产业增长更离不开农业出口部门的推动。

  农业出口部门对农业产业增长的推动主要通过两个效应发挥作用：一是要素生产率差异效应（$\frac{\delta}{1+\delta} \cdot \frac{dX}{X} \cdot \frac{X}{Y}$），即农业部门出口通过提高或降低生产要素的生产率对农业产业增长发挥作用，主要原因在于，农业出口部门通常比非出口部门拥有更高的要素边际生产率，从而使生产要素从相对低生产率的非出口部门向高生产率的出口部门流动，进而提高了要素配置效率并优化了要素配置结构，最终对农业产业的增长起到重要促进作用；二是出口外部经济效应（$\theta\left(1-\frac{X}{Y}\right) \cdot \frac{dX}{X}$），即农业出口部门对非出口部门具有经济外溢性，间接带动了非出口部门的发展，从而促进了整体农业产业的增长，主要原因在于，农业出口部门往往具备相对更先进的生产技术、更成熟的管理经验以及更国际化的市场营销手段，这些技术、知识和经验具有很强的外溢性，为非出口部门提供了模仿和学习的便利，从而提高了非出口部门的生产效率，进而提高了整个农业产业体系的增长效率和增长水平。

  2.3.2 出口贸易影响产业结构升级的理论模型

  以 Melitz（2003）模型的研究结论为引入基础，借鉴 Dennis 和 İşcan（2009）、Brandt 和 Zhu（2010）、Alvarez-Cuadrado 和 Poschke（2011）、严成梁等（2016）以及严成梁（2017）的研究思路，构建了一个包含农业初级品部门和农业加工品部门的两部门均衡模型，考察出口贸易带动的物质资本、人力资本、科学技术和制度质量的积累和提升对农业产业结构升级的作用机理。

  Melitz（2003）建立的异质企业贸易模型可谓新新贸易理论的基石，该模型以 Hopenhayn（1992）的垄断竞争动态产业模型为基础，对 Krugman（1979，1980）的贸易模型进行了扩展，其研究表明，企业具有生产率上的异质性，这也是企业选择是否出口的关键因素。因为企业进入国际市场不仅要负担运输和关税等单位成本，还要负担不随出口量变化的准入固定成本，这意味着只有生产率较高的企业才有能力负担较高的成本，才有进入出口市场的决定权。而生产率较低的企业由于无法在出口市场获利，只能面向国内市场，另外，生产率最低的企业在国内市场无法获利时则会退出市场。同时，要素资源的逐利性驱使其不断从低生产率的非出口企业转移至高生产率的出口企业，从而提高了资源配置效率，也带动了整个产业生产率的提高。可见，出口贸易不仅可以通过要素资源的重新配置带动出口企业的发展，还可以通过经济外部性和市场竞争，带动非出口企业效率的提升，进而对整个产业经济的发展具有良性推动作用。

本书将农业经济系统分为农业初级品部门和农业加工品部门，从 Melitz（2003）模型结论可知，出口贸易会吸引要素资源的转移，进而促进要素资源的累积投入，则出口贸易引致的要素资源投入的增加，在农业两部门结构调整中所发挥的作用，将由以下部门均衡模型展开解释。

（1）家庭

假设家庭效用建立在农业初级品和农业加工品的基础上，参照 Alvarez‐Cuadrado 和 Poschke（2011）的思路，家庭消费效用采用非位似偏好，即农业初级品和加工品的需求收入弹性不同，则目标函数是非位似效用函数的极大值，如下所示：

$$\max\{\chi\ln(C_A - \overline{C_A}) + \ln(C_M + \overline{C_M})\} \qquad (2-15)$$

其中，C_A 表示家庭对农业初级品的消费，$\overline{C_A}$ 表示满足家庭基本生活的农业初级品消费，C_M 表示家庭对农业加工品的消费，$\overline{C_M}$ 表示农业加工品的外生禀赋或家庭生产的农业加工品（Kongsamut 等，2001；Alvarez‐Cuadrado 和 Poschke，2011；严成梁，2017），$\chi > 0$，表明相对于农业加工品而言，家庭对农业初级品的偏好程度。

家庭面临的预算约束方程如下所示：

$$wL_A + wL_M + rK_A + rK_M = P_A C_A + C_M + S \qquad (2-16)$$

其中，w 表示家庭从农业初级品部门和农业加工品部门获得的实际工资；L_A 和 L_M 分别表示家庭对农业初级品部门和农业加工品部门的劳动供给；r 表示资本利率水平；K_A 和 K_M 分别表示家庭对农业初级品部门和农业加工品部门的资本供给；P_A 表示当假设农业加工品价格为 1 时，农业初级品相对应加工品的价格；S 表示家庭储蓄，假设家庭储蓄全部转化为企业投资，进而通过资本积累形成资本存量。公式（2-16）左边表示家庭的总劳动收入和资本收入，公式右边表示家庭的总消费支出和储蓄。

进而，通过构建以下拉格朗日函数来求解家庭效用最优问题：

$$Z = \chi\ln(C_A - \overline{C_A}) + \ln(C_M + \overline{C_M}) + \lambda[wL_A + wL_M + rK_A + rK_M - P_A C_A - C_M - S]$$

$$(2-17)$$

其中，λ 表示拉格朗日乘子；家庭对农业初级品和农业加工品消费福利极大化时所对应的最优条件分别为：

$$\begin{cases} \dfrac{\partial Z}{\partial C_A} = \dfrac{\chi}{C_A - \overline{\overline{C_A}}} - \lambda P_A = 0 \\[3mm] \dfrac{\partial Z}{\partial C_M} = \dfrac{1}{C_M + \overline{C_M}} - \lambda = 0 \end{cases} \qquad (2-18)$$

由公式（2-18）计算可得：

$$P_A = \frac{\chi(C_M + \overline{C_M})}{C_A - \overline{\overline{C_A}}} \qquad (2-19)$$

（2）农业初级品部门

在传统 C-D 生产函数的基础上，借鉴严成梁等（2016）的思路，将技术进步引入生产函数，同时，借鉴 Barro（1990）以及 Chatterjee 和 Turnovsky（2012）的思路，将制度因素引入生产函数，得到如下农业初级品部门的生产函数：

$$Y_A = A_A K_A^{\alpha} L_A^{1-\alpha} G^{\vartheta} \qquad (2-20)$$

由于本模型主要考察出口贸易通过要素资源及制度质量对产业产出的影响，因此所涉及的要素及制度因素均为出口贸易引致而变动的。其中，Y_A 表示农业初级品部门的产出；A_A 表示出口贸易引致的农业初级品部门技术进步；K_A 表示出口贸易引致的农业初级品部门资本积累，包括物质资本和人力资本（陈晓华，2012）；L_A 表示出口贸易引致的农业初级品部门劳动投入；G 表示出口贸易引致的制度质量改进；$0 < \alpha < 1$ 表示农业初级品部门的资本产出弹性；$0 < \vartheta < 1$ 表示制度质量对农业初级品部门产出的贡献效率。

农业初级品部门利润最大化形式为：

$$\max \{ P_A A_A K_A^{\alpha} L_A^{1-\alpha} G^{\vartheta} - rK_A - wL_A \} \qquad (2-21)$$

进而，求解农业初级品部门利润最大化即可得出以下最优条件：

$$r = P_A A_A \alpha K_A^{\alpha-1} L_A^{1-\alpha} G^{\vartheta} \qquad (2-22)$$

$$w = P_A A_A K_A^{\alpha}(1-\alpha) L_A^{-\alpha} G^{\vartheta} \qquad (2-23)$$

（3）农业加工品部门

参照农业初级品部门生产函数设定思路，农业加工品部门生产函数如下所示：

$$Y_M = A_M K_M^{\beta} L_M^{1-\beta} G^{\varphi} \qquad (2-24)$$

其中，Y_M 表示农业加工品部门的产出；A_M 表示出口贸易引致的农业加工品部门技术进步；K_M 表示出口贸易引致的农业加工品部门资本积累，包括物质资本和人力资本（陈晓华，2012）；L_M 表示出口贸易引致的农业加工品部门劳动投入；G 表示出口贸易引致的制度质量改进；$0 < \beta < 1$ 表示农业加工品部门的资本产出弹性；$0 < \varphi < 1$ 表示制度质量对农业加工品部门产出的贡献效率。

农业加工品部门利润最大化形式为：

$$\max\{A_M K_M^{\beta} L_M^{1-\beta} G^{\varphi} - r K_M - w L_M\} \tag{2-25}$$

进而，求解农业加工品部门利润最大化即可得出以下最优条件：

$$r = A_M \beta K_M^{\beta-1} L_M^{1-\beta} G^{\varphi} \tag{2-26}$$

$$w = A_M K_M^{\beta} (1-\beta) L_M^{-\beta} G^{\varphi} \tag{2-27}$$

（4）市场竞争均衡

本模型构建的市场竞争均衡，即存在相对产品价格 P_A、产品产出组合 $\{Y_A, Y_M\}$、家庭消费组合 $\{C_A, C_M\}$、工资利率组合 $\{r, w\}$、劳动投入组合 $\{L_A, L_M\}$ 以及资本投入组合 $\{K_A, K_M\}$，满足以下条件：

条件一，给定产品价格 P_A，家庭效用极大化的最优解为 $\{C_A, C_M\}$；

条件二，给定产品价格 P_A 和要素价格 $\{r, w\}$，企业利润极大化的最优解为 $\{L_A, L_M\}$ 和 $\{K_A, K_M\}$；

条件三，农业初级品市场出清，产品需求等于供给：$C_A = Y_A$；

条件四，农业加工品市场出清，产品需求等于供给：$C_M = Y_M$；

条件五，劳动力市场出清，劳动供给等于劳动需求，假设劳动供给总量为 1，则有：$L_A + L_M = 1$；

条件六，资本市场出清，资本供给等于资本需求，假设资本供给总量为 K，则有：$K_A + K_M = K$。

（5）模型求解结果

由于设定劳动力在农业初级品部门和农业加工品部门所得工资相等，则结合公式（2-23）和（2-27），整理计算可得：

$$P_A = \frac{A_M K_M^{\beta} (1-\beta) L_M^{-\beta} G^{\varphi}}{A_A K_A^{\alpha} (1-\alpha) L_A^{-\alpha} G^{\vartheta}} \tag{2-28}$$

将市场均衡条件三和条件四代入公式（2-19）可得：

$$P_A = \chi \frac{(Y_M + \overline{C_M})}{Y_A - \overline{C_A}} \qquad (2-29)$$

将公式（2-20）和（2-24）代入公式（2-29）可得：

$$P_A = \chi \frac{A_M K_M^\beta L_M^{1-\beta} G^\varphi + \overline{C_M}}{A_A K_A^\alpha L_A^{1-\alpha} G^\vartheta - \overline{C_A}} \qquad (2-30)$$

结合公式（2-28）和（2-30）可得：

$$\frac{A_M K_M^\beta (1-\beta) L_M^{-\beta} G^\varphi}{A_A K_A^\alpha (1-\alpha) L_A^{-\alpha} G^\vartheta} = \chi \frac{A_M K_M^\beta L_M^{1-\beta} G^\varphi + \overline{C_M}}{A_A K_A^\alpha L_A^{1-\alpha} G^\vartheta - \overline{C_A}} \qquad (2-31)$$

进而，设定 $k_A = K_A/L_A$，$k_M = K_M/L_M$，其中，k_A 和 k_M 分别表示农业初级品部门和农业加工品部门的人均资本投入，将其代入公式（2-31）可得：

$$\frac{A_M k_M^\beta (1-\beta) G^{\varphi-\vartheta}}{A_A k_A^\alpha (1-\alpha)} = \frac{\chi A_M k_M^\beta L_M G^\varphi + \overline{C_M}}{A_A k_A^\alpha L_A G^\vartheta - \overline{C_A}} \qquad (2-32)$$

将市场均衡条件五代入公式（2-32）整理后可得：

$$L_A = \frac{\chi(1-\alpha) + A_A^{-1} k_A^{-\alpha} G^{-\vartheta}(1-\beta)\overline{C_A} + A_M^{-1} k_M^{-\beta} G^{-\varphi}(1-\alpha)\overline{C_M}}{(1-\beta) + \chi(1-\alpha)} \qquad (2-33)$$

由公式（2-33）可知，农业初级品部门和农业加工品部门技术进步水平（A_A 和 A_M）越高，则农业初级品部门的劳动力份额（L_A）越低，相应地农业加工部门的劳动力份额（L_M）越高；农业初级品部门和农业加工品部门物质资本和人力资本深化程度（k_A 和 k_M）的提高也会引起农业初级品部门的劳动力份额（L_A）下降；制度质量水平（G）的提高同样会降低农业初级品部门的劳动力份额（L_A）。

这表明，农产品出口贸易引致的农业初级品部门和农业加工品部门技术水平的提高、物质资本和人力资本积累的深化以及制度质量的提升，均会促使劳动力从农业初级品部门向农业加工品部门转移。可见，市场均衡时，就业结构会更偏重于农业加工品部门。同时，Melitz（2003）模型认为，在只有劳动一种生产要素的假设下，出口企业劳动生产率要高于非出口企业，随着要素的重新配置以及经济外部性和市场竞争的存在，出口企业将带动非出口企业劳动生产率的提高，进而推动整个产业生产率的提高。结合 Melitz 的观点，农业出口贸易同样会带动农业产业整体劳动生产率的普遍提升，而且农业加工品部门属于农业领域中的制造业，其劳动生产率本身就远高于农业初级品部门。出口贸易的带动将会更大程度提升农业加工品部门的劳动生产率。

与此同时，出口贸易引致的物质资本、人力资本、科学技术和制度质量的积累和提升又促使劳动力向农业加工品部门转移。那么，相对较高的劳动生产率和较多的劳动供给，必然会带来相对较高的产出水平。这意味着整个农业产业结构有向农业加工品部门发展的倾向。由农业初级品生产向农业加工品生产的演进恰好体现了农业产业结构的升级特点。所以，农产品出口贸易不仅能促进物质资本和人力资本的累积以及技术水平和制度质量的提升，更能通过这些要素投入的增加带动整体农业产业结构的升级。

2.4　本章小结

本章首先对"农产品"和"农业产业"的概念范围进行了界定，区别于传统口径对两者概念的界定，鉴于研究需要，将农产品加工业及其产出品贸易并入研究范围，为后续分析农业产业升级提供了更为合理的解释。其次，对农产品贸易结构和农业产业结构从要素禀赋角度分为资源密集型、劳动密集型和资本密集型，该划分标准有助于较为全面地掌握中国农产品贸易及农业产业的发展详情，并为后续衡量出口高质量和产业高质量发展相关指标的核算提供了基本依据。

在基本界定的基础上，本章重点对农产品出口贸易对农业产业发展的影响机理进行了分析。农产品出口贸易通过规模效应、竞争效应、学习效应和示范效应对农业产业的规模增长和结构升级带来重要影响，其作用的发挥主要通过促进物质资本积累、人力资本投入、科学技术溢出和制度质量提升，将影响效应传导给农业产业，进而推动农业产业发展。在该影响机制的引导下，本章分别从农产品出口贸易影响农业产业规模增长和影响产业结构升级两个层面构建了理论模型，更为科学合理地展现了出口贸易对产业发展的影响过程和效果。

总之，基本界定是全书研究的前提和基础，影响机制和理论模型是贯穿全书的理论思想，因此，本章在全书研究中起到重要的规范和指引作用。

第 3 章

中国农产品出口贸易高质量发展分析

随着中国外贸体制改革的持续深化，对外贸易进入快速增长时期，贸易规模不断扩大。中国作为农业大国，在世界农产品贸易中起到举足轻重的作用。但是，随着中国工业化进程的加快，以及国内外农产品贸易环境的复杂多变，中国农产品出口贸易结构呈现较大变化，出口产品的质量水平不断提升的同时，其发展地位也受到越来越大的挑战。1992—2017 年间，中国农产品出口贸易总额由 200.06 亿美元增长到 1 847.87 亿美元，增长了 8.24 倍，年均增长率为 9.30%，虽然增长趋势明显，但年均增速却低于进口（11.74%），并于 2010 年后出现逆差。但是，涉及具体类别及区域的农产品，其出口贸易规模和速度则存在较大差异，所代表的出口质量水平也千差万别。因此，本章从总量变动、产品结构和地区分布三个角度对农产品出口贸易规模变动情况进行较为全面的梳理，并通过出口技术复杂度指标衡量农产品出口质量水平的高低，进而从规模和质量两个层面掌握中国农产品出口贸易的高质量发展变动情况。

3.1 农产品出口规模发展分析

本书界定的农产品不仅包括农林牧渔初级品，还包括以其为原料的农业加工品，在此基础上，本节将从出口总量变动、出口产品结构和出口地区分布三个角度对中国农产品出口规模的变动情况进行分析。所采用的原始数据为 HS 两位码（部分产品为四位码）分类，1992—2017 年世界和中国各农产品贸易额、1992—2016 年中国商品贸易额以及 2010—2016 年中国各省份①农产品贸易额，单位均为亿美元。所有数据全部来源于 UN Comtrade 数据库、国家统计局和中国海关总署数据库。

3.1.1　农产品出口总量变动

从出口额、年增长率、国内外市场地位的角度，对中国农产品出口总量变动进行分析，从整体上把握中国农产品出口规模及与进口情况的比较。

3.1.1.1　出口总量增长平稳，贸易差额由顺转逆

1992—2017 年间，中国农产品出口额总体呈增长趋势（图 3 - 1），由 1992 年的 200.06 亿美元到 2017 年的 1 847.87 亿美元，增长了 8.24 倍。2001 年入世之前，农产品出口规模较小，2002 年之后，出口规模得到大幅提升。1998、2009、2015 和 2016 年有明显下降，其中，1998 和 2009 年的下滑是受 1997 年亚洲金融危机和 2007 年全球金融危机的冲击；2015 和 2016 年下滑的原因，一是国内耕种面积的下降以及农业劳动成本和耕地租金的上升，导致农产品生产及交易成本大幅上涨，牵制了农产品的国际竞争力；二是世界经济复苏缓慢，某些国家向贸易保护主义倾斜，导致市场需求疲软，阻碍了农产品贸易的增长②。

从农产品进出口贸易差额来看，可分为两个阶段：第一阶段为 1992—2009 年的顺差阶段，其中顺差最大的时期为全球金融危机爆发的前三年，即 2005—2007 年，贸易差额分别为 117.03 亿美元、141.73 亿美元和 129.35 亿美元，之后顺差额度迅速缩小；第二阶段为 2010—2017 年的逆差阶段，2012 年逆差达到 174.63 亿美元，虽然之后逆差持续缩小，2016 年已缩至 23.41 亿美元，但 2017 年逆差又迅速拉大为 236.28 亿美元。可见，目前国内农产品的进口需求还将持续大于世界对中国农产品的市场需求。

---

① 本书研究涉及 22 个省、5 个自治区和 4 个直辖市，为简洁起见，后文统称为省份。
② 中国社会科学院农村发展研究所，国家统计局农产社会经济调查司. 农村绿皮书：中国农村经济形势分析与预测（2014—2015）［M］. 北京：社会科学文献出版社，2015.4

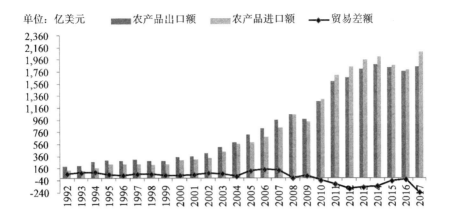

图 3 - 1　1992—2017 年中国农产品进出口额及贸易差额变动趋势

数据来源：根据 UN Comtrade 数据库相关数据整理计算所得。

3.1.1.2　出口增速波动明显，出口增势低于进口

1992—2017 年间，中国农产品出口额和进口额年增长率均呈波动变化（图 3 - 2）。中国农产品出口额年增长率于 1994、2000、2003 和 2010 年达到峰值，分别为 28.53%、21.07%、21.93% 和 30%。中国农产品进口额年增长率于 1994、2000、2004、2008 和 2010 年达到峰值，分别为 41.26%、26.96%、30.47%、26.41% 和 39.41%。可见，历年出口年增长率峰值均低于进口。从两者年增长率之差来看，出口与进口增速的差值亦呈波动性交替变化，其中出口增速大于进口增速的年数有 12 年，最大差值出现在 2005 年，为 14.1%；出口增速小于进口增速的年数有 13 年，最大差值出现在 1995 年，为 27.89%。总体上，进口增速大于出口增速的差值要明显高于出口增速大于进口增速的差值。可见，中国农产品出口增势明显低于进口。

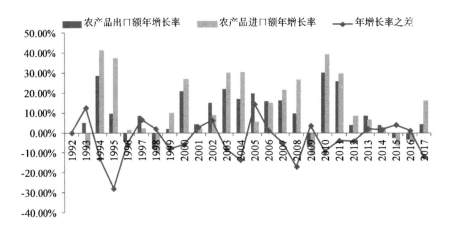

图 3 - 2　1992—2017 年中国农产品进出口额年增长率变动趋势

数据来源：根据 UN Comtrade 数据库相关数据整理计算所得。

3.1.1.3 国内地位降至稳态，国际地位逐年攀升

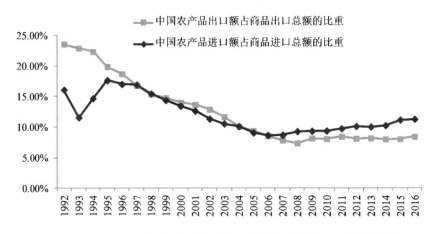

图 3 - 3　1992—2016 年中国农产品进出口额占商品进出口总额的份额情况

数据来源：根据 UN Comtrade 数据库和国家统计局网站相关数据整理计算所得。

第一，国内地位降至稳态。从 1992—2016 年中国农产品出口额占中国商品出口总额的份额情况来看（图 3 - 3），大体可以分为两个阶段：第一阶段

为 1992—2008 年，该阶段出口份额呈下滑趋势，由 23.55% 下滑到 7.36%，主要原因是，当时中国进入改革开放新阶段，工业化进程加快，工业产品出口比重大幅上升，导致农产品出口份额下降，这是一国经济在工业化转型过程中的必经阶段。

第二阶段为 2009—2016 年，该阶段出口份额总体较为平稳，在 7.36% 到 8.44% 之间浮动，主要原因是，该阶段处于全球金融危机后的调整时期，全球经济持续低迷，再加上某些国家贸易保护主义抬头，导致全球贸易增速缓慢，直接影响到中国商品出口中占主要份额的工业产品的出口规模，而农产品作为人类生存和经济发展的基本保障，其世界市场需求的相对稳定性使得农产品的出口份额得以保持相对平稳的状态。另外，与进口相比，出口份额于 2006 年开始低于进口份额，且差距呈缓慢拉大的趋势。

第二，国际地位逐年攀升。2001—2017 年，中国农产品出口额占世界农产品出口额及贸易总额的份额总体呈缓慢爬升的趋势（图 3-4）。具体到出口、进口份额的比较，可以分为两个阶段：第一阶段为 2001—2009 年，该阶段中国农产品出口占世界份额大于进口，说明中国农产品出口在世界农产品贸易中的地位要高于进口。

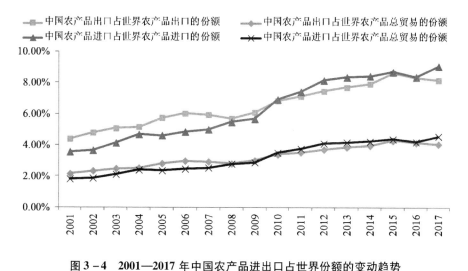

图 3-4 2001—2017 年中国农产品进出口占世界份额的变动趋势

数据来源：根据 UN Comtrade 数据库相关数据整理计算所得。

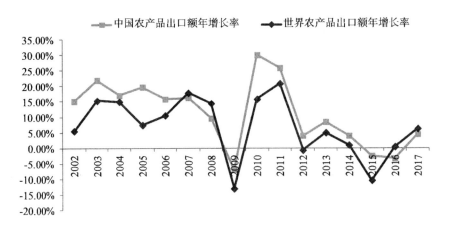

图 3 – 5 2001—2017 年中国与世界农产品出口额年增长率比较趋势

数据来源：根据 UN Comtrade 数据库相关数据整理计算所得。

第二阶段为 2010—2017 年，该阶段进口份额开始超过出口份额。从 2002—2017 年中国与世界农产品出口额年增长率的比较情况来看（图 3 – 5），中国农产品出口额年增长率除 2007、2008、2016 和 2017 年略低于世界农产品出口额年增长率之外，其余年份均大于世界增速，其中增速超越最大的为 2010 年，中国增速为 30%，而世界增速仅为 15.78%。可见，中国农产品出口增速普遍高于世界水平。

3.1.2 农产品出口产品结构

农产品出口贸易产品结构分析基于对农产品贸易结构的划分，根据前文界定，农产品按照要素密集度不同可分为资源密集型农产品、劳动密集型农产品和资本技术密集型农产品三种类型。以下将对这三种类型农产品及其所包含的具体产品的出口情况进行分析。

3.1.2.1 劳动密集型出口占据主导，资本技术密集型出口潜力大

从 1992—2017 年中国三类农产品出口额变化情况来看（表 3 – 1），三类农产品总体上均呈增长趋势，其中资源密集型农产品出口额由 58.92 亿美元增加到 271.11 亿美元，增加了 3.6 倍，年均增长率为 6.3%；劳动密集型农产品出口额由 129.6 亿美元增加到 1 325.5 亿美元，增加了

9.23 倍，年均增长率为 9.75%；资本技术密集型农产品出口额由 11.54
亿美元增加到 251.26 亿美元，增加了 20.77 倍，年均增长率为 13.11%。
从三类农产品的出口份额来看，劳动密集型农产品出口额占三类总出口额
的份额最高，其次是资源密集型农产品，最后是资本技术密集型农产品。
从出口份额的变化情况看，劳动密集型农产品从 1992 年的 64.78% 到
2004 年的最高值 78.57% 再到 2017 年的 71.73%，经历了先升后降的变
化，总体变动幅度不大；资源密集型农产品由 1992 年的 29.45% 降到
2012 年的最低值 11.69%，又缓慢上浮至 2017 年的 14.67%，总体呈下
降趋势；而资本技术密集型农产品则由 1992 年的 5.77% 一路上升到 2017
年的 13.60%，呈较好的增长趋势。可见，劳动密集型农产品出口始终占
据主导，虽然资本技术密集型农产品的出口份额最低，但其增幅以及增速
却最大，具有较好的增长趋势。

表 3 - 1　1992—2017 年中国三类农产品出口变化情况（单位：亿美元）

年份	资源密集型农产品		劳动密集型农产品		资本技术密集型农产品	
	出口额	份额	出口额	份额	出口额	份额
1992	58.92	29.45%	129.6	64.78%	11.54	5.77%
1993	58.55	27.87%	137.21	65.31%	14.34	6.83%
1994	71.72	26.56%	181.16	67.09%	17.16	6.35%
1995	58.74	19.86%	213.03	72.03%	23.97	8.11%
1996	54.64	19.35%	204.85	72.55%	22.87	8.10%
1997	64.21	20.93%	220.03	71.73%	22.50	7.34%
1998	62.67	22.22%	197.48	70.03%	21.86	7.75%
1999	60.84	21.15%	208.05	72.32%	18.77	6.52%
2000	67.22	19.30%	256.11	73.53%	24.96	7.17%
2001	61.99	17.05%	274.17	75.39%	27.50	7.56%
2002	72.25	17.26%	314.73	75.18%	31.63	7.56%
2003	89.62	17.56%	381.65	74.77%	39.15	7.67%
2004	80.09	13.41%	469.28	78.57%	47.90	8.02%
2005	96.74	13.53%	557.10	77.93%	61.02	8.54%

年份	资源密集型农产品		劳动密集型农产品		资本技术密集型农产品	
	出口额	份额	出口额	份额	出口额	份额
2006	101.98	12.32%	643.07	77.70%	82.64	9.98%
2007	124.69	12.97%	733.62	76.29%	103.36	10.75%
2008	130.11	12.35%	807.74	76.68%	115.58	10.97%
2009	136.56	13.95%	730.69	74.62%	111.97	11.43%
2010	175.20	13.76%	959.76	75.39%	138.05	10.84%
2011	206.53	12.89%	1 216.55	75.93%	179.14	11.18%
2012	194.73	11.69%	1 278.39	76.72%	193.13	11.59%
2013	217.93	12.07%	1 370.18	75.86%	218.12	12.08%
2014	228.61	12.17%	1 408.11	74.98%	241.29	12.85%
2015	240.41	13.13%	1 334.98	72.92%	255.31	13.95%
2016	262.51	14.83%	1 263.66	71.41%	243.40	13.75%
2017	271.11	14.67%	1 325.50	71.73%	251.26	13.60%
年均增长率	6.30%		9.75%		13.11%	

数据来源：根据 UN Comtrade 数据库相关数据整理计算所得。

　　另外，从三类农产品的贸易差额情况看（图 3-6），虽然劳动密集型农产品的进口增幅（11.88 倍）和年均增速（10.76%）均大于出口（9.23 倍和 9.75%），但出口额规模一直大于进口，常年保持顺差，除 2009 年有明显下滑外，整体呈扩大趋势，并于 2014 年达到最大值，之后三年顺差又开始减少；资源密集型农产品的进口增幅（21.42 倍）及年均增速（13.25%）均大于出口（3.6 倍和 6.3%），其贸易差额于 2000 年之后转为逆差，且一直扩大，2009 年有所回弹，2014 年逆差达到最大，之后差额有所缩小，2017 年逆差又开始扩大；资本技术密集型农产品一直以来都是逆差，但其出口增幅（20.77 倍）和年均增速（13.11%）均大于进口（13.45 倍和 11.27%），2011 年之前逆差呈缓慢扩大趋势，2012—2015 年，逆差迅速减小，2016 和 2017 年又有所增加。可见，劳动密集型农产品常年保持顺差，而资源密集型和资本技术密集型农产品以逆差为主，但资本技术密集型农产品的逆差有缩小的趋势。

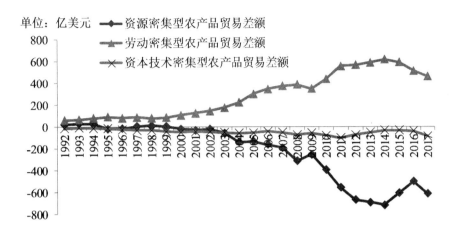

图3-6　1992—2017年中国三类农产品贸易差额变动趋势

数据来源：根据 UN Comtrade 数据库相关数据整理计算所得。

3.1.2.2　顺差主体为皮革、纸品，逆差主体为大豆、木浆

近五年中国三类农产品各具体农产品贸易差额均值的排序情况见表3-2所示。资源密集型农产品中，有七种农产品为顺差，平均差额为110.66亿美元，其中，顺差排名第一的是食用蔬菜，平均顺差70.44亿美元，主要出口至中国香港、越南、日本、美国和马来西亚等地；排名第二的是咖啡、茶、马黛茶及调味香料，平均顺差22.01亿美元，主要出口至中国香港、摩洛哥、美国、日本和西班牙等地；排名第三的是植物液、汁，平均顺差10.36亿美元，主要出口至美国、日本、中国香港、西班牙和韩国等地。另外，资源密集型农产品中有十三种农产品为逆差，平均差额为 -735.61亿美元，其中，逆差排名第一的是油料、工业用或药用植物、稻草、秸秆及饲料，平均逆差 -393.52亿美元，其中主要是大豆的逆差（ -371.89亿美元），占该种农产品逆差的94.50%，主要进口自巴西、美国、加拿大、阿根廷和乌拉圭等地；排名第二的是木、木炭，平均逆差 -110.88亿美元，主要进口自新西兰、俄罗斯、美国、澳大利亚和越南等地；排名第三的是谷物，平均逆差 -60.51亿美元，主要进口自澳大利亚、美国、越南、泰国和乌克兰等地。

劳动密集型农产品中，有十五种农产品为顺差，平均差额为 819.11 亿美元，其中，顺差排名第一的是皮革、动物肠线（蚕胶丝除外）制品，平均顺差 275.29 亿美元，其中主要是箱、包、盒、袋等皮革制品的顺差（251.09 亿美元），占该种农产品顺差的 91.21%，主要出口至美国、中国香港、日本、英国和德国等地，其中包括大量国外品牌包具的代加工再出口；排名第二的是橡胶制品，平均顺差 91.73 亿美元，主要出口至美国、墨西哥、英国、澳大利亚和加拿大等地；排名第三的是棉花制品，平均顺差 86.73 亿美元，主要出口至孟加拉国、菲律宾、越南、贝宁和中国香港等地。另外，劳动密集型农产品中有十种农产品为逆差，平均差额为 -264.33 亿美元，其中，逆差排名第一的是动植物油脂及其分解产品，平均逆差 -79.62 亿美元，主要进口自印尼、马来西亚、乌克兰、加拿大和印度等地；排名第二的是肉及杂碎，平均逆差 -66.55 亿美元，主要进口自巴西、美国、澳大利亚、新西兰和乌拉圭等地；排名第三的是乳品、蛋品、蜂蜜及其他食用动物产品，平均逆差 -41.42 亿美元，主要进口自新西兰、美国、法国、澳大利亚和德国等地。

资本技术密集型农产品中，有三种农产品为顺差，平均差额为 156.17 亿美元，排名第一的是纸或纸板及其制品、纸浆，平均顺差 133.85 亿美元，主要出口至美国、中国香港、马来西亚、越南和英国等地；排名第二的是印刷品等，平均顺差 19.72 亿美元，主要出口至美国、中国香港、英国、澳大利亚和加拿大等地；排名第三的是烟草制品，平均顺差 2.60 亿美元，主要出口至中国香港、巴拿马、印尼、马来西亚和菲律宾等地。另外，资本技术密集型农产品中有两种农产品为逆差，平均差额为 -203.55 亿美元，排名第一的是木浆等、纸（板）的废碎品，平均逆差 -181.24 亿美元，主要进口自美国、巴西、加拿大、印尼和智利等地；排名第二的是饮料、酒及醋，平均逆差 -22.31 亿美元，主要进口自法国、澳大利亚、智利、西班牙和德国等地。

表3-2 2013—2017年中国农产品贸易差额均值排序情况（单位：亿美元）

类别	顺差农产品排序			逆差农产品排序		
	编码	商品	差额均值	编码	商品	差额均值
资源密集型农产品	07	食用蔬菜	70.44	12	油料、工业用或药用植物、稻草、秸秆及饲料	-393.52
	09	咖啡、茶、马黛茶及调味香料	22.01	44-1	木、木炭	-110.88
	13	植物液、汁	10.36	10	谷物	-60.51
	50-1	蚕丝	3.67	40-1	天然橡胶	-46.80
	03-1	水、海产品	3.35	52-1	棉花	-40.43
	01	活动物	0.79	41-1	生皮（皮毛除外）	-28.80
	06-1	活植物及花卉	0.04	51-1	羊毛、动物毛	-26.11
				43-1	生毛皮	-8.16
				24-1	烟草及废料	-7.09
				53-1	其他植物纺织纤维	-6.38
				08	食用水果及坚果	-6.05
				14	编结用植物材料	-0.79
				45-1	软木	-0.09
		顺差合计	110.66		逆差合计	-735.61
		贸易差额合计				-624.95

类别	顺差农产品排序			逆差农产品排序		
	编码	商品	差额均值	编码	商品	差额均值
劳动密集型农产品	42	皮革、动物肠线（蚕胶丝除外）制品	275.29	15	动植物油脂及其分解产品	−79.62
	40−2	橡胶制品	91.73	02	肉及杂碎	−66.55
	52−2	棉花制品	86.73	04	乳品、蛋品、蜂蜜及其他食用动物产品	−41.42
	16	肉、水、海产品制品	83.46	41−2	生皮制品	−35.71
	20	蔬菜、水果、坚果等制品	67.05	19	谷物、粮食粉、淀粉制品，糕点	−23.24
	03−2	水、海加工品	62.65	23	食品工业的残渣、废料，配制的动物饲料	−8.87
	44−2	木制品	41.67	11	制粉工业产品	−3.26
	43−2	毛皮制品	31.77	18	可可及其制品	−3.39
	46	编结材料制品	15.77	17	糖及糖食	−2.15
	05	其他动物产品	15.53	45−2	软木制品	−0.12
	51−2	羊毛、动物毛制品	14.72			
	21	杂项食品	11.41			
	53−2	其他植物纺织纤维制品	11.20			
	50−2	蚕丝制品	9.06			
	06−2	活植物及花卉制品	1.08			
		顺差合计	819.12		逆差合计	−264.33
		贸易差额合计		554.79		

类别	顺差农产品排序			逆差农产品排序		
	编码	商品	差额均值	编码	商品	差额均值
资本技术密集型农产品	48	纸或纸板及其制品、纸浆	133.85	47	木浆等、纸（板）的废碎品	-181.24
	49	印刷品等	19.72	22	饮料、酒及醋	-22.31
	24-2	烟草制品	2.60			
		顺差合计	156.17		逆差合计	-203.55
		贸易差额合计			-47.38	

数据来源：根据 UN Comtrade 数据库相关数据整理计算所得。

可见，中国农产品的顺差主要源自劳动密集型农产品中皮革制品的出口以及资本技术密集型农产品中纸（板）及其制品的出口，而逆差主要源自资源密集型农产品中大豆的进口以及资本技术密集型农产品中木浆的进口。

3.1.2.3　劳动和资本技术密集型国际地位上升明显，多数产品世界名列前茅

从国内地位来看（表3-3），1992—2016 年间中国三类农产品出口占国内商品出口的份额非常小，且整体呈下降趋势。其中，资源密集型农产品出口份额和劳动密集型农产品出口份额均有明显下降，而资本技术密集型农产品出口份额呈先下降后上升的趋势。

从国际地位来看（表3-3），2001—2007 年间中国三类农产品出口占世界三类农产品出口的份额总体呈上升趋势。其中，资本技术密集型农产品和劳动密集型农产品出口份额的上升程度相当，资源密集型农产品出口份额在波动中略有上浮。目前，劳动密集型农产品的出口已在国际中占据相当重要的地位，2017 年出口份额为 10.23%；其次是资本技术密集型农产品，2017年出口份额为 6.42%。可见，中国农产品出口贸易在国际中的地位逐年上升，其中，劳动密集型农产品出口的国际地位最高。

表 3 - 3　1992—2017 年中国三类农产品出口的国内和国际份额情况

年份	资源密集型农产品		劳动密集型农产品		资本技术密集型农产品	
	国内份额	国际份额	国内份额	国际份额	国内份额	国际份额
1992	6.94%	—	15.26%	—	1.36%	—
1993	6.38%	—	14.96%	—	1.56%	—
1994	5.93%	—	14.97%	—	1.42%	—
1995	3.95%	—	14.32%	—	1.61%	—
1996	3.62%	—	13.56%	—	1.51%	—
1997	3.51%	—	12.04%	—	1.23%	—
1998	3.41%	—	10.75%	—	1.19%	—
1999	3.12%	—	10.67%	—	0.96%	—
2000	2.70%	—	10.28%	—	1.00%	—
2001	2.33%	3.50%	10.30%	6.02%	1.03%	1.40%
2002	2.22%	3.87%	9.67%	6.53%	0.97%	1.53%
2003	2.04%	4.12%	8.71%	6.86%	0.89%	1.67%
2004	1.35%	3.24%	7.91%	7.23%	0.81%	1.82%
2005	1.27%	3.67%	7.31%	7.92%	0.80%	2.20%
2006	1.05%	3.45%	6.64%	8.29%	0.85%	2.71%
2007	1.02%	3.45%	6.01%	8.15%	0.85%	2.87%
2008	0.91%	2.93%	5.65%	7.87%	0.81%	3.01%
2009	1.14%	3.52%	6.08%	8.19%	0.93%	3.38%
2010	1.11%	3.83%	6.08%	9.25%	0.87%	3.72%
2011	1.09%	3.56%	6.41%	9.72%	0.94%	4.24%
2012	0.95%	3.32%	6.24%	10.16%	0.94%	4.91%
2013	0.99%	3.60%	6.20%	10.29%	0.99%	5.30%
2014	0.98%	3.82%	6.01%	10.36%	1.03%	5.82%
2015	1.06%	4.43%	5.87%	11.05%	1.12%	6.82%
2016	1.25%	4.79%	6.02%	10.42%	1.16%	6.54%
2017	—	4.69%	—	10.23%	—	6.42%

数据来源：根据 UN Comtrade 数据库和国家统计局网站相关数据整理计算所得。

从近五年中国在世界农产品出口中排名前五的农产品情况看（表 3 – 4），五十种农产品中出口排名世界前五的有二十种，2017 年排名世界第一的有十六种。在资源密集型农产品中，平均市场份额最高的是蚕丝，占比为78.12%，常年稳居世界第一，但是其顺差总额仅为 3.67 亿美元，对我国农产品出口创汇的贡献不大，可见其份额地位高，但贸易规模小。劳动密集型农产品中，有十三种农产品常年稳居世界第一，其中市场份额最高的是编结材料制品（67.30%），其次是毛皮制品（55.11%），出口规模最大的皮革、动物肠线（蚕胶丝除外）制品的平均分额为 39.45%。资本技术密集型农产品中，纸或纸板及其制品、纸浆的平均排名为 2.2，平均份额为 10.86%；印刷品等平均排名为 4.2，平均份额为 9.21%。

表 3 – 4　2013—2017 年中国在世界出口中排名前五的农产品及平均份额情况

类型	编码	名称	2013	2014	2015	2016	2017	平均排名	平均份额
资源密集型	50 – 1	蚕丝	1	1	1	1	1	1	78.12%
	07	食用蔬菜	2	1	1	1	1	1.2	13.68%
	14	编结用植物材料	1	1	1	1	2	1.2	12.23%
	13	植物液、汁	2	2	1	1	1	1.4	16.57%
劳动密集型	03 – 2	水、海加工品	1	1	1	1	1	1	14.22%
	05	其他动物产品	1	1	1	1	1	1	21.12%
	16	肉、水、海产品制品	1	1	1	1	1	1	18.04%
	20	蔬菜、水果、坚果等制品	1	1	1	1	1	1	12.51%
	40 – 2	橡胶制品	1	1	1	1	1	1	12.78%
	42	皮革、动物肠线（蚕胶丝除外）制品	1	1	1	1	1	1	39.45%
	43 – 2	毛皮制品	1	1	1	1	1	1	55.11%
	44 – 2	木制品	1	1	1	1	1	1	12.56%
	46	编结材料制品	1	1	1	1	1	1	67.30%
	50 – 2	蚕丝制品	1	1	1	1	1	1	47.39%

类型	编码	名称	2013	2014	2015	2016	2017	平均排名	平均份额
劳动密集型	51-2	羊毛、动物毛制品	1	1	1	1	1	1	24.65%
	52-2	棉花制品	1	1	1	1	1	1	35.17%
	53-2	其他植物纺织纤维制品	1	1	1	1	1	1	42.50%
	21	杂项食品	5	5	4	4	4	4.4	4.50%
资本技术密集型	48	纸或纸板及其制品、纸浆	3	2	2	2	2	2.2	10.86%
	49	印刷品等	5	5	4	3	4	4.2	9.21%

数据来源：根据 UN Comtrade 数据库相关数据整理计算所得。

3.1.3　农产品出口地区分布

按照国家统计局的划分标准，全国可以分为东、中、西三大地区。其中，东部地区包括北京市、天津市、河北省、辽宁省、上海市、江苏省、浙江省、福建省、山东省、广东省和海南省，共 11 个省份①；中部地区包括黑龙江省、吉林省、山西省、安徽省、江西省、河南省、湖北省和湖南省，共 8 个省份；西部地区包括内蒙古自治区、广西壮族自治区、重庆市、四川省、贵州省、云南省、西藏自治区、陕西省、甘肃省、青海省、宁夏回族自治区和新疆维吾尔自治区，共 12 个省份。以下将从区域分布的角度对农产品出口贸易情况进行分析。

3.1.3.1 东部地区出口份额高，中西部地区出口潜力大

从 2010—2016 年中国农产品出口的地区分布情况看（表 3-5），东部地区的出口占据主导，平均出口额为 1 371.74 亿美元，平均市场份额达到 81.15%；中部和西部地区的出口规模相近，中部地区略高，平均出口额为

---

①　考虑数据的可得性和统计口径的一致性，本文不包含中国香港、澳门和台湾。

167.42 亿美元，平均市场份额为 9.87%；西部地区平均出口额为 153.05 亿美元，平均市场份额为 8.98%。从市场份额的变动情况看，东部地区略有下降，中部地区先升后降，西部地区则呈缓慢增加趋势。从出口额年均增速来看，西部地区增速最快，为 9.16%，其次是中部地区，为 6.25%，最后是东部地区，为 5.36%。可见，东部地区作为国内经济最为发达的地区，其工业发展较为集中，农业加工品的生产能力更强，在农产品总体出口中占据主导地位，但是其市场规模处于相对饱和状态，农业产业的拓展空间较为有限，也束缚了农产品贸易的持续扩大，因此，近年来年均增速较低。另外，中部和西部地区的出口增速加快，作为弥补中国农产品逆差的主要来源地，中西部拥有更为充足的要素资源，为农产品贸易的发展提供了广阔的市场空间，在中国农业发展和贸易贡献上具有很大的发展潜力。

表 3-5　2010—2016 年中国农产品出口贸易区域分布情况　（单位：亿美元）

年份	东部		中部		西部	
	出口额	份额	出口额	份额	出口额	份额
2010	1 053.61	82.77%	121.67	9.56%	97.70	7.68%
2011	1 307.07	81.58%	155.14	9.68%	139.99	8.74%
2012	1 362.87	81.45%	161.14	9.63%	149.34	8.92%
2013	1 456.41	80.63%	187.18	10.36%	162.68	9.01%
2014	1 510.37	80.42%	192.22	10.24%	175.46	9.34%
2015	1 470.33	80.31%	179.51	9.81%	180.88	9.88%
2016	1 441.55	80.90%	175.10	9.83%	165.31	9.28%
均值	1 371.74	81.15%	167.42	9.87%	153.05	8.98%
年均增速	5.36%		6.25%		9.16%	

数据来源：根据中国海关总署相关数据整理计算所得。

3.1.3.2 东部劳动密集型有长期优势，中西部资源和资本技术密集型增速更快

从 2010—2016 年中国三类农产品出口的地区分布情况看（表 3-6），三类农产品出口市场份额最高的均为东部地区。对于资源密集型农产品，除了

东部地区份额最高外（61.16%），西部地区也占据了较为突出的份额（21.44%），且年均增速为全国最高（16.83%），可见，西部地区资源密集型农产品出口具有很大的发展潜力；对于劳动密集型农产品，东部地区出口份额高达84.25%，且年均增速最高（5.00%），可见，东部地区可能在一定时期内仍然是劳动密集型农产品出口贸易的主要市场；对于资本技术密集型农产品，东部地区出口份额高达82.30%，西部市场份额略高于中部（9.27%和8.43%），且西部年均增速最快（15.13%），中部年均增速次之（12.61%），均快于东部地区（9.55%），可见，西部和中部地区的资本技术密集型农产品出口贸易具有较快的增长势头，发展潜力很大。

表3-6　2010—2016年中国三类农产品出口贸易区域分布情况　（单位：亿美元）

年份	资源密集型农产品			劳动密集型农产品			资本技术密集型农产品		
	东部	中部	西部	东部	中部	西部	东部	中部	西部
2010	119.33	25.57	27.81	813.32	86.08	61.75	120.95	10.02	8.15
2011	137.05	32.88	34.47	1 020.06	106.53	91.15	149.97	15.73	14.37
2012	127.40	28.34	36.97	1 077.73	116.05	92.71	157.74	16.75	19.65
2013	133.59	40.05	42.38	1 145.14	127.35	98.86	177.69	19.78	21.44
2014	133.31	42.80	50.20	1 182.02	128.62	99.11	195.04	20.80	26.15
2015	131.52	45.41	61.74	1 132.09	112.97	90.80	206.72	21.13	28.34
2016	142.71	48.13	70.73	1 089.75	106.54	75.61	209.09	20.42	18.97
出口额均值	132.13	37.60	46.33	1 065.73	112.02	87.14	173.88	17.80	19.58
份额均值	61.16%	17.40%	21.44%	84.25%	8.86%	6.89%	82.30%	8.43%	9.27%
年均增速	3.03%	11.12%	16.83%	5.00%	3.62%	3.43%	9.55%	12.61%	15.13%

数据来源：根据中国海关总署相关数据整理计算所得。

3.1.3.3　出口省份集中度较高，山东和广东居主导地位

从2010—2016年中国三类农产品出口排名前十的省份年均市场份额情况来看（表3-7），资源密集型排名前五的有山东、云南、广东、福建和浙江；劳动密集型排名前五的有山东、广东、浙江、江苏和福建；资本技术密集型

排名前五的有广东、浙江、江苏、山东和上海。可见，三类农产品的出口贸易均以山东和广东为主导。

山东省是中国农业大省，其农业增加值常年稳居中国第一，是中国粮棉油肉蛋奶的重要产地，其纺织和食品工业也非常发达。可见，资源密集型和劳动密集型农产品作为初级农业和初级加工业的产品，在山东省的生产规模和市场优势最大，因此，资源密集型和劳动密集型农产品的出口供给均是山东省排名第一。广东省是中国第一经济大省，多项经济指标均位列全国第一，其经济发展以制造业为主，具有较为完善的食品、纺织、建材、医药、机械、电器和冶金等工业体系。可见，广东省工业发展水平更高，其生产技术水平更为先进，在农产品深加工领域具备更大优势，因此，农产品加工业中技术含量相对较高的资本技术密集型农产品的出口供给，广东省排名第一。另外，在资源密集型农产品出口中，云南和广东位居前三，劳动密集型和资本技术密集型中，广东和浙江位居前三，也与当地产业特色极为相关。

表3-7　2010—2016年中国三类农产品出口排名前十的省份年均市场份额情况

位次	资源密集型农产品		劳动密集型农产品		资本技术密集型农产品	
	省份	份额	省份	份额	省份	份额
1	山东	22.81%	山东	20.04%	广东	32.68%
2	云南	9.97%	广东	16.14%	浙江	13.77%
3	广东	7.35%	浙江	13.03%	江苏	12.94%
4	福建	6.80%	江苏	10.84%	山东	7.50%
5	浙江	5.46%	福建	9.80%	上海	6.09%
前五位累计		52.39%		69.85%		72.98%
6	辽宁	4.92%	上海	4.35%	福建	4.91%
7	江苏	4.79%	辽宁	4.26%	江西	2.25%
8	湖北	4.40%	河北	3.00%	重庆	2.01%
9	广西	4.17%	安徽	1.92%	安徽	1.96%
10	河南	3.39%	河南	1.48%	辽宁	1.73%
前十位累计		74.06%		84.87%		85.85%

数据来源：根据中国海关总署相关数据整理计算所得。

3.2 农产品出口质量发展分析

随着对外贸易不断扩大，各国产品的贸易竞争日益激烈。在全球价值链垂直化发展的模式下，产业内贸易甚至是商品内贸易已大规模出现，产品的差异性更多地体现在技术水平的差异上。技术自身作为贸易要素禀赋的重要成分，其水平的高低通过影响生产要素的组合结构、配置方式和运行效率，直接决定产品的国际竞争力，进而影响贸易结构和规模增长（董直庆等，2011）。因此，衡量一国出口贸易水平，不能仅通过出口规模去衡量，更要注重出口质量水平的高低。如果一国出口贸易规模增加的同时，其出口质量也得到了相应的提高，该贸易模式才具备可持续性（杜修立和王维国，2007）。改革开放以来，中国农产品出口贸易规模有了突飞猛进的增长，贸易结构也产生了重大的转变，但出口贸易质量如何，是否得到了显著的提升，需要一套科学严谨的测评方法进行衡量。目前，学术界对出口质量的衡量主要从出口技术水平的角度展开研究，且已经成为前沿文献关注的焦点。

3.2.1 测度指标的选取

3.2.1.1 测度指标的筛选

最早反映出口贸易质量，即出口技术水平的指标是由 Michaely（1984）构建的，他提出用一国出口某种商品占该商品世界总出口的份额为权重，对该国人均 GDP 做加权平均的方法来衡量一国的出口技术复杂度，进而可以比较处于不同发展阶段的国家间出口技术水平的差异，以及贸易和收入变化的规律。该指标的构建需要满足一个重要假设，即技术含量越高的产品越可能出口自高收入水平国家。该假设后来成为学者构建贸易技术水平测度指标的重要前提。关志雄（2002）在此基础上提出了给每个贸易品赋予一个技术附加值的方法，即以不同国家各种产品的出口份额作为权重，对各国人均 GDP 进行加权平均，以此表示出口技术附加值。该指标构建的前提条件同样是"技术附加值越高的产品越出口自高收入国家"。Lall 等（2006）提出了"复杂度指数"的概念，同样是以国家的收入水平来衡量一国的出口技术复杂度，以一国某种产品的出口额占所有样本国出口总额的比重作为权重，对各国人均收入进行加权平均。以上方法均将某种产品的出口世界份额作为权重，对各国（或地区）的收入水平进行加权平均，这样的权重形式很容易忽视一些出口份额较小，但是在某些产品上却具有比较优势的国家在贸易中发挥的作用，即忽视了小国，突显了大国。因此，后来的学者对此从不同角度进行了修正和完善。

Hausmann 等（2005）和 Rodrik（2006）提出要以不同国家各种产品的显示性比较优势（RCA）作为权重，首先将该权重对各国人均 GDP 进行加权平均，计算出各种产品的出口复杂度，并进行标准化处理，然后，在此基础上以出口份额为权重进行加权和，进而得到国家的出口复杂度。该方法同样基于"越是高收入国家，其出口技术水平越高"的前提假设。樊纲等（2006）提出用出口显示技术附加值（RTV）来测算产品出口技术复杂度，进而测算产业再到国家的技术复杂度。以上方法虽然也是对各国收入水平进行加权，但在权重取值上做出了重大改进，即以产品的出口比较优势作为权重，这种改进对经济实力弱，但却在某些产品上拥有出口比较优势的小国赋予了足够的权重，避免了对这些小国的忽视，因此，该类方法在学术界得到了广泛的应用。

Xu（2006，2007）认为，之前的技术复杂度测算中没有考虑产品的品质因素，导致产品的技术复杂度被高估，为此用相对价格指数来测算相同产品的品质差异，进而引入一个品质乘数对出口技术复杂度指数进行修正。杜修立和王维国（2007）则认为某类产品的技术水平不应由哪个国家出口来决定，而应该由哪个国家生产来决定，由此构建了出口技术含量指标，假设"越是高（低）收入国家生产的产品，越具有高（低）技术含量"，用出口贸易依存度近似估算各国各类产品的世界生产份额，以此作为权重对各国收入进行加权和，得出产品的技术含量，进而以各类产品的出口份额为权重，对某经济体所有出口产品的技术含量进行加权和，得出该经济体出口贸易的整体技术水平。倪红福（2017）借鉴了贸易增加值核算、隐含要素和隐含污染物测算的基本原理，运用投入产出表构建出基于生产工序的技术含量测算方法，克服了传统出口技术水平测算的主要缺陷。

另外，部分学者在用出口技术复杂度指数研究中国问题时，发现存在一定的偏差，由此提出了新的修正。姚洋和张晔（2008）认为中国的出口贸易很大一部分为加工贸易，而加工贸易的技术水平并不能代表国内产业水平，用传统的出口技术复杂度指数测算出的结果被高估，因此区分出口的国内投入和中间投入两部分，对中间投入进行剔除，即剔除加工贸易对出口技术复杂度的影响。VanAssche 和 Gangnes（2010）也提出了类似观点。杨汝岱和姚洋（2008）在传统出口技术复杂度的基础上进行改进，构建了有限赶超指数（LCI）表示一国的出口技术含量对先进国家的追赶程度。Xu 和 Lu（2009）在 Hausmann 等（2005）的基础上，考虑到国内省级出口和收入的不平衡，从省级层面对出口技术复杂度指数进行修正，将省级层面的出口和收入替换国家层面的相关数据，测算出各省的出口技术复杂度，该方法减少了地区分布不均衡带来的偏差。陈晓华（2011）借鉴 Xu 和 Lu（2009）对省级层面的处理方法，以及姚洋和张晔（2008）剔除加工贸易的做法，构建了衡量国内各省市的出口技术结构指标。

综上所述，最为经典的衡量出口质量即出口技术水平的指标是以 Hausmann 等为代表的用显示性比较优势为权重的出口技术复杂度，该指标不仅重视具有产品比较优势但经济实力薄弱的小国所发挥的作用，而且所用数据均方便可得，提高了指标的普遍适用性。虽然杜修立等（2007）指出，该测算方法的假设有失偏颇，应以产品的生产来源而非出口来源的假设来定义出口技术水平，但是其构建的以出口依存度来近似估算生产份额的方法，合理性尚存质疑（倪红福，2017）。然而，倪红福（2017）基于生产工序的技术含量测度法，需要投入产出表数据的处理，这在本书研究国内省级层面的问题上，具有数据获取的困难，因此也并不适用。另外，中国作为加工贸易大国，若出口贸易包含加工部分，则定会高估出口技术复杂度，姚洋和张晔（2008）剔除加工贸易的做法值得借鉴，但是，由于本书研究的主题是出口贸易对产业发展的影响，其落脚点为如何促进国内产业的增长和升级，对于加工贸易，其所遵循的国际标准及采用的生产管理技术比国内本土生产更为严苛和先进，其技术溢出的程度及影响的范围可能比一般贸易更为重要，可见，加工贸易的技术水平对产业发展来说是不容忽视的，因此，在本书对出口技术复杂度的测算中并不适用剔除加工贸易的做法。

由此，本书对出口质量测度指标的选取，是建立在 Hausmann 等（2005）的出口技术复杂度的基础上，同时，借鉴 Xu 和 Lu（2009）对省级层面出口技术复杂度的处理方法，既可避免忽视"小型"研究对象，又可虑及国内地区分布的不均衡问题。

3.2.1.2 测度指标的构建

本书构建出口技术水平测度指标的前提假设遵循 Hausmann 等（2005）的假设，即越是高（低）收入国家，其出口的产品技术复杂度就越高（低）。参照 Xu 和 Lu（2009）对省级层面出口技术复杂度的处理方法，本书的假设重新确立为：越是高（低）收入省级区域，其出口的产品技术复杂度就越高（低）。在该假设下，衡量省级区域出口技术水平的指标，即为省级出口技术复杂度，其测算过程可分为三步：

第一步：计算 j 省 i 产品的出口显示性比较优势。

$$EXRCA_{ij} = \frac{EX_{ij} / \sum_{i=1}^{n} EX_{ij}}{\sum_{j=1}^{m} EX_{ij} / \sum_{j=1}^{m} \sum_{i=1}^{m} EX_{ij}} \qquad (3-1)$$

其中，$EXRCA_{ij}$ 为 j 省在 i 产品上的出口显示性比较优势，EX_{ij} 为 j 省在 i 产品上的出口额，m 为省级区域数目，n 为产品数目。公式分子表示 j 省 i 产品占该省所有产品的比重，分母表示全国 i 产品占全国所有产品的比重。

第二步：计算 i 产品出口技术复杂度。

$$EXTSI_i = \sum_{j=1}^{m} EXRCA_{ij} \cdot Y_j \qquad (3-2)$$

其中，$EXTSI_i$ 为 i 产品的出口技术复杂度，Y_j 为 j 省的人均收入水平，以各省人均 GDP 来代替。该步骤实际上是将出口显示性比较优势 $EXRCA_{ij}$ 作为权重，对各省级区域的人均收入进行加权平均。$EXTSI_i$ 值越高，说明该类产品的出口技术复杂度越高，即该类产品所代表的出口技术水平越高。

第三步：计算 j 省出口技术复杂度。

$$EXTS_j = \sum_{i=1}^{n} \frac{EX_{ij}}{\sum_{i=1}^{n} EX_{ij}} EXTSI_i \qquad (3-3)$$

其中，$EXTS_j$ 为 j 省的出口技术复杂度，$EX_{ij} / \sum_{i=1}^{n} EX_{ij}$ 为 j 省在 i 产品上的出口份额。该步骤实际上是将 j 省在 i 产品上的出口份额作为权重，对产品的技术复杂度 $EXTSI_i$ 进行加权平均，以得到各省级区域整体的出口技术复杂度。$EXTS_j$ 值越高，说明该省级区域的出口技术复杂度越高，即该省级区域的整体出口技术水平越高。利用 $EXTS_j$ 指标，可以横向比较不同省级区域的整体出口技术水平，也可以衡量某个省级区域在某个时期内出口技术水平的变化情况。

　　下文将采用以上指标对中国农产品出口贸易技术水平进行衡量和比较，所采用的原始数据为 HS 两位码（部分产品为四位码）分类标准上，2010—2016 年间中国各省份农产品出口额及人均 GDP，计量单位根据国家统计局公布的汇率全部折算为万元人民币。所有数据来源于中国海关总署和国家统计局数据库。

3.2.2　产品出口质量发展水平

　　通过产品出口技术复杂度指标可以测算中国资源密集型、劳动密集型和资本技术密集型农产品以及各具体农产品的出口质量发展水平，运用公式（3-2）结合相关数据可计算获得 2010—2016 年间中国农产品出口技术复杂度的变动情况。整体来看，2010—2016 年间，中国所有农产品的出口复杂度均呈上升趋势，其出口复杂度均值从 2010 年的 3.04 万元增长到 2016 年的 5.07 万元，增加了 2.03 万元，增长幅度达到 66.92%，年均增速为 8.91%。可见，中国农产品整体出口技术水平，即出口质量在不断提高。

　　3.2.2.1　劳动密集型出口质量最突出，资本技术密集型提升空间大

　　从要素结构来看，2010—2016 年中国三类农产品出口技术复杂度均呈逐年递增趋势（表 3-8）。在出口技术复杂度年均水平方面，劳动密集型农产品出口质量水平最高，年均值为 4.26 万元，其次为资本技术密集型农产品，年均值为 4.17 万元，最后为资源密集型农产品，年均值为 3.64 万元。在出口技术复杂度增速方面，劳动密集型农产品的出口质量提升增速最快，从 2010 年的 3.17 万元增长到 2016 年的 5.36 万元，增长了 68.91%，年均增长率为 9.13%；其次为资本技术密集型农产品，由 3.26 万元增长到 5.26 万元，增长了 61.15%，年均增长率为 8.28%；最后为资源密集型农产品，由 2.76 万元增长到 4.43 万元，增长了 60.25%，年均增长率为 8.18%。

表 3-8　2010—2016 年中国三类农产品出口技术复杂度变动情况　（单位：万元）

年份	资源密集型农产品	劳动密集型农产品	资本技术密集型农产品
2010	2.76	3.17	3.26
2011	3.11	3.54	3.51
2012	3.41	3.89	3.78

年份	资源密集型农产品	劳动密集型农产品	资本技术密集型农产品
2013	3.68	4.26	4.14
2014	3.93	4.61	4.45
2015	4.17	5.00	4.78
2016	4.43	5.36	5.26
平均值	3.64	4.26	4.17
年均增长率	8.18%	9.13%	8.28%

数据来源：根据中国海关总署相关数据整理计算所得。

可见，虽然从国际通用的生产技术水平的层次划分上，资本技术密集型农产品的技术水平应排在首位，其次为劳动密集型农产品，最后为资源密集型农产品，但是，目前中国的资本技术密集型农产品的出口质量仍然低于劳动密集型农产品，其出口质量提升的空间还很大。同时，这两类农产品的出口质量均远高于资源密集型农产品，因此，在促进农业产业升级的贡献力度上，应主要依靠劳动密集型和资本技术密集型农产品的生产和贸易。

3.2.2.2 出口质量水平和提升速度靠前的多为劳动密集型农产品

从具体产品来看，2010—2016年中国各农产品出口技术复杂度变动情况见表3-9所示。在出口技术复杂度年均水平方面，排名前十位的有HS编码18可可及其制品，03-2水、海加工品，41-1生皮（皮毛除外），03-1水、海产品，19谷物、粮食粉、淀粉制品，糕点，49印刷制品，16肉、水、海产品制品，52-2棉花制品，17糖及糖食和40-2橡胶制品。其中，资源密集型农产品有两种（41-1和03-1），劳动密集型农产品有七种（18、03-2、19、16、52-2、17和40-2），资本技术密集型农产品有一种（49）。可见，目前中国出口质量水平较高的产品大多集中于劳动密集型农产品，资本技术密集型农产品的出口质量有待提升。

表3-9　2010—2016年中国各农产品出口技术复杂度变动情况　（单位：万元）

HS编码	2010	2011	2012	2013	2014	2015	2016	均值	年均增长率
资源密集型农产品									
01	2.72	3.10	3.41	3.76	4.03	4.27	4.55	3.69	8.95%
03-1	3.81	4.20	4.48	4.90	5.23	5.82	6.23	4.95	8.54%
06-1	3.11	3.54	3.83	4.35	4.17	4.89	5.21	4.16	8.94%
07	2.86	3.15	3.53	3.75	3.97	4.25	4.54	3.72	8.04%
08	2.68	3.07	3.29	3.58	3.80	3.94	4.20	3.51	7.76%
09	2.89	3.23	3.50	3.85	4.14	4.40	4.48	3.78	7.61%
10	2.76	3.07	3.43	3.79	3.99	4.29	4.76	3.73	9.50%
12	2.66	3.01	3.30	3.52	3.80	4.08	4.36	3.53	8.59%
13	2.95	3.27	3.55	3.87	4.18	4.44	4.69	3.85	8.03%
14	2.82	3.21	3.63	3.90	4.33	4.57	4.91	3.91	9.67%
24-1	2.30	2.61	2.92	3.21	3.49	3.76	4.02	3.19	9.78%
40-1	2.92	3.41	4.24	4.03	4.19	4.52	5.26	4.08	10.31%
41-1	3.65	3.97	4.62	5.16	5.76	5.70	6.50	5.05	10.09%
43-1	2.52	2.85	3.14	3.38	3.65	3.91	4.19	3.38	8.86%
44-1	2.99	3.36	3.61	3.92	4.20	4.40	4.60	3.87	7.46%
45-1	2.51	2.87	3.00	3.52	3.71	4.52	4.50	3.52	10.22%
50-1	2.87	3.26	3.59	3.90	4.11	4.51	4.77	3.86	8.81%
51-1	3.16	3.42	3.63	4.03	4.84	5.23	5.42	4.25	9.43%
52-1	3.63	3.44	3.70	4.15	4.95	5.33	5.58	4.40	7.43%
53-1	2.62	2.96	3.25	3.63	3.97	4.32	4.66	3.63	10.08%
劳动密集型农产品									
02	2.65	3.07	3.34	3.68	3.93	4.29	4.60	3.65	9.67%
03-2	3.91	4.35	4.66	5.00	5.34	5.87	6.26	5.05	8.16%
04	2.74	3.05	3.40	3.79	4.09	4.35	4.65	3.72	9.18%
05	2.81	3.19	3.51	3.84	4.27	4.81	5.07	3.93	10.30%
06-2	2.60	2.98	3.26	3.67	3.65	4.18	4.41	3.53	9.16%

HS 编码	2010	2011	2012	2013	2014	2015	2016	均值	年均增长率
11	2.96	3.36	3.87	4.13	4.46	4.77	5.01	4.08	9.16%
15	2.86	3.40	4.34	4.28	4.28	4.47	4.92	4.08	9.47%
16	3.64	4.15	4.41	4.72	4.95	5.42	5.79	4.73	8.04%
17	3.24	3.66	4.21	4.72	4.98	5.30	5.76	4.55	10.08%
18	4.28	4.84	5.22	5.74	5.89	5.95	6.43	5.48	7.04%
19	3.69	4.00	4.57	4.99	5.30	5.66	5.92	4.88	8.21%
20	2.75	3.17	3.49	3.89	4.25	4.60	4.88	3.86	10.02%
21	2.94	3.31	3.66	4.03	4.36	4.55	4.70	3.94	8.15%
23	3.12	3.50	3.66	4.05	4.38	4.82	4.94	4.07	7.97%
40-2	3.38	3.78	4.16	4.43	4.77	5.11	5.48	4.44	8.39%
41-2	2.83	3.32	3.74	4.06	4.17	4.66	5.15	3.99	10.50%
42	2.99	3.23	3.61	3.98	4.44	4.89	5.35	4.07	10.18%
43-2	3.36	3.65	3.87	4.26	4.44	4.76	4.90	4.18	6.48%
44-2	3.21	3.68	4.03	4.39	4.69	5.02	5.38	4.34	8.95%
45-2	2.61	3.03	3.47	3.97	4.40	4.94	5.35	3.97	12.71%
46	3.03	3.39	3.66	4.12	4.52	4.86	5.27	4.12	9.64%
50-2	2.84	3.26	3.55	4.00	4.23	4.64	4.95	3.92	9.73%
51-2	3.30	3.71	3.95	4.15	4.62	4.84	5.09	4.24	7.46%
52-2	3.56	3.92	4.29	4.70	4.97	5.29	5.73	4.64	8.27%
53-2	2.67	3.07	3.45	3.68	3.91	4.23	4.60	3.66	9.46%
资本技术密集型农产品									
22	2.84	3.16	3.42	3.94	4.24	4.52	4.80	3.85	9.12%
24-2	2.56	2.90	3.18	3.51	3.82	4.20	4.50	3.52	9.80%
47	2.97	3.16	3.45	3.81	4.17	4.49	4.98	3.86	9.00%
48	3.31	3.53	3.80	4.15	4.43	4.76	5.29	4.18	8.10%
49	3.88	4.11	4.35	4.60	5.12	5.50	6.10	4.81	7.83%

数据来源：根据中国海关总署相关数据整理计算所得。

在出口技术复杂度增速方面，排名前十位的有 HS 编码 45-2 软木制品，

41－2 生皮制品，40－1 天然橡胶，05 其他动物产品，45－1 软木、42 皮革、动物肠线（蚕胶丝除外）制品，41－1 生皮（皮毛除外），53－1 其他植物纺织纤维，17 糖及糖食和 20 蔬菜、水果、坚果等制品。其中，资源密集型农产品有四种（40－1、45－1、41－1 和 53－1），劳动密集型农产品有六种（45－2、41－2、05、42、17 和 20），资本技术密集型农产品没有。其中，出口技术复杂度增速最快的 45－2 软木制品，从 2010 年的 2.61 万元增长到 2016 年的 5.35 万元，增加了 2.74 万元，七年间增加了 105.06%，年均增长率为 12.71%；其次是 41－2 生皮制品，从 2010 年的 2.83 万元增长到 2016 年的 5.15 万元，增加了 2.32 万元，七年间增加了 82.08%，年均增长率为 10.50%。可见，劳动密集型农产品的出口质量提升幅度最为明显，而资本技术密集型农产品的出口质量提升幅度相对较小。

3.2.2.3　各农产品出口质量虽然差距拉大，但是"齐头并进"

为了更全面地把握 2010—2016 年中国各农产品出口技术复杂度分布的发展态势，对其进行了 Kernel 核密度估计（图 3－7），结果显示，2010—2016 年间，Kernel 曲线的峰值总体呈缓慢下降且不断右移的趋势，形状由相对"狭窄"逐步向相对"矮宽"演变，且历年来仅有一个显著峰值。这表明，第一，中国农产品出口技术复杂度在逐步深化，即出口质量在不断提升；第二，中国各农产品出口技术复杂度的差异化程度逐年加大，即中国各种农产品出口质量的差距在拉大；第三，虽然中国各种农产品的出口质量差距在拉大，但整体上各种农产品出口质量的提升模式是"齐头并进"的，并未出现"两极分化"的现象。

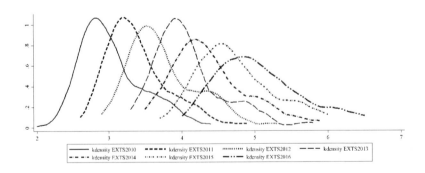

图 3－7　2010—2016 年中国各农产品出口技术复杂度的 Kernel 核密度估计图

数据来源：根据中国海关总署相关数据整理计算所得。

3.2.3 地区出口质量发展水平

通过省级区域出口技术复杂度指标可以测算中国东部、中部和西部各地区以及 31 个省份各自的农产品出口质量水平，运用公式（3-3）结合相关数据可计算获得 2010—2016 年中国各地农产品出口技术复杂度的变动情况。

3.2.3.1 东部出口质量居首，中西部劳动和资本技术密集型增速较快

整体上（表3-10），2010—2016 年间，中国东部地区的农产品出口质量居于最高，出口技术复杂度均值为 4.19 万元，其次为中部地区 4.11 万元，最后是西部地区 4.05 万元。同时，出口技术复杂度的年均增速也属东部地区最快（8.97%）。可见，东部作为沿海经济发达地区，其农产品出口质量的整体水平和提升速度均居于首位。

表3-10 2010—2016 年中国农产品地区出口技术复杂度变动情况 （单位：万元）

年份	东部	中部	西部
2010	3.14	3.09	3.06
2011	3.49	3.44	3.43
2012	3.83	3.79	3.76
2013	4.19	4.12	4.09
2014	4.53	4.44	4.39
2015	4.89	4.76	4.68
2016	5.25	5.09	4.95
平均值	4.19	4.11	4.05
年均增长率	8.97%	8.66%	8.32%

数据来源：根据中国海关总署相关数据整理计算所得。

从 2010—2016 年中国三类农产品的地区出口技术复杂度变动情况看（表3-11），在出口技术复杂度年均水平方面，资源密集型、劳动密集型和资本技术密集型农产品的出口质量均为东部地区最高，其次为中部地区，最后为西部地区。三大地区均以劳动密集型农产品出口质量最高，其次为资本技术密集型农产品，最后为资源密集型农产品。在出口技术复杂度增

速方面，从三类农产品的地区比较上看，资源密集型农产品出口质量提速最快的为中部地区，年均增速为8.25%，其次为西部地区，最后为东部地区；劳动密集型和资本技术密集型农产品出口质量提速最快的均为西部地区，其次为中部地区，最后是东部地区。从各地区的不同类型农产品发展比较上看，东部地区出口质量提升幅度最大、提升速度最快的为劳动密集型农产品，其次是资源密集型农产品；中部和西部地区出口质量提升幅度最大、提升速度最快的均为劳动密集型农产品，其次均为资本技术密集型农产品。可见，虽然从出口质量水平上东部地区居于首位，但是从出口质量的提升趋势上，中部和西部地区尤其在劳动密集型和资本技术密集型农产品上相对具有更大的提升潜力。

表3-11　2010—2016年中国三类农产品地区出口技术复杂度变动情况　（单位：万元）

年份	资源密集型			劳动密集型			资本技术密集型		
	东部	中部	西部	东部	中部	西部	东部	中部	西部
2010	2.85	2.78	2.72	3.27	3.12	3.01	3.38	3.26	3.10
2011	3.18	3.12	3.06	3.66	3.48	3.35	3.60	3.52	3.41
2012	3.49	3.42	3.36	4.01	3.83	3.73	3.87	3.79	3.68
2013	3.78	3.69	3.63	4.35	4.19	4.12	4.21	4.14	4.08
2014	4.03	3.94	3.89	4.70	4.55	4.52	4.53	4.43	4.39
2015	4.31	4.21	4.10	5.09	4.93	4.91	4.86	4.77	4.73
2016	4.57	4.48	4.37	5.47	5.27	5.23	5.36	5.26	5.12
平均值	3.74	3.66	3.59	4.37	4.20	4.12	4.26	4.17	4.07
年均增长率	8.20%	8.25%	8.23%	8.94%	9.12%	9.60%	7.98%	8.32%	8.72%

数据来源：根据中国海关总署相关数据整理计算所得。

3.2.3.2　河北出口质量及提速稳居首位，中西部省份增长潜力较大

从2010—2016年中国农产品各省份出口技术复杂度变动情况看（表3-12），在出口技术复杂度年均水平方面，排名前十位的有河北、福建、浙江、江苏、上海、青海、辽宁、广东、山东和天津。其中，除青海属于西部地区

外，其他九个省市均属于东部地区。在出口技术复杂度增速方面，排名前十位的有河北、辽宁、山西、新疆、湖北、福建、山东、甘肃、宁夏和天津。其中，东部地区有五个省份，中部地区有两个省份，西部地区有三个省份。可见，东部地区除了河北省在农产品出口质量水平和提速方面稳居首位，其他省份虽然在出口质量水平上优于中西部省份，但在出口质量提升速度上，中西部省份具有一定的赶超趋势。

表3-12 2010—2016年中国农产品各省出口技术复杂度变动情况 （单位：万元）

省份	2010	2011	2012	2013	2014	2015	2016	平均值	年均增长率
北京	3.28	3.64	3.99	4.34	4.67	5.05	5.35	4.33	8.50%
天津	3.32	3.70	4.06	4.40	4.75	5.10	5.45	4.40	8.60%
河北	3.34	3.71	4.08	4.43	4.79	5.16	5.53	4.44	8.80%
上海	3.37	3.71	4.04	4.39	4.74	5.10	5.48	4.40	8.45%
江苏	3.37	3.73	4.05	4.40	4.76	5.12	5.50	4.42	8.49%
浙江	3.37	3.73	4.06	4.41	4.76	5.12	5.51	4.42	8.52%
福建	3.34	3.72	4.07	4.42	4.77	5.14	5.51	4.42	8.68%
山东	3.31	3.69	4.06	4.41	4.75	5.11	5.45	4.40	8.67%
广东	3.38	3.71	4.02	4.37	4.73	5.09	5.48	4.40	8.38%
海南	3.33	3.70	4.01	4.35	4.71	5.05	5.44	4.37	8.50%
山西	3.29	3.65	4.02	4.37	4.69	5.06	5.45	4.36	8.79%
安徽	3.33	3.70	4.03	4.38	4.72	5.06	5.43	4.38	8.49%
江西	3.37	3.72	4.04	4.38	4.71	5.06	5.42	4.39	8.22%
河南	3.30	3.66	4.03	4.36	4.69	4.99	5.28	4.33	8.13%
湖北	3.19	3.54	4.00	4.30	4.62	4.91	5.27	4.26	8.69%
湖南	3.32	3.66	4.00	4.36	4.70	5.03	5.41	4.36	8.46%
内蒙古	3.27	3.62	3.99	4.34	4.64	4.91	5.15	4.28	7.86%
广西	3.25	3.60	3.98	4.32	4.62	4.95	5.28	4.28	8.46%
重庆	3.37	3.73	4.03	4.37	4.73	5.06	5.43	4.39	8.28%
四川	3.35	3.71	4.01	4.38	4.69	5.03	5.36	4.36	8.17%
贵州	3.29	3.66	3.97	4.34	4.68	5.01	5.32	4.33	8.35%

续表

省份	2010	2011	2012	2013	2014	2015	2016	平均值	年均增长率
云南	3.15	3.50	3.81	4.20	4.44	4.69	4.94	4.10	7.77%
西藏	3.22	3.59	4.00	4.34	4.68	4.91	4.96	4.24	7.47%
陕西	3.32	3.68	4.04	4.38	4.69	5.00	5.28	4.34	8.07%
甘肃	3.18	3.54	3.96	4.32	4.56	4.88	5.23	4.24	8.67%
青海	3.33	3.74	4.08	4.42	4.73	5.05	5.46	4.40	8.58%
宁夏	3.31	3.67	4.04	4.39	4.72	5.09	5.45	4.38	8.67%
新疆	3.29	3.70	4.04	4.39	4.71	5.06	5.45	4.38	8.78%
辽宁	3.32	3.69	4.04	4.39	4.74	5.12	5.50	4.40	8.79%
吉林	3.28	3.63	4.00	4.36	4.67	5.00	5.33	4.32	8.43%
黑龙江	3.33	3.68	4.01	4.35	4.64	4.95	5.24	4.31	7.87%

数据来源：根据中国海关总署相关数据整理计算所得。

3.2.3.3 省级区域出口质量差距拉大，发展模式已转为"齐头并进"

通过 Kernel 核密度估计，2010—2016 年中国农产品省级出口技术复杂度分布的发展态势如图 3-8 所示。结果显示，2010—2016 年间，Kernel 曲线呈右移趋势，其峰值于 2012 年达到最高，之后逐年下降；形状自 2012 年后由相对"高、尖、窄"逐步向相对"矮、扁、宽"演变；另外，2012 年出现两个峰值，虽然第二峰值较低，但仍较为显著，之后第二峰值逐年消失。这表明，第一，中国农产品省级出口技术复杂度在逐步深化，即出口质量在不断提升；第二，中国农产品省级出口技术复杂度的差异化程度自 2012 年后逐年加大，即中国各省农产品出口质量的差距在拉大；第三，中国省级农产品出口质量的提升曾出现轻度"两极分化"的现象，之后已逐步向"齐头并进"的发展模式转变。

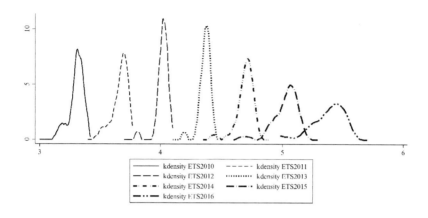

图3-8　2010—2016年中国农产品省级出口技术复杂度的Kernel核密度估计图

数据来源：根据中国海关总署相关数据整理计算所得。

3.3　本章小结

本章对中国农产品出口规模和出口质量的变化情况进行了分析，结果显示，中国农产品出口规模和出口质量均呈明显增长趋势，且在世界农产品出口贸易中的地位逐年攀升，在国际农产品市场上充当了重要供给者的角色。从产品结构来看，劳动密集型农产品的出口规模及出口质量最为突出，资本技术密集型农产品虽然在中国目前农业发展阶段中仍处于较低位置，但出口潜力和出口质量的提升空间相对较大。从地区分布看，东部地区的农产品出口份额和出口质量居于主导，但中西部农产品尤其是劳动密集型和资本技术密集型农产品的出口规模和出口质量的提升速度却更为显著，成为中国未来发展农业产业的重要拓展区域。可见，劳动密集型和资本技术密集型农产品以及中部和西部农产品的出口将作为中国农产品出口贸易发展的重点。但是，整体农业产业目前的发展状况是否与出口贸易发展相匹配，历年农产品出口规模和出口质量的变化是否已经带动了农业产业规模增长和结构升级，农业产业中劳动密集型和资本技术密集型产业以及中部和西部的发展是否也已呈现更为明显的增长趋势，这些基本情况的把握将在下一章展开。

第4章

中国农业产业高质量发展分析

在全球化背景下，一国产业的高质量发展离不开贸易开放带来的拉动和冲击。中国作为农业大国，其农产品出口贸易在国际消费市场中占据重要份额。国际市场对农产品需求的规模大小和品质水平，不仅对农产品出口企业的生产提出了更高的要求，更通过企业间的生存竞争，促使了弱势企业转型或淘汰，从而推动了整个农业产业的增长和升级。自中国农产品出口贸易快速发展以来，中国农业产业的规模化和科技化进程也逐步加快。农业产业早已告别单纯发展初级农产品的阶段，在保障本国粮食安全和居民需求的基础上，发展农产品初级加工和精深加工已经成为促进本国农业产业高质量发展的重要依托。目前为止，中国农业产业的整体规模、要素结构和地区分布的状况如何，产业调整是否合理，是否已经向高级化水平趋近，农业产业规模的增长和质量的提升是否与国际市场对中国的进口需求互相匹配，这些问题将在本章展开分析。

4.1 农业产业规模增长分析

本书界定的农业产业，不仅包括农林牧渔第一产业，更包括以 12 类农产品加工行业为代表的涉农第二产业。在此基础上，本节将从整体规模、要素结构和地区分布三个角度对中国农业产业的"量"，即产业规模的变动情况进行分析。所采用的原始数据主要包括 1992—2016 年全国及各省份农业产业各行业工业总产值和各行业平均就业人数。所有数据全部来源于各年的《中国统计年鉴》、《中国工业经济统计年鉴》、《中国经济普查年鉴》和各省份的统计年鉴。

其中，农产品加工业相关数据源自中国工业行业统计，由于其行业分类标准、工业统计口径以及指标核算范围等进行过多次修订和调整，致使不同阶段的数据出现不匹配、不可比的严重问题。因此，本章首要任务是借鉴陈诗一（2011）的处理方法，对农产品加工业的工业总产值和就业人数指标做出合理调整。

首先，针对行业分类标准问题。1992 年农副食品加工业合并于食品制造业中，饲料工业单独列出。本书处理方法：按照 1993 年农副食品加工业和食品制造业的构成比例，将 1992 年的农副食品加工业分离出来，同时将饲料工业并入其中。

其次，针对工业统计口径问题。1992—2016 年的工业企业数据，涉及四个统计口径调整阶段，需要将其调整为全口径，处理方法如下：第一，1992—1997 年，工业统计口径为乡及乡以上独立核算工业企业，根据各年《中国工业经济统计年鉴》公布的全国全口径指标，可算出全国乡及乡以上指标的占比，由于缺乏分行业全口径数据，只能用此整体比例将各行业分别调整至全口径。第二，1998—2006 年，统计口径为全部国有及规模以上（主营业务收入在 500 万元及以上）非国有工业企业，先根据 2004 年《中国经济普查年鉴》公布的 2004 年分行业全部工业口径数据，算出 2004 年各行业规模以上占全口径的比重，再假定 1998 年各行业增长率与 1997 年相同，根据1997 年全口径指标，算出 1998 年分行业全口径指标，求得 1998 年各行业规模以上占全口径的比例，进而根据 1998 年和 2004 年两年的调整比例，运用线性插值法构造出其他年份的比例，则可全部调整为全口径。第三，2007—2010 年，统计口径为规模以上（年主营业务收入在 500 万元及以上）工业企业，采用上述方法，运用 2008 年《中国经济普查年鉴》全口径数据求得调整比例，进而分别调整为全口径。第四，2011—2016 年，统计口径为规模以上（年主营业务收入在 2000 万元及以上）工业企业，同样采用上述方法，运用2013 年《中国经济普查年鉴》求得的调整比例及估算的 2011 年调整比例进行线性插值，求得各年调整比例，进而分别调整为全口径。

再次，针对工业总产值指标核算问题。1994 年中国进行财税制度改革，1995 年之后工业总产值按不含增值税的价格核算，而原规定则包含增值税。本书处理方法：根据《1995 年第三次全国工业普查资料摘要》公布的 1995 年分行业工业总产值的原规定和新规定数值，计算调整比例，把1992—1994年的工业总产值调整为按新规定核算的数值。

最后，针对产业总产值价格平减问题。为了保证产业总产值真实地反映产出的增长变化，使数据具备可比性，必须消除价格因素的影响。农林牧渔总产值采用农产品生产价格指数，农产品加工业总产值采用工业生产者出厂价格指数，分别进行价格平减，得到各自以1992年为基期的可比产出，其中，价格平减指数来自《中国统计年鉴》。

4.1.1 农业产业整体规模变动

从总量变动、年增长率、国内外比较的角度，对中国农业产业高质量发展中"量"的情况进行分析，从整体上把握中国农业产业的规模变动。

4.1.1.1 农业总产值逐年递增，产值增长速度有所放缓

纵观我国农业产业于1992—2016年的发展历程（图4-1），其总体规模呈逐年递增的趋势，且增长幅度由小变大。从总产值来看，农业产业总产值由1992年的16 665.09亿元增长到2016年的179 795.14亿元，增长了9.79倍。从增长率来看，其年均增速为10.42%，基本呈波动变化，首先于1995年出现第一次峰值（21.22%），之后虽于1998年有所反弹，但整体呈下滑趋势，直到我国加入WTO前的2000年降为负增长（-1.66%），之后产业增长形势开始好转，可见，加入WTO对中国农业产业的增长起到较为明显的带动作用。2007年，增长率出现第二次峰值（17.45%），之后又呈整体下滑趋势，2016年增长率已降为4.78%，可见，自从2007年全球经济危机以来，中国整体经济发展放缓，农业产业的增长也呈现放慢的趋势。

本书所界定的农业产业包括农林牧渔业和农产品加工业，从两者比较来看（图4-2），在总产值方面，1992—2016年间，农林牧渔业总产值由9 084.71亿元增长到30 799.83亿元，增长了2.39倍；农产品加工业总产值由7 580.38亿元增长到148 995.32亿元，增长了18.66倍。可见，自1994年农产品加工业总产值超过农林牧渔业后，其总产值规模相对增幅逐年加大，2016年已经超过农林牧渔业总产值的3.84倍。在增长率方面，农林牧渔业年均增长率为5.22%，农产品加工业年均增长率为13.21%，农产品加工业除1996、1999和2000年增长率相对较低外，其他年份均明显高于农林牧渔业。可见，农产品加工业总产值的增长速度较快，是带动整个农业产业增长的主

要力量,同时也是 2007 年金融危机后受影响相对较大的领域。

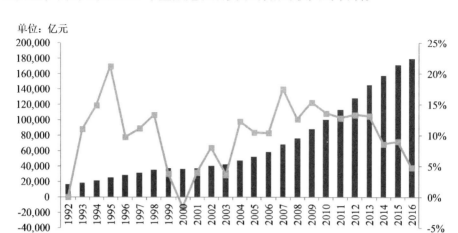

图 4-1 1992—2016 年中国农业产业总产值及年增长率变动情况

数据来源:根据《中国统计年鉴》、《中国工业经济统计年鉴》和《中国经济普查年鉴》相关数据整理计算所得。

4.1.1.2 农林牧渔业增长缓慢,农产品加工业增长迅速

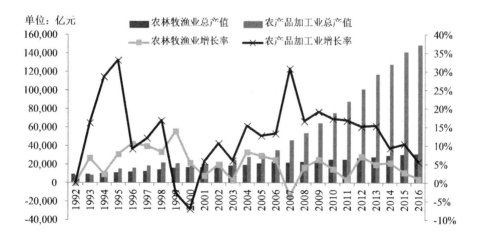

图 4-2 1992—2016 年农林牧渔业和农产品加工业总产值及年增长率变动情况

数据来源:根据《中国统计年鉴》、《中国工业经济统计年鉴》和《中国经济普查年鉴》相关数据整理计算所得。

4.1.1.3 相较于美日发达国家，产出效率低，加工深度小

当今世界各国的农业竞争，早已从初级农产品的以量取胜，逐步演变为农业产业链节点的竞争，农产品加工的精深程度代表了一国农业产业竞争力的高低。中国虽为农业大国，但并非农业强国，与美国、日本等农业强国相比，初级农产品和加工农产品的技术水平、产品质量均存在很大差距。

从1992—2016年中国、美国和日本农林牧渔第一产业增加值在GDP中的份额情况对比来看（表4-1），中国第一产业份额由1992年的21.6%到2016年的8.9%，在整体产业转型中已大幅度缩减，但相比美国和日本，仍占有较高比例。虽然我国小麦、稻谷、蔬菜、水果、水产品和肉蛋等农产品产量常年稳居世界第一，且部分农产品人均占有量已超世界平均水平，从农业产出规模上堪称农业大国，但是在农业人口接近总人口半数，且在较高份额的生产下，中国农作物尤其是粮食的国内供给仍存在较大缺口。美国第一产业份额虽不断下降，目前仅占1%，但始终是世界农业排名第一的农业大国和农业强国，其耕地面积占全球耕地面积的13%，而农业人口仅占全国总人口的2%，却生产出占全球16%的粮食产量，其先进的技术和高效的产出保持了农业的绝对优势地位。日本国土面积狭小，土地资源极为有限，第一产业份额也仅占1.1%，但集约化、精细化的生产模式亦将农业做成世界闻名。可见，中国初级农产品产出规模虽大，但总体产出效率偏低，良种使用率、生产技术水平和管理经验与美、日发达国家相比差距很大。

表4-1 1992—2016年中美日产业结构变化情况

年份	中国			美国			日本		
	第一产业	第二产业	第三产业	第一产业	第二产业	第三产业	第一产业	第二产业	第三产业
1992	21.6%	43.2%	35.2%	1.4%	24.0%	74.5%	2.1%	37.6%	60.3%
1994	19.7%	46.3%	34.0%	1.4%	24.3%	74.3%	1.9%	34.8%	63.2%
1996	19.5%	47.2%	33.2%	1.4%	23.9%	74.7%	1.7%	34.7%	63.6%
1998	17.4%	45.9%	36.7%	1.1%	22.9%	76.0%	1.6%	33.5%	64.9%
2000	14.9%	45.7%	39.4%	1.0%	22.7%	76.3%	1.5%	32.7%	65.8%

续表

年份	中国			美国			日本		
	第一产业	第二产业	第三产业	第一产业	第二产业	第三产业	第一产业	第二产业	第三产业
2002	13.6%	44.6%	41.8%	0.9%	20.9%	78.2%	1.4%	30.5%	68.1%
2004	13.2%	46.0%	40.7%	1.2%	21.3%	77.6%	1.2%	30.3%	68.5%
2006	11.0%	47.7%	41.3%	0.9%	21.9%	77.2%	1.1%	30.0%	68.9%
2008	10.5%	47.1%	42.3%	1.0%	21.3%	77.6%	1.1%	29.1%	69.9%
2010	9.8%	46.6%	43.6%	1.1%	20.2%	78.8%	1.1%	28.5%	70.4%
2012	9.7%	45.5%	44.8%	1.2%	20.3%	78.5%	1.1%	26.9%	72.0%
2014	9.3%	43.3%	47.4%	1.2%	20.6%	78.2%	1.1%	27.9%	71.0%
2016	8.9%	40.0%	51.2%	1.0%	19.2%	79.9%	1.1%	28.0%	71.0%

数据来源：联合国统计司（https：//unstats. un. org/unsd/snaama/dnlList. asp）。

从1992—2016年中国、美国和日本农产品加工业增加值变动情况对比来看（表4-2），农产品加工业增加值占工业增加值的比重，中国呈增长变动，而美国和日本均呈缩减变动，主要原因是美国和日本等发达国家的农产品加工业成熟较早，美国早在20世纪50年代就步入了成熟期，日本、欧洲等也于80年代步入成熟期。当前，美国和日本的工业结构早已由劳动密集型向知识技术密集型转变，工业内部资源多分布于电子产品、机动车辆、机械设备、化工品业等高科技领域（郭树华和包伟杰，2018），农产品加工业作为技术相对低端的产业，其工业占比自然逐步缩减。但是，即便如此，美国和日本农产品加工业增加值的人均占有量仍远高于中国。进而，运用农产品加工业增加值与农林牧渔业增加值的比值来衡量农产品加工深度，加工深度越大，说明一国初级农产品向加工农产品转化的程度越高，产品附加值越高，即农产品加工业的发展水平越高（刘悦等，2013）。比较发现，中国从1992年加工深度为0.33：1到2016年的0.90：1，虽然加工深度不断加大，但却远低于美国（2016年为2.66：1）和日本（2016年为3.83：1）。可见，中国农产品加工转化程度远低于发达国家，多数仍是以初级农产品的形态流向消费市场，低附加值必然带来低的经济效益。发达国家则高度重视农产品的产后储藏、保鲜和精深加工，其粮油类农产品加工转化率超过80%，果蔬类农产品加工转化率超过50%，中国却不足10%（冯蕾等，2011；周新德，2008）。目前，中国城镇居民中工业化食品仅占饮食消费的1/3，美国则高达90%（冯蕾等，2011）。借鉴发达国家的经验，农业作为一国基础产业，其经济效益的提升主要依靠农产品加工业拉动，因此，中国在整体工业向高科技重工业倾斜的同时，仍不能忽视作为基础产业的农业的战略保障地位，也应该更注重农产品加工业的技术升级和产业创新，进而提升农产品的增值转化率，提高农业经济效益。

表4-2　1992—2016年中美日农产品加工业增加值变化情况　（单位：美元/人）

年份	中国			美国			日本		
	人均农加工业增加值	占工业增加值比重	加工深度	人均农加工业增加值	占工业增加值比重	加工深度	人均农加工业增加值	占工业增加值比重	加工深度
1992	28.81	18.50%	0.33	1 169.47	22.62%	3.22	2 059.26	22.74%	3.24
1994	37.81	20.49%	0.42	1 201.25	21.17%	3.18	2 428.24	23.43%	3.21
1996	47.08	16.57%	0.35	1 240.42	20.68%	3.06	2 295.51	22.60%	3.55
1998	48.63	14.95%	0.34	1 259.94	20.38%	3.48	1 835.16	22.00%	3.54
2000	57.23	15.10%	0.41	1 363.40	20.53%	3.90	2 125.69	21.43%	3.61
2002	74.47	16.75%	0.48	1 311.62	20.99%	3.94	1 508.78	19.34%	3.37
2005	146.30	20.32%	0.71	1 293.99	17.63%	2.97	1 611.54	16.83%	3.68
2010	395.09	22.03%	0.90	1 284.03	16.01%	2.47	1 977.44	17.42%	3.74
2012	528.29	21.95%	0.88	1 258.38	14.62%	2.12	2 143.27	18.76%	3.58
2014	629.04	22.97%	0.89	1 352.79	14.74%	2.10	1 608.65	17.81%	3.73
2016	637.59	23.99%	0.90	1 465.43	17.01%	2.66	1 713.63	18.44%	3.83

数据来源：根据《中国统计年鉴》、美国商务部经济分析局（https：//www. bea. gov/index. htm）、日本统计局《日本统计年鉴》（http：//www. stat. go. jp/index. html）和联合国统计司（https：//unstats. un. org/unsd/snaama/dnlList. asp）相关数据整理计算所得。

4.1.2　农业产业内部结构变动

对农业产业内部结构的分析基于对农业产业结构的划分，根据前文界定，农业产业按生产要素配置密集度不同可分为资源密集型农业产业、劳动密集型农业产业和资本技术密集型农业产业三种类型。以下将对此三种类型农业产业以及所包含的具体行业的产值规模、份额、增速等情况进行分析。

4.1.2.1　劳动密集型产业为主导，资本技术密集型增速较快

1992—2016年中国农业产业要素结构变化情况见表4－3所示。从三类农业产业总产值变化情况来看，三类农业产业总体上均呈增长趋势，其中资源密集型农业产业总产值由9 084.71亿元增加到30 799.83亿元，增加了2.39倍，年均增长率为5.22%；劳动密集型农业产业总产值由5 663.21亿元增加到119674.07亿元，增加了20.13倍，年均增长率为13.55%；资本技术密集型农业产业总产值由1917.17亿元增加到29 321.24亿元，增加了14.29倍，年均增长率为12.04%。从三类农业产业总产值份额变化来看，资源密集型农业产业由1992年的54.51%到2016年的17.13%，呈下降趋势；劳动密集型农业产业由1992年的33.98%到2016年的66.56%，呈上升趋势；资本技术密集型农业产业由1992年的11.50%到2016年的16.31%，也呈上升趋势。从三类农业产业总产值份额排名来看，1994年之前，资源密集型农业产业所占份额最高，其次为劳动密集型农业产业，最后是资本技术密集型农业产业；1995—2002年，资源密集型和劳动密集型农业产业的份额接近，呈交替状，资本技术密集型农业产业份额最低；2003年之后，劳动密集型农业产业份额开始远超资源密集型农业产业，资本技术密集型农业产业份额仍低于资源密集型农业产业，但已非常接近，按照两者份额的变化趋势，资本技术密集型近几年跃居第二位的可能性很大。

表4－3　1992—2016年中国农业产业要素结构变化情况　（单位：亿元）

年份	资源密集型农业产业		劳动密集型农业产业		资本技术密集型农业产业	
	总产值	份额	总产值	份额	总产值	份额
1992	9 084.71	54.51%	5 663.21	33.98%	1917.17	11.50%
1993	9 696.23	52.40%	6 677.19	36.09%	2129.24	11.51%
1994	9 928.02	46.72%	8 806.01	41.44%	2517.91	11.85%

年份	资源密集型农业产业		劳动密集型农业产业		资本技术密集型农业产业	
	总产值	份额	总产值	份额	总产值	份额
1995	10 693.49	41.51%	11 675.08	45.32%	3392.69	13.17%
1996	11 820.33	41.82%	12 485.72	44.17%	3960.87	14.01%
1997	12 989.62	41.34%	13 922.34	44.31%	4510.00	14.35%
1998	14 078.45	39.54%	16 178.72	45.44%	5347.73	15.02%
1999	16 036.21	43.40%	15 630.78	42.30%	5285.68	14.30%
2000	16 904.19	46.52%	14 565.85	40.08%	4870.20	13.40%
2001	17 227.63	45.60%	15 379.62	40.70%	5176.75	13.70%
2002	18 078.77	44.30%	17 015.00	41.69%	5716.79	14.01%
2003	18 199.21	43.04%	18 253.68	43.17%	5827.97	13.78%
2004	19 701.47	41.51%	21 486.10	45.27%	6275.16	13.22%
2005	21 149.94	40.34%	24 338.71	46.42%	6946.89	13.25%
2006	22 456.24	38.79%	27 603.66	47.69%	7826.96	13.52%
2007	21 652.43	31.85%	36 586.18	53.81%	9750.12	14.34%
2008	22 555.06	29.46%	42 732.92	55.81%	11279.17	14.73%
2009	23 968.84	27.14%	51 106.72	57.88%	13224.22	14.98%
2010	24 858.54	24.79%	60 034.84	59.87%	15382.34	15.34%
2011	25 064.24	22.16%	70 221.31	62.09%	17818.61	15.75%
2012	26 842.77	20.94%	81 119.32	63.29%	20202.46	15.76%
2013	28 176.98	19.43%	93 831.84	64.71%	22992.56	15.86%
2014	29 697.90	18.86%	102 664.11	65.21%	25077.02	15.93%
2015	30 512.80	17.78%	113 199.26	65.97%	27883.02	16.25%
2016	30 799.83	17.13%	119 674.07	66.56%	29321.24	16.31%
年均增长率	5.22%		13.55%		12.04%	

数据来源：根据《中国统计年鉴》、《中国工业经济统计年鉴》和《中国经济普查年鉴》相关数据整理计算所得。

4.1.2.2 种植业及衣食类加工业占主导，木材制品和家具制造业增速快

1992—2016 年中国农业产业行业结构变化情况见表 4 - 4 所示。从行业总产值份额变动情况来看，除农、林、牧、渔、纺织和烟草制品业的份额呈下

降变动之外，其他行业份额均呈上升变动。1992 年份额排名前五的行业有农业、牧业、纺织业、农副加工业和烟草制品业，2016 年份额排名前五的行业变为农副加工业、纺织业、农业、服装纤维业和食品制造业。可见，一方面，农业（种植业）行业作为国内基本需求的保障性行业，在农业产业中的地位虽有所下滑，但仍占据不容忽视的地位；另一方面，农产品加工业中涉及基本生活需求的"食"（农副加工业和食品制造业）和"衣"（纺织业和服装纤维业）在农业产业中的市场地位逐渐趋于主导。

表 4-4　1992—2016 年中国农业产业行业结构变化情况

类型	行业	1992	1997	2002	2007	2012	2016	增幅	年均增速
资源密集型产业	农业	33.53%	23.31%	24.15%	16.67%	11.39%	9.47%	2.05	4.75%
	林业	2.54%	1.37%	1.67%	1.26%	0.84%	0.74%	2.15	4.89%
	牧业	14.76%	12.81%	13.67%	10.90%	6.60%	5.06%	2.70	5.60%
	渔业	3.68%	3.84%	4.81%	3.01%	2.11%	1.85%	4.43	7.31%
劳动密集型产业	农副加工	7.19%	11.50%	9.90%	14.27%	20.22%	21.25%	30.90	15.52%
	食品制造	2.65%	3.95%	4.08%	4.99%	6.20%	7.44%	29.29	15.27%
	纺织业	14.75%	14.43%	12.81%	15.38%	13.40%	12.24%	7.96	9.56%
	服装纤维	3.73%	5.59%	5.78%	6.56%	7.87%	8.86%	24.64	14.47%
	皮革毛皮	1.89%	3.60%	3.61%	4.26%	4.90%	5.31%	29.29	15.27%
	木材竹藤	0.93%	1.90%	2.19%	3.33%	4.84%	4.88%	55.86	18.34%
	家具制造	0.67%	0.97%	1.21%	2.20%	2.67%	2.79%	44.15	17.20%
	橡胶制品	2.18%	2.37%	2.12%	2.82%	3.20%	3.78%	17.67	12.97%
资本技术密集型产业	酒饮料茶	3.35%	4.91%	4.07%	4.12%	5.12%	6.29%	19.28	13.36%
	烟草制品	3.84%	3.93%	3.68%	2.83%	2.87%	2.52%	6.09	8.50%
	造纸制品	2.89%	3.77%	4.25%	5.27%	5.41%	4.52%	15.89	12.50%
	印刷记录	1.43%	1.74%	2.02%	2.12%	2.36%	2.97%	21.45	13.84%

数据来源：根据《中国统计年鉴》、《中国工业经济统计年鉴》和《中国经济普查年鉴》相关数据整理计算所得。

从行业总产值增长情况来看，所有行业均呈增长趋势，其中，增长最快的是木材竹藤业，2016 年比 1992 年增加了 55.86 倍，年均增速 18.34%；第二名为家具制造业，增幅 44.15 倍，年均增速 17.20%；第三名为农副加工业，增幅 30.90 倍，年均增速 15.52%。资源密集型农业产业的农、林、牧和渔业的总产值增长较为平稳，增幅最小，相对而言，渔业增长最快，增幅为 4.43 倍，年均增速 7.31%，其次为牧业，然后为林业，最后为农业。另外，资本技术密集型农业产业中增长最快的为印刷记录业，其次为酒饮料茶业，然后为造纸制品业，最后为烟草制品业。

4.1.2.3 行业劳动生产率偏低，与美日技术差距较大

从 1992 年和 2016 年中国、美国和日本农产品加工业各行业增加值及份额情况对比来看（表 4-5），1992—2016 年间，中国各农产品加工行业增加值均实现了增长，而美国和日本除食品饮料烟草行业外，其他行业增加值大多都表现为缩减。

表 4-5 1992 和 2016 年中美日农产品加工业分行业
增加值及份额变化情况（单位：亿美元）

国家	年份	行业	食品饮料烟草	纺织工业	服装皮革	木材工业	家具工业	造纸工业	印刷工业	橡胶工业
中国	1992	增加值	144.73	99.46	38.08	6.57	5.00	20.64	13.41	19.30
		份额	41.69%	28.65%	10.97%	1.89%	1.44%	5.95%	3.86%	5.56%
	2016	增加值	4 217.61	1 575.32	1 232.53	512.92	251.77	608.16	255.88	300.44
		份额	47.10%	17.59%	13.76%	5.73%	2.81%	6.79%	2.86%	3.36%
美国	1992	增加值	1 238.03	267.23	276.26	197.72	200.66	477.62	338.97	14.36
		份额	41.12%	8.88%	9.18%	6.57%	6.66%	15.86%	11.26%	0.48%
	2016	增加值	2 836.59	181.93	96.57	303.23	303.48	586.20	386.06	27.26
		份额	60.08%	3.85%	2.05%	6.42%	6.43%	12.42%	8.18%	0.58%
日本	1992	增加值	944.73	244.22	223.37	128.15	135.41	245.01	525.70	134.54
		份额	36.60%	9.46%	8.65%	4.96%	5.25%	9.49%	20.37%	5.21%
	2016	增加值	1 165.78	145.42	172.70	82.44	68.45	202.88	217.91	133.61
		份额	53.25%	6.64%	7.89%	3.77%	3.13%	9.27%	9.95%	6.10%

数据来源：根据《中国统计年鉴》、美国商务部经济分析局（https：//www. bea. gov/index. htm）、日本统计局《日本统计年鉴》（http：//www. stat. go. jp/index. html）和联合国统计司（https：//unstats. un. org/unsd/snaama/dnlList. asp）相关数据整理计算所得。

从各行业产出份额来看，食品饮料烟草业在中美日都是农产品加工业中的主导产业，其中，中国从 1992 年的 41.69% 上升到 2016 年的 47.10%，美国从 41.12% 上升到 60.08%，日本从 36.60% 上升到 53.25%。可见，美国的食品饮料烟草业在农产品加工业中的主导地位要高于日本和中国。另外，三个国家在份额排名第二的行业上差别较大，中国第二位农产品加工业为纺织业，虽然份额由 1992 年的 28.65% 降到 2016 年的 17.59%，但仍位居第二，而美国纺织业 2016 年的份额仅占 3.85%，日本为 6.64%；美国第二位农产品加工业为造纸业，由 1992 年的 15.86% 降到 2016 年的 12.42%；日本第二位农产品加工业为印刷业，由 1992 年的 20.37% 降到 2016 年的 9.95%。纺织业相对于造纸和印刷业而言，属于技术水平较为低端的劳动密集型产业，而造纸和印刷业以及处于主导地位的食品饮料烟草业的机械化程度相对较高，生产技术更为先进，可较大幅度地提升劳动生产率，进而产生更高的经济效益。

因此，美国和日本等发达国家的农产品加工业多集中于技术水平相对较高的行业，呈现出"高技术、高效率"的产业特点，而中国的农产品加工业仍有较多资源集中于纺织、服装皮革等劳动密集型产业，呈现出"低技术、低效率"的产业特点。

4.1.3　农业产业地区分布变动

从地区分布的角度，对中国东、中、西三大地区以及各省份 2010—2016 年农业产业规模、增速及份额变动情况进行分析。农林牧渔总产值和农产品加工业总产值分别利用相应价格指数平减为以 2010 年为基期的可比总产值。

4.1.3.1　东部农业产业规模最大，中西部产业增长潜力更大

从 2010—2016 年中国农业产业总产值地区分布情况看（表 4-6），东部地区的产业规模占据主导，平均总产值为 177 050.53 亿元，平均市场份额达到 55.85%；其次为中部地区，平均总产值为 88 822.94 亿元，平均市场份额达到 28.02%；最后为西部地区，平均总产值为 51 142.51 亿元，平均市场份额达到 16.13%。

表4-6 2010—2016年中国农业产业总产值区域分布情况 （单位：亿元）

年份	东部		中部		西部	
	总产值	份额	总产值	份额	总产值	份额
2010	132 667.86	58.42%	57 840.38	25.47%	36 572.26	16.11%
2011	146 392.86	57.43%	67 529.84	26.49%	40 976.67	16.08%
2012	164 163.79	57.22%	77 762.18	27.10%	44 993.41	15.68%
2013	182 104.13	56.53%	89 284.78	27.72%	50 724.11	15.75%
2014	194 089.14	55.49%	99 858.04	28.55%	55 851.34	15.97%
2015	207 229.73	54.51%	110 587.02	29.09%	62 330.36	16.40%
2016	212 706.22	53.42%	118 898.34	29.86%	66 549.42	16.71%
均值	177 050.53	55.85%	88 822.94	28.02%	51 142.51	16.13%
年均增速	8.19%		12.76%		10.49%	

数据来源：根据《中国统计年鉴》、《中国工业经济统计年鉴》、《中国经济普查年鉴》和各省统计年鉴相关数据整理计算所得。

从市场份额的变动情况看，东部地区略有下降，中部地区有所上升，西部地区则先降后升。从总产值年均增速来看，中部地区年均增速最快（12.76%），其次为西部地区（10.49%），最后为东部地区（8.19%）。虽然，东部地区农业产业生产能力处于主导地位，但其产业增长速度却明显慢于中部和西部地区，可见，中西部将是农业产业更具发展潜力的地区。

从三大地区农产品出口份额情况看，东部地区平均出口份额高达81.15%；中部和西部地区分别为9.87%和8.98%。可见，东部地区农业产出份额虽占全国总产出的一半水平，但其出口份额却高达八成，然而中西部的出口份额却远低于其产出份额，这表明中西部农产品的出口能力与其产出能力差距较大，这说明中西部农业产业的产出质量要低于东部地区，其产出质量决定了产品的出口竞争力，因此其出口规模在其产出规模水平上相对较低。那么，中西部地区提升农业产业产出质量的重要性要远高于其产出规模的增长。

4.1.3.2 东部劳动密集型产出更具优势，中西部劳动和资本技术密集型增速更快从2010—2016年中国三类农业产业总产值地区分布情况看（表4–7），三类农业产业总产值份额最高的均为东部地区，其次为中部地区，最后为西部地区。

表4–7　2010—2016年中国三类农业产业总产值区域分布情况　（单位：亿元）

年份	资源密集型农产品			劳动密集型农产品			资本技术密集型农产品		
	东部	中部	西部	东部	中部	西部	东部	中部	西部
2010	28352.33	23314.17	17653.10	86140.61	26957.95	12548.74	18174.92	7568.26	6370.42
2011	29379.55	23883.92	18159.98	96610.67	34365.93	15022.63	20402.64	9279.99	7794.05
2012	30893.40	25579.31	19535.20	110605.35	41514.05	16709.79	22665.03	10668.82	8748.43
2013	32089.98	27112.17	20460.36	125046.81	49775.89	19814.78	24967.34	12396.72	10448.97
2014	33187.32	28613.81	21878.48	134361.19	57021.90	22364.87	26540.63	14222.33	11607.98
2015	34415.21	29462.73	23375.31	144253.58	65116.75	25550.75	28560.94	16007.55	13404.30
2016	34296.22	30507.49	24138.56	149291.86	71526.87	28144.89	29118.14	16863.97	14265.97
总产值均值	31802.00	26924.80	20743.00	120901.44	49468.48	20022.35	24347.09	12429.66	10377.16
份额均值	40.02%	33.88%	26.10%	63.50%	25.98%	10.52%	51.63%	26.36%	22.01%
年均增速	3.22%	4.58%	5.35%	9.60%	17.66%	14.41%	8.17%	14.29%	14.38%

数据来源：根据《中国统计年鉴》、《中国工业经济统计年鉴》、《中国经济普查年鉴》和各省统计年鉴相关数据整理计算所得。

对于资源密集型农业产业，东部地区份额为40.02%，中部地区为33.88%，西部地区为26.10%，且西部地区年均增速最高（5.35%）。可见，三大地区的资源密集型农业产业的生产分布较为均匀，且增长较为平缓。对于劳动密集型农业产业，东部地区份额为63.50%，中部地区为25.98%，西部地区为10.52%。对于资本技术密集型农业产业，东部地区份额为51.63%，中部地区为26.36%，西部地区为22.01%。可见，东部地区劳动密集型农业产业更具产出优势。另外，中、西部劳动密集型和资本技术密集型农业产业年均增速均明显快于东部地区。从三大地区农产品出口份额情况看，东部地区出口份额均高于其产出份额，如资源密集型出口份额为61.16%，产出份额为40.02%；劳动密集型出口份额为84.33%，产出份额为63.50%；资本技术密集型出口份额为82.30%，产出份额为51.63%。可见，东部地区农业产业尤其是资本技术密集型和劳动密集型农业产业的产出质量相对更高，其出口能力高于中西部地区。对于中西部地区，其产出增速及出口增速均快于东部地区，说明其规模增长的潜力较大，但在产出质量的提升上需要给予更多的重视，做到与规模增长的齐头并进。

4.1.3.3　山东农业产业居于首位，其他产出大省未必是产出强省

从2010—2016年中国三类农业产业总产值排名前十的省份年均市场份额情况来看（表4-8），资源密集型排名前五的有山东、河南、江苏、河北和四川；劳动密集型排名前五的有山东、江苏、广东、浙江和河南；资本技术密集型排名前五的有山东、广东、江苏、四川和河南。可见，山东省在三类农业产业总产出中均排名第一。

与各省份农产品出口情况对比来看（表4-8和表3-7），资源密集型农业产业产出排名前五的省份累计份额为35.17%，前十位累计59.78%，而出口排名前五的累计份额却达到52.39%，前十位累计74.06%；劳动密集型农业产业产出排名前五位的累计份额为52.93%，前十位累计75.28%，而出口排名前五的累计份额为69.85%，前十位累计84.87%；资本技术密集型农业产业产出排名前五位的累计份额为44.02%，前十位累计69.15%，而出口排名前五的累计份额为72.98%，前十位累计85.85%。可见，相较于农业产业产出的市场集中度而言，农产品出口尤其是资本技术密集型农产品出口的市场集中度更高。另外，从具体排名的省份来看，资源密集型农业产业产出排名前五的省份中只有山东省的出口继续保持第一位，其他四个省份（河南、江苏、河北和四川）的出口均未排进前五名；劳动密集型农业产业产出排名前五的省份中只有第五位河南省未进入出口前五名；资本技术密集型农业产业产出排名前五的省份中第四位的四川省和第五位的河南省均未进入出口前五名。可见，除了山东省外，其他的农产品产出大省未必是出口大省，由于出口规模往往与产出质量直接相关，也即产出大省未必是产出强省。因此，像河南、河北、四川等农产品产出大省，需要向山东等农业强省汲取发展经验，扩大产出规模的同时，提升产出技术水平，善于利用出口的技术水平带动本地产业的升级。

表4-8 2010—2016年中国三类农业产业总产值排名前十的省份年均市场份额情况

位次	资源密集型农产品		劳动密集型农产品		资本技术密集型农产品	
	省份	份额	省份	份额	省份	份额
1	山东	9.18%	山东	17.30%	山东	11.26%
2	河南	7.73%	江苏	11.33%	广东	10.40%
3	江苏	6.40%	广东	9.07%	江苏	8.15%
4	河北	6.16%	浙江	7.81%	四川	7.47%
5	四川	5.71%	河南	7.42%	河南	6.75%
前五位累计		35.17%		52.93%		44.02%
6	湖北	5.47%	福建	6.54%	浙江	5.91%
7	广东	5.21%	湖北	4.51%	湖北	5.75%
8	湖南	5.18%	河北	4.24%	湖南	4.89%
9	黑龙江	4.43%	辽宁	3.55%	福建	4.65%
10	辽宁	4.32%	安徽	3.50%	云南	3.93%
前十位累计		59.78%		75.28%		69.15%

数据来源：根据《中国统计年鉴》、《中国工业经济统计年鉴》、《中国经济普查年鉴》和各省统计年鉴相关数据整理计算所得。

4.2 农业产业结构升级分析

一国产业在初始发展阶段，通常先经历粗放型的规模扩张，这种产业发展模式主要依托本国所富有的初级生产要素的低成本优势，但随着资源的稀缺和成本优势的逐步丧失，粗放型的增长将凸显出竞争力衰退、资源消耗殆尽及生态压力剧增等深层矛盾（傅元海等，2016）。中国农业产业在经历了常年侧重规模的粗放增长后，结构矛盾开始上升为农业经济发展中的主要矛盾，因此，在保证"量"的供给基础上，更要重视"质"的提升，即优化农业产业结构，提升农业产业技术进步速度和技术吸收能力，促进农业产业的升级，提升农业供给的品质、效益和竞争力。目前，中国农业产业的"质"，即产业结构是否合理，其优化升级的程度处于何种水平，需要运用合理且公认的测评方法进行度量。目前，学术界对于产业优化升级测评方法的研究已较为成熟。

4.2.1　测度指标的选取

4.2.1.1　产业结构升级定位标准

（1）产业结构升级的概念和内涵

产业结构升级的概念最早可以追溯到 Rostow（1960）提出的经济成长阶段理论，该理论认为一国经济社会发展将会依次经历六个阶段，即传统社会阶段、准备起飞阶段、起飞阶段、走向成熟阶段、大众消费阶段和超越大众消费阶段，在这些阶段的跨越过程中，产业结构升级从中起到关键的推动作用。Chenery 等（1986）也指出，产业结构升级是发展中国家和发达国家的核心区别，也是发展中国家加快经济发展的本质要求。所谓产业结构升级，即产业由低级形态向高级形态的演变，是集合要素禀赋、技术进步、价值链地位等多种经济元素共同作用的结果（霍忻，2016）。综合国内外学者的观点，产业结构升级的具体内涵表现在以下方面：

第一，协调关系升级。对于产业结构升级，除了追求低级向高级形态的演变，其内部构成关系的协调性更是首要关注的方面。Bain（1966）和 Poon（1999）认为，产业结构升级最主要的表现就是产业内部主体、生产、技术及就业等关系的调整更加协调和优化。姜泽华和白艳（2006）认为产业结构升级的过程是一国经济社会化、工业化和现代化的过程，是产业地位、关系向更高级、更协调的方向转变的过程。夏天然（2015）认为，产业结构关系的协调性是产业结构升级的前提和基础，也是产业结构升级后需要达到的目标，如果没有协调合理的关系，产业结构升级就是一种不平稳的非良性升级。俞佳根（2016）认为产业升级要侧重不同产业间的均衡发展，要注重不同产业发展状态与国民经济发展的适应性和协调性。

第二，产业层次升级。Ernst（2001）认为产业结构升级包含前向关联和后向关联的产业层次结构的升级，即以有形商品的制造生产为主导向支持服务等知识密集型无形商品的投入转变的过程。黄蓉（2014）认为，产业结构升级是在整个产业演进过程中，由以第一产业为比较优势逐渐向第二、第三产业为比较优势转变。夏天然（2015）认为，经济发展带来的产业结构升级会使产业发展的重心从第一产业向第二产业转变，进而再从第二产业转向第三产业，在此过程中三次产业的产值及就业比例结构的变化情况即可体现产业升级的演变进程。

第三，要素结构升级。多数学者认为，产业结构升级就是生产要素从低级产业向高级产业的转移过程。Porter（1990）将产业结构升级界定为生产要素由劳动密集型产业向资本和技术密集型产业转移的过程中，各产业比较优势转变的结果。Gereffi（1999，2005）认为产业结构升级是企业或经济体不断提升自身能力，将资本转向技术先进经济领域的过程。Ernst（2001）认为生产要素升级是产业结构升级的内涵之一，即从自然禀赋（自然资源、非技术劳动力等）到物质资本、人力资本（具备专业技能的劳动力）和社会资本（社会支持服务）等"创造资产"的升级，其中一个表现为产业内升级，即从低技术附加值产业向高技术附加值产业的转变。Poon（2004）也认为产业结构升级就是企业生产的产品由劳动密集型的低价值产品向资本或技术密集型的高价值产品的转变。Azadegan 和 Wagner（2011）同样认为，产业结构升级即从简单制造技术到复杂制造技术不断循序发展的过程，对于相对落后的经济体而言，产业结构升级可以作为高效进入市场的重要途径。国内学者也一致认为从劳动密集型，尤其是初级劳动密集型产业向知识、资本、技术密集型产业的演进过程即为产业结构升级（周茂等，2016）。林晶和吴赐联（2014）、俞佳根（2016）等也认为产业结构升级实质上就是产业由低等技术要素密集转变为高等技术要素密集的过程。魏金义和祁春节（2015）指出，农业的要素禀赋结构是决定农业经济发展的基础，也是研究农业经济相关问题的逻辑起点，土地、劳动、资本等要素的投入和分配决定了我国农业技术变动率及农业产业发展水平。

第四，产业链地位升级。产业链角度的产业结构升级一般都是以微观企业为考察对象。Gereffi 和 Tam（1998）指出，产业升级是生产企业由价值链的低端生产线向高利润的高端生产线提升的过程。Ernst（2001）认为，产业升级从价值链阶段来看，是从销售、发行到最终组装和测试以及组件制造、工程设计、产品开发和系统集成的升级。Pietrobelli 和 Rabellotti（2006）提出，产业升级是企业为了不断追求更高利润，通过提升自身生产能力提高生产高附加值产品的竞争力，提升产业价值链地位的过程。国内学者也认为，产业升级主要表现为企业在全球价值链环节中由低到高的提升（刘志彪和张少军，2009；唐艳，2011；许南和李建军，2012）。其中，姚志毅和张亚斌（2011）认为在全球产业链的背景下，产业升级应从四方面来解释，即产业主体升级、同一生产网络内的产业结构梯次升级、关联与外溢效应升级、区域和产业国际竞争力升级。

（2）本书对农业产业升级的界定

本书对农业产业结构升级的界定包括以下两方面：第一，农业产业结构升级在追求低级向高级形态演变的过程中，其内部关系的协调性应放到首要位置。因此，本书对农业产业结构升级的首要定位标准即为内部关系的协调合理性；第二，学术界研究产业从低级向高级形态的演变，主要从产业结构层次、要素结构和产业链三个角度去衡量。从产业结构层次来看，本书界定的中国农业产业包括农林牧渔业和农产品加工业，其中，农林牧渔业即为第一产业，农产品加工业即为第二产业中涉及农产品为原材料投入的产业，并未包括第三产业服务业，则农业优势产业由第一产业向第二产业转移即为农业产业的升级；从产业要素结构来看，本书对农产品贸易结构和农业产业结构的分类采用要素密集度的划分标准，那么农业产业升级则以生产要素从资源密集型产业向劳动密集型产业，再向资本技术密集型产业的转移作为衡量标准，同时，资源密集型产业即农林牧渔业，即为第一产业，劳动密集型和资本技术密集型产业即为第二产业中涉及农产品的部分，因此，该视角与产业层次视角的形态演变基本一致；从产业链来看，由于产业链视角一般以微观企业为研究主体，属于微观研究层面，与本书宏观视角不相符，因此本书并未从产业链的角度去衡量农业产业升级。

4.2.1.2 测度指标筛选构建

产业结构升级是通过对产业结构的调整，使各产业协调发展、技术水平提升，进而促进国民经济快速持续增长的产业变迁过程。多数国内学者（干春晖，2011；陈晋玲，2015；傅元海，2016；李小卷，2017）认为衡量产业升级的标准至少应包括产业结构合理化和产业结构高级化两个方面。

（1）产业结构合理化标准

产业结构合理化反映的是产业之间协调度和关联水平的提高（李京文和郑友敬，1988；苏东水和任浩，2000），尤其是要素资源在产业间配制效率的提升（史忠良等，1998；陈晋玲，2015）以及投入与产出结构的集合质量和结构效益的改善（周振华，1992；傅元海，2016）。关于产业结构合理化水平的测算，国内外学者一般采用结构偏离度指标（常进雄和楼铭铭，2004；贾妮莎等，2014；傅元海，2016），然而，干春晖等（2011）认为，结构偏离度指标未对不同产业的重要程度加以区分，因此主张采用泰尔指数来测度合理化水平。因此，本书对农业产业合理化的衡量也采用泰尔指数，具体计算公式如下所示：

$$TL = \sum_{i=1}^{n}\left(\frac{Y_i}{Y}\right)\ln\left(\frac{Y_i}{L_i}\bigg/\frac{Y}{L}\right) \tag{4-1}$$

其中，TL 代表泰尔指数，Y 代表地区农业产业总产值，Y_i 代表地区第 i 类农业产业总产值，L 代表地区农业产业总就业人数，L_i 代表地区第 i 类农业产业就业人数。在测算整体农业产业结构合理化时，n 包括资源密集型、劳动密集型和资本技术密集型三类产业，则 $i = 1,2,3$；在测算资源密集型农业产业内部结构合理化时，n 包括农、林、牧和渔四类行业，则 $i = 1,\cdots,4$；在测算劳动密集型农业产业内部结构合理化时，n 包括农副加工、食品制造、纺织、服装纤维、皮革毛皮、木材竹藤、家具制造和橡胶制品八类行业，则 $i = 1,\cdots,8$；在测算资本技术密集型农业产业内部结构合理化时，n 包括酒饮料茶、烟草制品、造纸制品和印刷记录四类行业，则 $i = 1,\cdots,4$。

当 $TL = 0$ 时，表示产业结构处于均衡状态，产业结构最为合理；TL 值越大，表示产业结构偏离均衡状态越远，产业结构越不合理。泰尔指数不仅保留了产业结构偏离度的理论基础和经济含义，还考虑了不同产业的经济地位及重要程度，因此可以更好地衡量产业结构合理化程度。

（2）产业结构高级化标准

产业结构高级化表现为产业结构从低级向高级的演变。对于产业结构高级化的度量，一般学者都依据克拉克定律采用非农产业产值比重作为衡量指标。但是 20 世纪 70 年代后产生的信息技术革命促使工业化国家出现了经济"服务化"趋势，第三产业增长率开始快于第二产业增长率（吴敬琏，2008），干春晖等（2011）就采用第三产业产值与第二产业产值之比作为衡量高级化水平的指标，后来国内学者多以此为借鉴进行指标的选取（马章良和顾国达，2011；刘培森和尹希果，2015；李小卷，2017）。部分学者从技术结构的视角选择高级化衡量指标，如傅元海（2016）采用高端技术产业占比、高端技术与中端技术产业之比来衡量制造业产业升级状况。李政和杨思莹（2016）采用高技术产业产值占工业总产值的比重作为衡量指标。

对中国农业产业而言，农产品加工业的工业化水平相较于发达国家，仍存在很大差距，目前绝大部分仍属于劳动密集型产业，虽然在技术水平上低于资本技术密集型产业，但在农业领域，相对于农林牧渔业而言，在提高农产品附加值、提升农业经济效益的贡献力度上，同样发挥了积极作用，且技术提升的空间更大，因此，参照干春晖等（2011）的做法，考虑目前中国农业产业的发展水平和阶段，以劳动与资本技术密集型农业产业与资源密集型农业产业之比作为中国农业产业高级化水平的衡量指标，具体计算公式如下所示：

$$IS = \frac{Y_2 + Y_3}{Y_1} \qquad\qquad (4-2)$$

其中，IS 代表产业结构高级化指数，Y_1 代表地区资源密集型农业产业总产值，Y_2 代表地区劳动密集型农业产业总产值，Y_3 代表地区资本技术密集型农业产业总产值。IS 值越大，表示产业结构的高级化水平越高。该指数能够清楚地反映农业产业结构的工业化倾向，即农产品加工业的发展力度，可明确地显示农业产业中工业化技术水平向其渗透的程度，若 IS 值处于上升状态，则意味着农业经济的加工化程度在不断加大，产业结构正在升级。

4.2.2 农业产业合理化水平

通过产业结构合理化指标（公式 4-1），可测算出中国及各地区整体农业产业结构合理化水平和资源密集型、劳动密集型及资本技术密集型三类农业产业内部结构的合理化水平。

4.2.2.1 整体合理化趋低，劳动密集型最为合理，资本技术密集型提升显著

2010—2016 年中国农业产业合理化水平变动情况见表 4-9 所示。按照泰尔指数的经济内涵，其值越趋近于零，表示产业结构越合理。从全国农业产业整体结构来看，其合理化水平相对较低，除 2011 年指数稍有下降外，其余均呈增长变化，说明整体农业产业结构合理化程度略有下降。从全国三类农业产业内部结构来看，合理化水平最高的是劳动密集型农业产业，其泰尔指数均值为 0.051 6，其次是资本技术密集型农业产业，均值为 0.178 0，最后是资源密集型农业产业，均值为 0.635 3。另外，从三类农业产业合理化水平变化情况看，资本技术密集型农业产业泰尔指数下降最为明显，说明其内部

结构合理化水平明显提高；其次，资源密集型农业产业除 2011 和 2016 年泰尔指数增大外，整体内部结构合理化水平呈略微提升变动，而劳动密集型农业产业虽合理化水平最高，但除 2011 年外，整体合理化水平略呈下降趋势。可见，中国农业产业整体合理化水平略有下滑，劳动密集型农业产业内部结构合理化水平最高，但资本技术密集型农业产业内部结构合理化提升最为明显。

表 4-9 2010—2016 年中国农业产业合理化水平变动情况

年份	整体农业产业	资源密集型农业产业	劳动密集型农业产业	资本技术密集型农业产业
2010	0.961 8	0.627 5	0.037 7	0.190 5
2011	0.959 0	0.674 2	0.031 6	0.178 7
2012	0.960 0	0.651 9	0.044 9	0.185 6
2013	0.971 5	0.634 3	0.051 0	0.196 6
2014	0.991 9	0.619 4	0.058 6	0.178 2
2015	1.003 5	0.609 4	0.062 6	0.170 2
2016	1.029 5	0.630 6	0.074 5	0.146 0
均值	0.982 4	0.635 3	0.0516	0.1780

数据来源：根据《中国统计年鉴》、《中国工业经济统计年鉴》、《中国经济普查年鉴》、《中国第二次全国农业普查资料汇编》和各省统计年鉴相关数据整理计算所得。

4.2.2.2 整体结构东部最合理，资源密集型、劳动密集型西部最合理，资本技术密集型中部最合理

2010—2016 年中国三类农业产业合理化水平变动情况见表 4-10 所示。从农业产业整体结构来看，东部地区的合理化水平最高，泰尔指数均值为 0.702 7，中部和西部地区分别为 1.090 9 和 1.116 1，同时，三个地区的合理化水平变动均有所下降。

表 4 – 10　2010—2016 年中国各地区农业产业合理化水平变动情况

地区	产业类型	2010	2011	2012	2013	2014	2015	2016	均值
东部	整体产业	0.686 1	0.675 6	0.686 3	0.689 2	0.709 5	0.720 6	0.751 5	0.702 7
	资源密集型	0.610 1	0.659 4	0.650 2	0.622 9	0.612 6	0.588 3	0.610 5	0.622 0
	劳动密集型	0.035 6	0.031 0	0.041 3	0.044 6	0.051 5	0.049 7	0.059 0	0.044 7
	资本技术型	0.203 4	0.208 7	0.208 8	0.236 5	0.217 5	0.209 2	0.189 0	0.210 4
中部	整体产业	1.034 0	1.071 5	1.073 6	1.081 4	1.105 3	1.121 9	1.148 6	1.090 9
	资源密集型	0.724 5	0.778 5	0.749 4	0.741 3	0.731 1	0.743 5	0.789 9	0.751 2
	劳动密集型	0.048 7	0.034 5	0.058 4	0.064 3	0.072 9	0.083 3	0.094 2	0.065 2
	资本技术型	0.149 2	0.113 4	0.128 6	0.147 3	0.144 3	0.137 8	0.107 7	0.132 6
西部	整体产业	1.087 4	1.089 0	1.059 1	1.113 9	1.133 8	1.156 8	1.172 4	1.116 1
	资源密集型	0.516 9	0.553 6	0.521 4	0.508 1	0.483 9	0.475 1	0.477 6	0.505 2
	劳动密集型	0.006 3	0.003 3	0.013 9	0.027 5	0.034 1	0.042 6	0.059 4	0.026 8
	资本技术型	0.238 4	0.223 4	0.231 5	0.204 9	0.174 3	0.149 9	0.130 4	0.193 3

数据来源：根据《中国统计年鉴》、《中国工业经济统计年鉴》、《中国经济普查年鉴》、《中国第二次全国农业普查资料汇编》和各省统计年鉴相关数据整理计算所得。

从资源密集型农业产业内部结构来看，西部地区的合理化水平最高，均值为 0.505 2，东部和中部地区分别为 0.622 0 和 0.751 2，同时，只有西部地区的合理化水平整体呈上升变动，东部和中部合理化水平于 2011 年后虽有所上升，但均于 2016 年出现下滑；从劳动密集型农业产业内部结构来看，仍是西部地区的合理化水平最高，均值为 0.026 8，东部和中部地区分别为 0.044 7 和 0.065 2，同时，三个地区的合理化水平均有所下降；从资本技术密集型农业产业内部结构来看，中部地区的合理化水平最高，均值为 0.1326，西部和东部地区分别为 0.193 3 和 0.210 4，同时，西部地区合理化水平上升幅度最大、最为明显，中部和东部地区自 2013 年后亦呈较明显上升。

可见，整体产业结构属东部地区最为合理，资源密集型和劳动密集型产业结构属西部地区最为合理，资本技术密集型产业结构属中部地区最为合理。

4.2.2.3 整体北京最合理，资源密集型新疆最合理，资本技术密集型青海最合理，劳动密集型省份变动大

2010—2016年中国农业产业合理化水平排名前三的省份变动情况见表4-11所示。从农业产业整体来看，北京、上海和海南常年位居前三，尤其北京和海南的合理化水平在不断提高；从资源密集型农业产业来看，新疆、西藏和青海常年位居前三，其中新疆和青海近三年合理化水平不断提高；从劳动密集型农业产业来看，每年排进前三位的省份变化较大，年均合理化水平较高的为河南、福建和浙江；从资本技术密集型农业产业来看，青海和天津常居前两位，2013年以前辽宁能排进前三，近三年山东超过辽宁排进前三。可见，农业产业整体结构主要为北京和上海交替第一，资源密集型为新疆稳居第一，劳动密集型省份变动较大，主要集中于中部和东部地区，资本技术密集型青海稳居第一。

表4-11 2010—2016年中国农业产业合理化水平排名前三位的省份变动情况

产业	位次	2010	2011	2012	2013	2014	2015	2016	均值
整体产业	1	上海	上海	上海	北京	北京	北京	海南	北京
		0.203 8	0.241 3	0.297 5	0.319 0	0.320 7	0.359 1	0.355 0	0.342 4
	2	北京	海南	北京	海南	海南	海南	浙江	上海
		0.319 2	0.285 6	0.311 8	0.351 9	0.367 9	0.375 1	0.420 2	0.357 3
	3	新疆	北京	海南	上海	上海	浙江	北京	海南
		0.327 7	0.326 2	0.343 1	0.354 5	0.404 0	0.439 9	0.440 9	0.352 7
资源密集型	1	新疆	新疆	新疆	新疆	新疆	新疆	新疆	新疆
		0.092 4	0.102 9	0.100 9	0.127 6	0.125 8	0.123 9	0.106 1	0.111 4
	2	西藏	西藏	西藏	西藏	西藏	西藏	青海	西藏
		0.144 9	0.144 1	0.146 3	0.143 5	0.137 0	0.129 2	0.195 0	0.168 4
	3	青海	青海	青海	青海	青海	青海	北京	青海
		0.169 1	0.182 3	0.185 8	0.188 6	0.203 7	0.196 1	0.323 9	0.188 6
劳动密集型	1	河南	四川	河南	河南	山西	福建	宁夏	河南
		0.003 2	0.002 3	0.004 4	0.003 5	0.005 1	0.007 7	0.000 0	0.013 3
	2	河北	浙江	河北	福建	福建	辽宁	福建	福建
		- 0.005 6	0.006 0	- 0.005 6	0.015 5	0.011 4	0.010 0	0.003 4	0.013 5
	3	四川	河北	辽宁	浙江	海南	山西	海南	浙江
		- 0.005 7	- 0.009 7	- 0.007 6	0.017 0	- 0.012 7	- 0.011 9	0.011 9	0.014 6

产业	位次	2010	2011	2012	2013	2014	2015	2016	均值
资本技术密集型	1	辽宁	青海	青海	青海	青海	青海	青海	青海
		0.027 5	0.008 9	0.009 3	0.015 0	− 0.001 6	− 0.001 2	0.002 6	0.009 5
	2	青海	天津	辽宁	天津	天津	天津	天津	天津
		0.027 9	− 0.023 9	0.036 8	− 0.027 2	− 0.021 9	− 0.035 4	0.010 8	0.041 7
	3	河南	辽宁	天津	辽宁	山东	山东	山东	山东
		0.040 4	0.028 7	− 0.046 6	0.035 6	0.023 1	0.040 0	0.026 1	0.053 5

数据来源：根据《中国统计年鉴》、《中国工业经济统计年鉴》、《中国经济普查年鉴》、《中国第二次全国农业普查资料汇编》和各省统计年鉴相关数据整理计算所得。

4.2.3　农业产业高级化水平

通过产业结构高级化指标（公式 4 − 2），可测算出中国及各地区省市农业产业结构高级化水平变动情况。

4.2.3.1　全国农业产业高级化水平呈缓慢上升状态

2010—2016 年中国农业产业高级化水平变动情况见表 4 − 12 所示。全国农业产业高级化水平从 2010 年的 2.36 到 2015 年的 2.73，逐年提升，但 2016 年又稍有下降，降为 2.72，总体上，全国农业产业高级化水平呈上升状，年均增速为 2.4%。

4.2.3.2　东部高级化水平最高，中部高级化提升最快

2010—2016 年中国各地区农业产业高级化水平变动情况见表 4 − 12 所示。从产业高级化绝对水平来看，东部地区产业高级化水平最高，均值为 4.03，其次为中部地区，均值为 2.04，最后为西部地区，均值为 1.24；从产业高级化水平增速来看，中部地区年均增速最快，从 2010 年的 1.54 增长到 2016 年的 2.39，年均增速 7.61%，其次为西部地区，年均增速为 2.89%，最后为东部地区，年均增速为 0.99%；从产业高级化水平变动来看，中部地区除 2016 年略有下滑外，整体上升趋势显著，西部地区呈波动性增长变动，东部地区则呈先上升后下降的变动，增长幅度最小。可见，东部地区虽然产业高级化水平最高，但历年来提升幅度最小；中部地区高级化水平上升明显，增速最快。

表4-12 2010—2016年中国农业产业高级化水平变动情况

年份	全国	东部	中部	西部
2010	2.36	3.83	1.54	1.11
2011	2.48	3.90	1.79	1.20
2012	2.56	4.02	1.92	1.18
2013	2.67	4.12	2.08	1.26
2014	2.73	4.17	2.22	1.29
2015	2.73	4.09	2.32	1.32
2016	2.72	4.07	2.39	1.31
均值	2.61	4.03	2.04	1.24
年均增速	2.40%	0.99%	7.61%	2.89%

数据来源：根据《中国统计年鉴》、《中国工业经济统计年鉴》、《中国经济普查年鉴》、《中国第二次全国农业普查资料汇编》和各省统计年鉴相关数据整理计算所得。

4.2.3.3 天津、河南和江西有更好的高级化提升趋势

2010—2016年中国各省农业产业高级化水平变动情况见表4-13所示。从产业高级化绝对水平来看，均值排名前十位的省份分别为上海（14.03）、天津（8.24）、浙江（6.56）、山东（4.73）、广东（4.66）、福建（4.58）、江苏（4.39）、北京（3.93）、河南（2.58）和江西（2.47），可见，绝大部分为东部地区省份，除河北、海南和辽宁外，其余八个东部省份则排在前八位。另外，高级化水平最低的三个省份分别为西藏（0.26）、海南（0.32）和新疆（0.42）。从产业高级化水平增速来看，年均增速排名前十位的省份分别为青海（14.35%）、西藏（10.50%）、江西（10.21%）、天津（10.01%）、湖北（9.93%）、河南（9.85%）、安徽（9.69%）、陕西（7.47%）、宁夏（7.38%）和广西（7.27%）。另外，高级化水平呈下降变动的有辽宁（-17.58%）、海南（-4.75%）、浙江（-2.25%）、黑龙江（-0.38%）、广东（-0.38%）和内蒙古（-0.25%）。可见，高级化水平提升较快的省份中除天津属于东部地区外，其他省份均属中西部地区，同时，高级化水平下降的省份中多数属于东部地区，这表明虽然东部地区省份的高级化水平相对较高，但近几年提升的幅度远低于中西部地区省份，主要原因可能是东

部地区其他非农工业的发展挤压了农产品加工业的要素和市场，因此，中西部是农业产业高级化的潜力发展区域。另外，从产业高级化水平和增速综合来看，天津、河南和江西在高级化水平位列前十的基础上，还拥有较快的提升速度，因此，可能具有更好的发展趋势。

表4-13 2010—2016年中国各省农业产业高级化水平变动情况

省份	2010	2011	2012	2013	2014	2015	2016	均值	年均增速
北京	3.99	4.00	3.86	3.73	3.68	3.95	4.32	3.93	1.35%
天津	5.40	6.99	8.65	8.85	8.94	9.28	9.58	8.24	10.01%
河北	1.37	1.60	1.67	1.73	1.82	1.85	1.95	1.71	6.12%
上海	13.71	13.71	13.98	14.07	14.02	14.36	14.37	14.03	0.78%
江苏	4.42	4.10	4.18	4.38	4.53	4.47	4.63	4.39	0.79%
浙江	7.00	6.54	6.55	6.53	6.73	6.49	6.10	6.56	-2.25%
福建	3.93	4.37	4.42	4.62	4.83	5.02	4.89	4.58	3.72%
山东	4.13	4.40	4.82	4.81	4.86	4.93	5.17	4.73	3.81%
广东	4.66	4.66	4.35	4.75	4.82	4.83	4.56	4.66	-0.38%
海南	0.38	0.30	0.32	0.33	0.32	0.31	0.28	0.32	-4.75%
山西	0.54	0.60	0.63	0.65	0.60	0.56	0.56	0.59	0.81%
安徽	1.49	1.88	2.07	2.23	2.43	2.54	2.60	2.18	9.69%
江西	1.70	1.86	2.20	2.49	2.91	3.06	3.05	2.47	10.21%
河南	1.87	2.25	2.35	2.56	2.78	3.01	3.28	2.58	9.85%
湖北	1.59	1.91	2.25	2.49	2.72	2.85	2.80	2.37	9.93%
湖南	1.41	1.64	1.61	1.77	1.83	1.89	1.88	1.72	4.93%
内蒙古	1.58	1.55	1.44	1.49	1.43	1.50	1.56	1.51	-0.25%
广西	1.02	1.16	1.36	1.46	1.53	1.58	1.55	1.38	7.27%
重庆	1.38	1.41	1.47	1.66	1.81	1.86	1.83	1.63	4.88%
四川	1.63	1.78	1.62	1.79	1.83	1.79	1.70	1.73	0.79%
贵州	0.84	1.26	0.97	1.12	1.07	1.00	1.03	1.04	3.48%
云南	0.95	0.89	0.95	0.92	0.95	0.98	0.97	0.94	0.31%
西藏	0.19	0.22	0.21	0.22	0.29	0.36	0.34	0.26	10.50%

省份	2010	2011	2012	2013	2014	2015	2016	均值	年均增速
陕西	0.87	0.90	1.00	1.08	1.18	1.30	1.35	1.10	7.47%
甘肃	0.51	0.52	0.63	0.66	0.70	0.64	0.66	0.62	4.51%
青海	0.50	0.46	0.56	0.63	0.79	1.03	1.13	0.73	14.35%
宁夏	1.10	1.11	1.20	1.31	1.56	1.62	1.69	1.37	7.38%
新疆	0.37	0.38	0.38	0.40	0.44	0.46	0.51	0.42	5.24%
辽宁	2.25	2.32	2.68	2.71	2.34	1.39	0.71	2.06	-17.58%
吉林	1.86	2.05	2.29	2.38	2.43	2.46	2.62	2.30	5.88%
黑龙江	1.02	1.04	1.04	1.12	1.06	1.01	1.00	1.04	-0.38%

数据来源：根据《中国统计年鉴》、《中国工业经济统计年鉴》、《中国经济普查年鉴》、《中国第二次全国农业普查资料汇编》和各省统计年鉴相关数据整理计算所得。

4.3　本章小结

本章从产业规模和结构的角度对中国农业高质量发展情况进行了分析，结果显示，产业规模逐年递增但增速放缓，产业高级化水平不断提升，但合理化水平却有所下降。其中，农产品加工业增长虽较为迅速，但相对于美日等发达国家，仍存在产出效率偏低、加工深度不足和技术水平落后等主要差距。从农业产业内部结构来看，劳动密集型农业产业规模处于主导地位，结构合理化水平最高；资本技术密集型农业产业增速相对较快，结构合理化水平提升最为显著。从农业产业地区分布来看，东部地区总体规模最大，尤其东部劳动密集型农业产业的产出更具优势，整体产业结构合理化和高级化水平最高；但中西部产业尤其是劳动密集型和资本技术密集型农业产业的增速更快，同时，中部地区结构高级化提升最显著，资本技术密集型农业产业的合理化水平最高，西部地区的资源密集型和劳动密集型农业产业的合理化水平最高。可见，目前中国农业劳动密集型和资本技术密集型产业以及中西部农业产业的发展水平和速度已呈现更好的发展潜力，这与农产品出口贸易特点极为吻合。虽然，出口贸易本身即反映国内产业供给能力，但其首先应取决于国外需求水平。出口企业往往代表了本国产业中更具品质优势和技术优势的竞争力更强的供给者，国际市场对出口企业产品规模和质量水平的要求必然会通过企业间的竞争角逐，向整个产业渗透和扩散，最终将会带动整体产业的进步和发展。但依照中国目前实际的发展状况，农产品出口的规模和质量究竟会对农业产业高质量发展带来怎样的影响，是否会拉动农业产业的规模增长和结构升级，以及是通过何种途径影响和带动的，这些将在第5、6章进行探讨。

第5章

农产品出口影响农业产业的实证检验

中国是"农业大国",其农产品出口在世界农产品总出口中的地位举足轻重,且逐年攀升,但却非"农业强国",其农业产业技术水平明显落后于美日等发达国家。目前,中国劳动密集型和资本技术密集型农产品以及东部地区农产品出口已具备良好的发展优势,中西部农产品的出口潜力也已突显,同时,中国农业产业尤其劳动密集型和资本技术密集型以及中西部产业的整体发展速度和提升幅度也在明显加大。这其中,本国优势竞争力的出口贸易在国内农业产业的整体增长和水平提升的拉动上是否起到重要的积极影响?其高质量出口对农业产业发挥了多大作用?这些问题将在本章进行实证检验。

5.1 研究方法与模型构建

本章采用省级面板数据研究农产品出口高质量对农业产业高质量发展的影响,分别从"量"和"质"两个角度衡量出口和产业的"高质量"水平。相对于单一时点的截面数据或时间序列数据而言,同时兼顾时间和个体两个维度,可提高估计的有效性和可靠性。

5.1.1 研究方法

本章分两个阶段对中国农产品出口如何影响农业产业进行实证检验。第一阶段作为基准回归,从静态角度对影响方向和影响程度进行初步检验,运用静态面板模型,分析农产品出口规模和出口质量对农业产业增长和产业升级的静态影响;第二阶段从动态角度对影响冲击和贡献力度进行实证检验,运用面板向量自回归模型结合动态 GMM 估计,检验农产品出口规模和出口质量对农业产业增长和产业升级的动态影响，并分析农业产业增长和产业升级各自应对农产品出口规模及出口质量的冲击响应，以及出口规模和质量在影响产业发展各因素中的贡献力度。

5.1.2　模型构建

基于理论分析，为了从不同层面检验中国农产品出口贸易对农业产业发展的影响，本章分别从出口和产业的"量"和"质"两个层面展开。在被解释变量的选取上，分别以农业产业规模化指标（即农业产业总产值）来代表农业产业规模增长状况，以农业产业合理化指标和高级化指标来代表农业产业结构升级状况；在解释变量的选取上，则从农产品出口规模（即出口额）和出口质量（即出口技术复杂度）两个角度分别进行检验。具体形式如下：

（1）静态面板模型

根据被解释变量和解释变量的不同设定，可以从以下三个层面构建静态面板模型：

第一，农产品出口规模和出口质量对农业产业规模化的影响：

$$\ln Y_{it} = \alpha_0 + \alpha_1 \ln EX_{it} + \sum_{n=2}^{k} \alpha_n Control_{nit} + \eta_i + \mu_t + \varepsilon_{it} \qquad (5-1)$$

$$\ln Y_{it} = \beta_0 + \beta_1 \ln EXTS_{it} + \sum_{n=2}^{k} \beta_n Control_{nit} + \eta'_i + \mu'_t + \varepsilon'_{it} \qquad (5-2)$$

第二，农产品出口规模和出口质量对农业产业合理化的影响：

$$IR_{it} = \alpha_0 + \alpha_1 \ln EX_{it} + \sum_{n=2}^{k} \alpha_n Control_{nit} + \eta_i + \mu_t + \varepsilon_{it} \qquad (5-3)$$

$$IR_{it} = \beta_0 + \beta_1 \ln EXTS_{it} + \sum_{n=2}^{k} \beta_n Control_{nit} + \eta'_i + \mu'_t + \varepsilon'_{it} \qquad (5-4)$$

第三，农产品出口规模和出口质量对农业产业高级化的影响：

$$IS_{it} = \alpha_0 + \alpha_1 \ln EX_{it} + \sum_{n=2}^{k} \alpha_n Control_{nit} + \eta_i + \mu_t + \varepsilon_{it} \qquad (5-5)$$

$$IS_{it} = \beta_0 + \beta_1 \ln EXTS_{it} + \sum_{n=2}^{k} \beta_n Control_{nit} + \eta'_i + \mu'_t + \varepsilon'_{it} \qquad (5-6)$$

其中，$i = 1, \cdots, N$，代表样本单位；$t = 1, \cdots, T$，代表年度；$\ln Y_{it}$ 代表农业产业总产值的对数形式；IR_{it} 代表农业产业合理化指标；IS_{it} 代表农业产业高级化指标；$\ln EX_{it}$ 代表农产品出口额的对数形式；$\ln EXTS_{it}$ 代表农产品出口技术复杂度的对数形式；$Control_{nit}$ 代表控制变量；α_0，α_1，$\cdots$，α_n 和 β_1，β_2，$\cdots$，

β_n 分别代表方程回归系数；η_i（η_i'）、μ_t（μ_t'）和 ε_{it}（ε_{it}'）分别代表个体效应、时间效应和随机干扰项。

（2）面板向量自回归模型（PVAR）

面板向量自回归模型（PVAR）由 Holtz 等（1988）首次提出，之后在 Kao 等（1999）和 Westerlund（2005）等学者的发展下（孙正和张志超，2015），形成了兼具时间序列和面板数据双重优点的成熟模型，该模型不仅放松了对时间序列平稳性的假设，还便于对变量间的动态关系进行估量。借鉴 Holtz（1988）、Love 和 Zicchino（2006）的研究，本章构建的 PVAR 基本模型如下所示：

$$y_{it} = \gamma_{0t} + \sum_{l=1}^{m} \gamma_{lt} y_{it-l} + \varphi_i + \theta_t + u_{it} \qquad (5-7)$$

其中，$i = 1,\cdots,N$，代表样本单位；$t = 1,\cdots,T$，代表年度；y_{it} 代表核心变量的列向量；m 代表模型滞后阶数；γ_{0t} 和 γ_{lt} 分别代表方程回归的系数向量；φ_i、θ_t 和 u_{it} 分别代表个体效应、时间效应和随机干扰项。同时，假设 u_{it} 服从期望为 0，协方差为 Φ 的独立同分布，且假设 u_{it} 与 y_{it} 和 φ_i 正交。

具体到本研究，由于从三个层面分析农产品出口贸易对农业产业的影响，因此，在农产品出口对产业规模化影响的层面，y_{it} 包括农业产业总产值（$\ln Y$）、农产品出口额（$\ln EX$）和出口技术复杂度（$\ln EXTS$）三个列向量；在农产品出口对产业合理化影响的层面，y_{it} 包括农业产业合理化指标（IR）、农产品出口额（$\ln EX$）和出口技术复杂度（$\ln EXTS$）三个列向量；在农产品出口对产业高级化影响的层面，y_{it} 包括农业产业高级化指标（IS）、农产品出口额（$\ln EX$）和出口技术复杂度（$\ln EXTS$）三个列向量。另外，模型结果主要考察以农业产业总产值（$\ln Y$）、合理化指标（IR）和高级化指标（IS）为被解释变量的情况。

5.2 变量选取与数据处理

5.2.1 变量选取

5.2.1.1 被解释变量

（1）农业产业规模化指标（$\ln Y$）：本指标用来衡量中国各省份农业产业

的年产出水平。本应采用各行业增加值指标，但由于 2008 年后中国不再公布工业增加值，且各省年鉴中仅有少数省份公布了各行业的工业增加值，为了数据来源的统一性，借鉴傅元海等（2016）的做法，本书采用各行业总产值来表示农业产业的规模化生产情况。另外，将年鉴中 12 个农产品加工行业的规模以上工业总产值全部调整为全口径总产值，并运用农产品生产价格指数和工业生产者出厂价格指数分别将农林牧渔业和农产品加工业的总产值调整为以 2010 年为基期的可比产出。同时，考虑到变量平稳性和可能产生的异方差问题，对各行业总产值取对数处理。

（2）农业产业合理化指标（IR）：本指标用来衡量中国各省份农业产业的结构合理化水平。借鉴干春晖等（2011）的做法，本书采用泰尔指数来测度合理化水平。同样，由于产业增加值数据的不可得，参照傅元海等（2016）、陈文翔和周明生（2017）以及郭海霞（2017）等的做法，用产业总产值代替增加值计算泰尔指数，同时，公式中涉及的总产值及就业人数等指标均调整为全口径，并以 2010 年为基期进行核算。另外，为了更深入地分析资源密集型、劳动密集型和资本技术密集型农业产业各自内部结构的合理化程度，分别构建了资源密集型农业产业合理化指标（IR_1）、劳动密集型农业产业合理化指标（IR_2）和资本技术密集型农业产业合理化指标（IR_3）。

（3）农业产业高级化指标（IS）：本指标用来衡量中国各省份农业产业的结构高级化水平。借鉴干春晖等（2011）的做法，考虑目前中国农业产业的发展水平和阶段，以劳动与资本技术密集型农业产业与资源密集型农业产业之比作为中国农业产业高级化水平的衡量指标。同样，由于产业增加值数据的不可得，参照傅元海等（2016）、李政和杨思莹（2016）的做法，用产业总产值代替增加值计算产业高级化指标，同时，将各行业总产值均调整为全口径，并换算为以 2010 年为基期的可比价格进行核算。

5.2.1.2 核心解释变量

（1）农产品出口规模水平（$\ln EX$）：本指标采用中国各省份农产品出口额来衡量农产品出口规模水平。运用商品零售价格指数将出口额调整为以 2010 年为基期的可比价并对其取对数。基于理论分析，该指标对农业产业增长和产业升级均能起到促进作用。

（2）农产品出口质量水平（$\ln EXTS$）：本指标在 Hausmann 等（2005）的出口技术复杂度的基础上，借鉴 Xu 和 Lu（2009）对省级层面的处理方法，构建出省级出口技术复杂度指标，用来衡量中国各省份农产品出口质量水平。同时，将其调整为以 2010 年为基期的可比价并进行对数处理。基于理论分析，该指标对农业产业增长和产业升级均能起到促进作用。

5.2.1.3 控制变量

（1）地区经济增长水平（ $GDPg$ ）：本指标采用地区实际生产总值年增长率来衡量各省份经济增长水平。一般而言，经济发展速度越快的地区，工业发展水平相对越高，那么生产资源就更倾向于流向工业产业领域，从而挤压了农业产业尤其是农林牧渔业的生产投入，因此，越高的经济增长水平可能伴随着越低的农业产出水平；但是，经济发展越快的地区，调整产业配置结构的经验和能力可能会越高，应该越有利于产业合理化进程；同时，经济发展越快的地区，资本积累程度、生产技术水平、劳动生产能力相对越高（项光辉和毛其淋，2016），这些均为农业产业向高技术、高附加值产业的升级提供了更多的资源和更大的可能，因此，将有利于农业产业的高级化发展。

（2）地区工业发展水平（ IND ）：本指标采用地区工业生产总值占地区生产总值的比重来衡量各省份工业发展水平（易先忠等，2014；林桂军和黄灿，2013）。一般而言，工业发展水平越高的地区，要素资源越向工业领域集中，农业产业的要素投入则会相对减少，将不利于农业产业规模的增长；同时，农产品加工业作为工业领域中生产率和经济效益相对较低的工业行业，越是在工业发展水平高的地区，其受重工业或高端技术工业挤压的程度就会越大，也就越不利于其产业结构的合理化调整；但是，工业发展水平越高的地区，其先进生产技术的溢出性以及物质资本和人力资本的集聚性，会使得整体工业领域的生产先进性普遍提高，那么当地农产品加工业的技术水平也会普遍高于工业落后地区，因此，农业产业高级化水平相对要高。

（3）地区农业就业水平（ $\ln ENJ$ ）：本指标采用各省份农林牧渔业和农产品加工业就业人数来衡量各省份农业就业水平，并对其取对数处理（马颖等，2012）。一般而言，一个地区农业就业水平的高低可反映该地区农业产业的发展情况，对于劳动生产率水平相当的地区而言，就业水平越高说明产业规模越大，但是，对于劳动生产率有差异的地区而言，在相等的产业规模水平上，劳动生产率越高的地区，就业水平反而越低。因此，农业产业就业水平对农业产业产出的影响在生产率不同的地区，结果亦不相同，即在生产率较低的地区，就业水平越高，农业产出越大，而在生产率较高的地区，就业水平越低，农业产出越大。该规律同样适用于产业合理化调整方面。但是，对于产业高级化，就业水平通常为负向影响，因为同等产出规模下，越低的就业水平代表越高的劳动生产率，这就说明该产业的技术水平较为先进，代表了产业的高级化发展。

5.2.2 数据处理

5.2.2.1 描述性统计

由于受到数据可得性的限制，本章所用样本为 2010—2016 年中国省级面板数据，省份个体为 31 个。所有农产品贸易数据均来源于 UN Comtrade 数据库、国家统计局和中国海关总署数据库。所有农业产业及控制变量数据均来源于各年的《中国统计年鉴》、《中国工业经济统计年鉴》、《中国经济普查年鉴》和各省份统计年鉴。同时，有关规模以上工业统计的数据全部调整为全口径统计数据；有关价格的所有数据均利用对应的价格指数以 2010 年为基期进行平减处理；为提高序列平稳性，对所有带量纲的数据进行对数化处理。模型中各变量的描述性统计结果见表 5 – 1 所示。

表 5 – 1 模型中各变量的描述性统计

变量	定义	样本	均值	标准差	最小值	最大值
$\ln Y$	农业产业总产值的对数	217	8.631 5	1.279 9	4.757 4	10.928 2
IR	农业产业泰尔指数	217	0.865 3	0.327 3	0.203 8	1.738 5
IR_1	资源密集型农业产业泰尔指数	217	0.596 8	0.262 6	0.092 4	1.314 6
IR_2	劳动密集型农业产业泰尔指数	217	0.060 7	0.097 0	− 0.178 6	0.787 0
IR_3	资本技术密集型农业产业泰尔指数	217	0.200 2	0.226 8	− 0.065 0	1.413 2
IS	农业产业高级化指数	217	2.684 2	2.815 0	0.187 5	14.368 8
$\ln EX$	农产品出口额的对数	217	4.841 7	1.430 2	0.972 4	7.591 3
$\ln EXTS$	农产品出口技术复杂度的对数	217	1.457 2	0.161 6	1.149 7	1.710 2
$GDPg$	地区实际生产总值年增长率	217	0.101 4	0.027 9	− 0.025 0	0.174 0
IND	地区工业生产总值占地区生产总值的比重	217	0.382 2	0.099 4	0.068 1	0.530 4
$\ln ENJ$	地区农业就业人数的对数	217	6.505 9	1.044 7	4.229 2	7.956 7

5.2.2.2 多重共线性

在进行实证之前，需要对模型中的自变量进行多重共线性检验，以确保回归结果的准确性和严谨性。最常用的检验方法是采用方差膨胀因子 VIF，VIF 值越大说明多重共线性问题越严重，通常认为，最大的 VIF，即 $\max\{VIF_1, \cdots, VIF_k\}$，不超过 10，则说明不存在多重共线性问题（陈强，2014）。本章总样本中各自变量的 VIF 结果如表 5-2 所示，最大值为 2.68，远小于经验准则值 10，因此，本模型不存在显著的多重共线性问题，不会对本书的实证产生显著影响。

表 5-2 总样本中各自变量的方差膨胀因子 VIF 值

变量	VIF	$1/VIF$
$GDPg$	2.68	0.372 9
$\ln EXTS$	2.52	0.396 7
IND	1.53	0.651 8
$\ln ENJ$	1.52	0.656 1
$\ln EX$	1.41	0.710 5
VIF 均值	1.93	

5.2.2.3 平稳性检验

由于面板数据具有时间序列的特点，为了避免出现"伪回归"问题，需要对样本数据的平稳性进行检验。本章在权衡各类检验方法的优缺点后，采取 LLC 检验、IPS 检验和 Fisher-ADF 检验三种方法检验序列的平稳性，结果表明（表 5-3），各变量至少在 10% 的显著水平上拒绝了面板存在单位根的原假设，由此可判定该模型中各变量序列均为平稳序列。

表 5-3 模型中各序列平稳性检验结果

变量	LLC	IPS	Fisher-ADF	结论
$\ln Y$	-6.412 8 ***	-4.927 8 ***	141.501 4 ***	平稳
IR	-10.342 7 ***	-3.040 2 ***	120.676 2 ***	平稳
IR_1	-3.485 2 ***	-29.766 4 ***	127.540 9 ***	半稳
IR_2	-5.349 4 ***	-1.437 8 *	114.276 5 ***	平稳

变量	LLC	IPS	Fisher – ADF	结论
IR_3	– 7. 317 8 ***	– 1. 699 6 **	155. 289 3 ***	平稳
IS	– 6. 022 9 ***	– 10. 648 8 ***	174. 534 2 ***	平稳
$\ln EX$	– 11. 399 2 ***	– 15. 386 4 ***	157. 891 3 ***	平稳
$\ln EXTS$	– 51. 113 1 ***	– 34. 540 7 ***	107. 075 0 ***	平稳
$GDPg$	– 12. 387 0 ***	– 7. 286 2 ***	156. 009 3 ***	平稳
IND	– 5. 051 4 ***	– 10. 701 7 ***	109. 633 9 ***	平稳
$\ln ENJ$	– 3. 973 3 ***	– 22. 558 2 ***	122. 344 3 ***	平稳

注：＊＊＊、＊＊和＊分别表示在1%、5%和10%的显著水平下拒绝存在单位根的原假设。

5.3 静态影响实证分析

本节以2010—2016年31个省份面板数据为样本，利用Stata13软件，运用静态面板模型，从出口贸易对产业规模化、合理化和高级化的三个层面，实证检验农产品出口贸易对农业产业发展的影响。通过Hausman检验，对各模型采用固定效应模型（FE）或随机效应模型（RE）进行选择。同时，考虑到面板数据可能存在异方差、序列相关和截面相关等问题，对固定效应模型使用"xtscc，fe"命令进行回归，对随机效应模型使用vce（bootstrap）选项，以减弱异方差、自相关与截面相关对回归结果的影响，来获取稳健标准误（Driscoll和Kraay，1998；余东华和孙婷，2017）。另外，为考察影响关系的稳健性，将逐步引入控制变量。

5.3.1 农产品出口贸易对农业产业规模化的影响

5.3.1.1 农产品出口规模对农业产业规模化的影响

中国农产品出口规模对农业产业规模化增长的影响结果见表5－4所示。从全国范围来看，模型（5－1－1）检验了全国农产品出口规模对农业产业规模的直接影响，结果显示，农产品出口规模对农业产业规模化增长存在明显的正向促进作用，估计系数为 0.338 9，且至少在 1% 水平上显著，完全符合预期理论假设。在引入一系列控制变量后，如模型（5-1-2）所示，农产品出口规模对产业规模增长仍然为正向影响，估计系数为 0.144 8，且至少在 1% 水平上显著，这说明不论是否引入控制变量，农产品出口规模对产业规模增长存在稳健的影响。

从区域分布来看，模型（5-1-3）、模型（5-1-4）和模型（5-1-5）检验了各地区的影响情况，东部地区农产品出口规模对农业产业规模增长的影响最为显著，估计系数为 0.802 5，且至少在 1% 水平上显著；其次为中部地区，估计系数为 0.123 3，至少在 5% 水平上显著；最后为西部地区，估计系数仅为 0.068 3，且不显著。这表明，越是在经济水平发达的地区，出口规模的扩大越能带动产业规模的增长。这是因为，在经济相对发达的地区，其要素资源相对较为集中，且流动性较强，在出口规模扩大即国际市场需求扩大的情况下，可以更快地调整资本、劳动等要素资源配置，扩大生产以提供更多市场供给。因此，要素资源的配给效率是出口规模促进产业增长的关键所在。

从控制变量来看，地区经济增长水平（$GDPg$）对农业产业增长的影响不论于全国还是各地区均为负值，且非常显著，其原因在于，随着经济发展水平的逐步提高，越来越多的资源倾向于投入高科技工业领域以及服务业领域，农业产业作为低端、低效产业，在保障国民基本需求的基础上，其继续扩大的程度远低于其他行业领域，因此，在有限的资源配置下，高的经济增长往往会挤压农业产业的增长幅度。地区工业发展水平（IND）对农业产业增长的影响在全国和中西部地区呈较为显著的负向影响，在东部地区呈微弱的正向影响，这表明工业发展水平对农业产业增长主要为负向影响，其原因在于，随着工业发展水平的提高，资本和劳动等要素资源会更集中于工业领域，必将不利于农业产业规模的增长。地区农业就业水平（$\ln ENJ$）对农业产业增长的影响呈显著的负向影响，尤其对中部地区的负面影响最大，但西部地区的影响不显著，其原因可能是中部地区农业产业劳动生产率的提升速度要快于其他地区，其就业水平虽然呈下降趋势，但高的生产技术却带来了更大规模的产出水平。

表5-4　农产品出口规模影响农业产业规模化的静态面板估计结果

解释变量	被解释变量 lnY				
	全国		东部	中部	西部
	模型（5-1-1）	模型（5-1-2）	模型（5-1-3）	模型（5-1-4）	模型（5-1-5）
lnEX	0.338 9 ***	0.144 8 ***	0.802 5 ***	0.123 3 **	0.068 3
	(3.10)	(4.03)	(3.42)	(2.42)	(1.18)
GDPg		-4.696 6 ***	-2.179 9 **	-4.354 8 ***	-6.942 4 ***
		(-9.30)	(-2.29)	(-4.82)	(-7.16)
IND		-0.956 5 ***	1.332 9 *	-1.179 7 **	-1.598 9 ***
		(-7.29)	(1.97)	(-2.88)	(-5.74)
lnENJ		-0.797 1 ***	-1.715 4 ***	-2.534 3 ***	0.171 3
		(-8.89)	(-4.23)	(-9.36)	(1.25)
Cons	6.990 4 ***	13.958 6 ***	14.709 1 ***	27.374 7 ***	7.797 0 ***
	(11.84)	(19.21)	(12.48)	(13.94)	(8.97)
Hausman	14.06	63.83	24.47	29.05	22.15
	(0.0009)	(0.0000)	(0.0002)	(0.0000)	(0.0005)
模型形式	FE	FE	FE	FE	FE
R^2	0.126 0	0.595 2	0.472 8	0.875 9	0.755 7
N	217	217	77	56	84

注：＊＊＊、＊＊和＊分别表示在1%、5%和10%的显著水平，各变量系数对应的括号内数字为t值或z值，Hausman检验对应的括号内数字为p值。

5.3.1.2　农产品出口质量对农业产业规模化的影响

中国农产品出口质量对农业产业规模化增长的影响结果见表5-5所示。从全国范围来看，模型（5-1-6）检验了全国农产品出口质量对农业产业规模的直接影响，结果显示，农产品出口质量对农业产业规模化增长存在明显的正向促进作用，估计系数为1.235 9，且至少在1%水平上显著，完全符合预期理论假设，且影响系数要大于出口规模的影响（0.338 9），说明农产品出口质量比出口规模更能促进农业产业增长。在引入一系列控制变量后，如模型（5-1-7）所示，农产品出口质量对产业规模增长仍然为正向影响，估计系数为 1.585 6，且至少在 1% 水平上显著，这说明不论是否引入控制变量，农产品出口质量对产业规模增长存在稳健的影响。同时，该系数明显大于出口规模对产业规模的影响（0.144 8），说明农产品出口质量比出口规模更能提高农业产业规模化增长。

从区域分布来看，模型（5 - 1 - 8）、模型（5 - 1 - 9）和模型（5 - 1 - 10）检验了各地区的影响情况，三个地区农产品出口质量对农业产业规模增长的影响均通过 1% 显著性检验，其中，东部地区影响最大，估计系数为 1.981 7；其次为中部地区，估计系数为 1.564 1；最后为西部地区，估计系数为 1.367 5。这表明，越是在经济水平发达的地区，出口质量水平的提升越能带动产业规模的增长，原因在于高质量的出口通常具备高水准的生产技术和能力，这种技术和能力的溢出或渗透的程度和范围取决于当地产业的集聚程度和要素资源的配给情况，而在越发达的地区，产业集聚性越强，资源的可流动性和可利用性越大，也就为产业的吸收和扩大提供了更为便利的条件，因此，出口质量对产业增长的带动性会随着经济的发展而不断提高。另外，相比出口规模对产业规模的影响，三个地区出口质量的系数均大于出口规模的系数，说明在任何经济发展水平的地区，出口质量都比出口规模更能带动农业产业规模增长。

表 5 - 5　农产品出口质量影响农业产业规模化的静态面板估计结果

解释变量	被解释变量 $\ln Y$				
	全国		东部	中部	西部
	模型（5 - 1 - 6）	模型（5 - 1 - 7）	模型（5 - 1 - 8）	模型（5 - 1 - 9）	模型（5 - 1 - 10）
$\ln EXTS$	1.235 9 ***	1.585 6 ***	1.981 7 ***	1.564 1 ***	1.367 5 ***
	（10.85）	（6.91）	（3.47）	（27.64）	（9.46）
$GDPg$		0.882 7	1.341 9	1.294 0 ***	0.198 2
		（0.84）	（0.35）	（4.43）	（0.41）
IND		0.968 0 ***	4.931 7 ***	0.167 1	- 0.365
		（3.02）	（2.81）	（0.70）	（- 1.14）
$\ln ENJ$		0.400 3 *	0.571 3 ***	- 0.873 9 **	- 0.291 8
		（1.75）	（4.04）	（- 2.70）	（- 1.38）

解释变量	被解释变量 lnY				
	全国		东部	中部	西部
	模型 (5-1-6)	模型 (5-1-7)	模型 (5-1-8)	模型 (5-1-9)	模型 (5-1-10)
Cons	6.830 6 ***	3.257 1	0.716 8	12.801 8 ***	7.800 3 ***
	(22.04)	(1.61)	(0.43)	(5.28)	(4.94)
Hausman	2.41	18.75	1.64	13.78	25.94
	(0.2999)	(0.0021)	(0.8007)	(0.0080)	(0.0001)
模型形式	RE	FE	RE	FE	FE
R^2	0.769 9	0.785 2	0.738 4	0.958 4	0.897 5
N	217	217	77	56	84

注：＊＊＊、＊＊和＊分别表示在1%、5%和10%的显著水平，各变量系数对应的括号内数字为 t 值或 z 值，Hausman 检验对应的括号内数字为 p 值。

5.3.2 农产品出口贸易对农业产业合理化的影响

5.3.2.1 农产品出口规模对农业产业合理化的影响

中国农产品出口规模水平对农业产业合理化发展的影响结果见表 5-6 所示。从全国范围来看，模型（5-2-1）和模型（5-2-2）显示，全国农产品出口规模对农业产业合理化发展的影响，不论是否加入控制变量，均不显著。

表 5-6 农产品出口规模影响农业产业合理化的静态面板估计结果

解释变量	被解释变量 lnY				
	全国		东部	中部	西部
	模型 (5-2-1)	模型 (5-2-2)	模型 (5-2-3)	模型 (5-2-4)	模型 (5-2-5)
lnEX	0.005 8	0.005 2	0.192 2 ***	-0.020 5	-0.037 6 ***
	(0.14)	(0.55)	(4.27)	(-0.64)	(-4.41)
$GDPg$		-0.241 0	1.675 7 ***	-1.489 0 **	-1.345 4 *
		(-0.99)	(4.62)	(-2.41)	(-1.93)

解释变量	被解释变量 lnY				
	全国		东部	中部	西部
	模型 (5-2-1)	模型 (5-2-2)	模型 (5-2-3)	模型 (5-2-4)	模型 (5-2-5)
IND		- 0.739 7 ***	- 0.420 7	0.293 2	- 1.482 1 ***
		(- 5.52)	(- 1.13)	(1.02)	(- 4.45)
ln*ENJ*		- 0.141 0 ***	- 0.559 4 **	- 0.406 6 *	0.299 0
		(- 3.93)	(- 2.47)	(- 2.27)	(1.21)
Cons	0.837 1 ***	2.064 4 ***	2.910 7 **	4.024 6 **	- 0.069 3
	(4.25)	(8.00)	(2.84)	(2.89)	(- 0.04)
Hausman	2.99	25.09	22.41	10.97	15.35
	(0.224 0)	(0.000 1)	(0.000 4)	(0.051 9)	(0.004 0)
模型形式	RE	FE	FE	FE	FE
R^2	0.007 7	0.143 2	0.327 7	0.393 9	0.329 5
N	217	217	77	56	84

注：＊＊＊、＊＊和＊分别表示在1%、5%和10%的显著水平，各变量系数对应的括号内数字为 t 值或 z 值，Hausman 检验对应的括号内数字为 p 值。

从区域分布来看，模型 (5-2-3)、模型 (5-2-4) 和模型 (5-2-5) 检验了各地区的影响情况，东部地区农产品出口规模对农业产业合理化为正向影响，估计系数为 0.1922，且通过 1% 的显著性检验，由于产业合理化指标 *IR* 即泰尔指数，越趋近于零代表产业越合理，则说明东部地区农产品出口规模增长并不利于农业产业合理化水平的提升；中部地区的影响不显著；西部地区为负向影响，估计系数为 - 0.0376，且通过 1% 的显著性检验，说明西部地区农产品出口规模增长有利于提高农业产业合理化水平。这表明，西部地区扩大农产品出口规模对农业产业合理化的调整比东部和中部地区更加有效。其主要原因是，东部作为经济相对发达的地区，农业产业的合理化水平整体高于中部和西部地区，但产业结构的调整空间相对狭小，仅通过出口规模的扩大，已无法带动产业结构合理化水平的提升；而西部地区当前的农业产业合理化水平最低，产业布局空间和发展潜力最大，出口规模的扩大尚能有效提升产业合理化水平。

从控制变量来看，地区经济增长水平（GDPg）对农业产业合理化的影响虽然从全国整体来看并不显著，但从各区域来看，均产生了显著影响。其中，东部地区经济增长不利于农业产业合理化提升，影响系数为1.675 7，通过1%显著性检验；中部和西部地区的经济增长则均能促进农业产业合理化调整，影响系数分别为－1.489 0和－1.345 4，分别在5%和10%水平上显著。这表明，东部地区由于经济已经相对较为发达，各类型产业的布局和要素配置均呈相对饱和状态，经济增长越快，农业产业的发展空间和调整格局会越显局促。而在中西部地区，各新兴工业及服务业发展相对落后，反而为农业产业发展提供了相对更多的机会，在经济增长促进产业发展的同时，农业产业向合理化调整的空间相对越大。地区工业发展水平（IND）对农业产业合理化的影响从全国整体来看，呈促进作用，影响系数为－0.739 7，且在1%水平上显著，其在西部地区的促进影响也非常显著，估计系数为－1.482 1，在1%水平上显著，而在东、中部地区则不显著。这表明，虽然总体上工业发展水平能促进农业产业合理化调整，但主要发挥作用的还是在西部地区，主要原因在于，西部地区工业发展水平相对落后，农产品加工业在工业中的比重略高于于东、中部地区，其受重工业或高科技工业挤占的程度较轻，随着工业发展水平的提高，其农业产业结构合理化调整的空间相对较大。地区农业就业水平（lnENJ）对农业产业合理化调整为促进作用，除在西部地区不显著外，全国和东、中部地区均呈显著影响。这说明我国目前整体农业产业仍属于粗放型发展模式，劳动要素的投入对产业结构的调整仍起到较为重要的影响。

从农产品出口规模对资源密集型、劳动密集型和资本技术密集型三类农业产业各自内部结构合理化调整的影响来看（表5-7），农产品出口规模并未对资源密集型农业产业合理化起到显著影响；东部和西部农产品出口规模增长促进了劳动密集型农业产业合理化调整，影响系数分别为－0.100 0和－0.030 9，均在5%水平上显著；而中部和西部农产品出口规模增长却不利于资本技术密集型农业产业合理化调整，影响系数分别为0.053 5和0.031 4，均在1%水平上显著。从控制变量来看，经济增长不利于资源密集型农业产业合理化调整，而有利于劳动密集型尤其是东、西部地区劳动密集型农业产业合理化调整，在东部地区则不利于资本技术密集型农业产业合理化调整；工业发展有利于西部地区劳动密集型农业产业合理化调整，有利于东部和中部地区资本技术密集型农业产业合理化调整；农业就业水平提高有利于中部地区资源密集型和劳动密集型农业产业合理化调整，但在所有地区均不利于资本技术密集型农业产业合理化调整。

表5-7 农产品出口规模影响三类农业内部结构合理化的静态面板估计结果

解释变量	被解释变量 IR_1				被解释变量 IR_2				被解释变量 IR_3			
	全国	东部	中部	西部	全国	东部	中部	西部	全国	东部	中部	西部
	模型 (5-2-6)	模型 (5-2-7)	模型 (5-2-8)	模型 (5-2-9)	模型 (5-2-10)	模型 (5-2-11)	模型 (5-2-12)	模型 (5-2-13)	模型 (5-2-14)	模型 (5-2-15)	模型 (5-2-16)	模型 (5-2-17)
lnEX	0.005 1	0.007 0	0.031 1	-0.013 3	-0.013 6	-0.100 0***	-0.023 5	-0.030 9***	0.020 3	0.014 7	0.053 5***	0.031 4***
	(0.26)	(0.09)	(1.27)	(-0.60)	(-1.05)	(-3.09)	(-0.75)	(-2.28)	(0.89)	(0.18)	(3.89)	(4.44)
GDPg	0.473 5*	0.390 4	0.850 2***	0.800 4***	-0.617 0***	-0.566 4***	-0.076 0	-0.527 0***	0.491 4	1.149 0***	-0.016 0	0.099 6
	(1.85)	(0.69)	(3.09)	(2.02)	(-2.24)	(-3.75)	(-0.11)	(-5.91)	(0.98)	(5.77)	(-0.05)	(0.39)
IND	-0.069 7	0.175 9	-0.297 0	-0.252 0	-0.020 0	-0.108 0	-0.111 0	-0.304 8***	-0.403 3*	-2.244 0***	-0.416 1***	0.423 4***
	(-0.40)	(0.30)	(-1.53)	(-1.09)	(-0.16)	(-0.73)	(-0.33)	(-7.51)	(-1.74)	(-7.41)	(-2.73)	(2.56)
lnENJ	0.069 9*	0.019 2	-0.494 8***	0.154 8***	-0.012 6	0.027 3	-0.828 2***	0.159 1***	-0.008 5	0.522 3***	0.656 4***	0.309 8***
	(1.85)	(0.20)	(-4.87)	(2.61)	(-0.58)	(0.71)	(-4.30)	(4.30)	(-0.16)	(5.24)	(8.48)	(7.26)
Cons	0.095 9	0.334 3	4.188 5***	-0.472 0	0.278 5***	0.584 0	6.100 3***	-0.677 0***	0.261 9	-2.376 4***	-4.556 8***	-2.054 5***
	(0.46)	(0.95)	(4.99)	(-1.44)	(2.02)	(1.54)	(4.23)	(-2.30)	(0.86)	(-2.76)	(-7.64)	(-7.27)
Hausman	5.81	4.98	17.56	1.62	4.77	10.00	8.49	10.11	6.33	10.13	31.76	11.90
	(0.325 6)	(0.418 9)	(0.003 5)	(0.898 3)	(0.444 5)	(0.075 3)	(0.075 1)	(0.038 7)	(0.275 8)	(0.071 5)	(0.000 0)	(0.018 2)
模型形式	RE	RE	FE	RE	RE	FE	FE	FE	RE	FE	FE	FE
R2	0.055 6	0.135 3	0.131 4	0.187 7	0.094 5	0.189 9	0.145 0	0.265 5	0.019 6	0.260 1	0.464 8	0.145 6
N	217	77	56	84	217	77	56	84	217	77	56	84

注：***、**、*分别表示在1%、5%和10%的显著水平，各变量系数对应的括号内数字为t值或z值，Hausman检验对应的括号内数字为p值。

5.3.2.2　农产品出口质量对农业产业合理化的影响

中国农产品出口质量对农业产业合理化的影响结果见表5-8所示。从全国范围来看，模型（5-2-18）结果显示，全国农产品出口质量对农业产业合理化存在明显正向直接影响，估计系数为0.245 3，且在1%水平上显著，说明农产品出口质量并不利于农业产业合理化调整。在引入控制变量后，如模型（5-2-19）所示，回归系数仍为正向。

表5-8　农产品出口质量影响农业产业合理化的静态面板估计结果

解释变量	被解释变量 IR				
	全国		东部	中部	西部
	模型 （5-2-18）	模型 （5-2-19）	模型 （5-2-20）	模型 （5-2-21）	模型 （5-2-22）
ln*EXTS*	0.245 3***	0.367 0***	0.493 5***	0.249 0**	0.108 1
	(13.77)	(4.13)	(3.98)	(3.20)	(1.71)
GDPg		1.166 6**	2.515 0***	-0.356 4	-0.639 9
		(2.49)	(3.17)	(-0.52)	(-0.67)
IND		-0.335 3**	0.418 9	0.388 5**	-1.373 4***
		(-2.12)	(0.58)	(2.50)	(-4.36)
ln*ENJ*		0.150 3*	0.099 3**	-0.122 3	0.323 7
		(2.00)	(2.14)	(-1.20)	(1.21)
Cons	0.507 8***	-0.637 7	-1.153 0***	1.405 8*	-0.645 2
	(19.18)	(-0.96)	(-3.70)	(1.94)	(-0.41)
Hausman	6.69	20.42	1.42	21.80	43.65
	(0.035 3)	(0.001 0)	(0.841 2)	(0.000 2)	(0.000 0)

解释变量	被解释变量 IR				
	全国		东部	中部	西部
	模型 (5-2-18)	模型 (5-2-19)	模型 (5-2-20)	模型 (5-2-21)	模型 (5-2-22)
模型形式	FE	FE	RE	FE	FE
R²	0.1905	0.2124	0.4575	0.4240	0.3247
N	217	217	77	56	84

注：＊＊＊、＊＊和＊分别表示在1%、5%和10%的显著水平，各变量系数对应的括号内数字为t值或z值，Hausman检验对应的括号内数字为p值。

从区域分布来看，模型（5-2-20）、模型（5-2-21）和模型（5-2-22）检验了各地区的影响情况，东部和中部地区的农产品出口质量显著不利于农业产业合理化调整，估计系数分别为0.4935和0.2490，分别在1%和5%水平上显著。西部地区的影响不显著。可见，农产品出口质量的提高并不能带动农业产业合理化水平的提升。另外，相比出口规模对产业合理化的影响，出口质量似乎更不利于产业合理化程度的提高，尤其在西部地区，出口质量则不如出口规模更能促进农业产业合理化调整。

从农产品出口质量对资源密集型、劳动密集型和资本技术密集型三类农业产业各自内部结构合理化调整的影响来看（表5-9），农产品出口质量并未对资源密集型农业产业合理化起到显著影响；对于劳动密集型农业产业，西部地区出口质量显著不利于其产业合理化；对于资本技术密集型农业产业，西部地区出口质量反而显著有利于其合理化的提升。

表5-9　农产品出口质量影响三类农业产业内部结构合理化的静态面板估计结果

解释变量	被解释变量 IR_1				被解释变量 IR_2				被解释变量 IR_3			
	全国 模型 (5-2-23)	东部 模型 (5-2-24)	中部 模型 (5-2-25)	西部 模型 (5-2-26)	全国 模型 (5-2-27)	东部 模型 (5-2-28)	中部 模型 (5-2-29)	西部 模型 (5-2-30)	全国 模型 (5-2-31)	东部 模型 (5-2-32)	中部 模型 (5-2-33)	西部 模型 (5-2-34)
lnEXTS	0.023 6	-0.000 9	-0.012 9	-0.007 9	0.139 5***	-0.031 7	0.285 1	0.176 9***	-0.179 2***	-0.181 5	-0.193 9	-0.237 4***
	(0.36)	(-0.00)	(-0.08)	(-0.07)	(2.23)	(-1.23)	(1.81)	(5.61)	(-2.01)	(-0.51)	(-0.67)	(-10.81)
GDPg	0.556 2	0.360 6	0.617 0*	0.833 9	0.178 9	-0.389 6***	1.221 2	0.527 6***	-0.469 5	0.223 7	-0.796 0	-1.281 9***
	(1.39)	(0.28)	(2.12)	(0.93)	(0.80)	(-2.36)	(1.27)	(2.58)	(-0.82)	(0.09)	(-0.43)	(-3.45)
IND	-0.038 1	0.186 2	-0.245 9	-0.265 3	0.034 5	-0.278 0***	-0.002 1	-0.134 7*	-0.532 7*	-1.807 4	-0.452 4	0.198 0*
	(-0.18)	(0.16)	(-0.58)	(-0.73)	(0.24)	(-3.50)	(-0.02)	(-2.15)	(-1.91)	(-1.11)	(-0.67)	(2.19)
lnENJ	0.074 7*	0.022 5	-0.524 5*	0.148 2*	-0.020 9	-0.001 8	-0.502 6***	0.155 9***	-0.007 1	0.025 1	0.123 6*	0.328 6***
	(1.68)	(0.22)	(-2.18)	(2.21)	(-1.04)	(-0.03)	(-5.41)	(3.08)	(-0.12)	(0.19)	(1.75)	(4.80)
Cons	0.034 8	0.356 8	4.547 6*	-0.468 3	-0.038 1	0.251 9	3.101 3***	-1.209 5***	0.759 0*	1.005 6	-0.171 2	-1.475 9***
	(0.09)	(0.35)	(2.18)	(-0.82)	(-0.28)	(0.61)	(3.94)	(-3.76)	(1.85)	(0.71)	(-0.18)	(-3.45)
Hausman	5.62	5.78	17.34	0.57	3.14	11.01	10.53	10.69	3.50	7.29	7.50	15.25
	(0.345 1)	(0.216 4)	(0.003 9)	(0.989 4)	(0.679 0)	(0.051 3)	(0.032 4)	(0.030 3)	(0.623 2)	(0.121 2)	(0.186 3)	(0.004 2)
模型形式	RE	RE	FE	RE	RE	FE	FE	FE	RE	RE	RE	FE
R2	0.056 1	0.131 6	0.113 7	0.179 2	0.114 3	0.141 2	0.166 5	0.304 8	0.058 2	0.255 3	0.297 5	0.191 0
N	217	77	56	84	217	77	56	84	217	77	56	84

注：***、**、*和*分别表示在1%、5%和10%的显著水平，各变量系数对应的括号内数字为t值或z值，Hausman检验对应的括号内数字为p值。

5.3.3　农产品出口贸易对农业产业高级化的影响

5.3.3.1　农产品出口规模对农业产业高级化的影响

中国农产品出口规模水平对农业产业高级化的影响结果见表 5 - 10 所示。从全国范围来看，模型（5 - 3 - 1）检验了全国农产品出口规模对农业产业高级化的直接影响，结果显示，存在明显的正向促进作用，估计系数为 0.314 7，且至少在 1% 水平上显著，完全符合预期理论假设。在引入控制变量后，如模型（5 - 3 - 2）所示，农产品出口规模对产业高级化仍然为正向影响，估计系数为 0.136 1，且至少在 1% 水平上显著，这说明不论是否引入控制变量，农产品出口规模对产业高级化存在稳健的影响。

表 5 - 10　农产品出口规模影响农业产业高级化的静态面板估计结果

解释变量	被解释变量 IS				
	全国		东部	中部	西部
	模型 (5 - 3 - 1)	模型 (5 - 3 - 2)	模型 (5 - 3 - 3)	模型 (5 - 3 - 4)	模型 (5 - 3 - 5)
$\ln EX$	0.314 7***	0.136 1***	0.206 8	0.423 1***	0.036
	(4.42)	(4.31)	(0.35)	(4.32)	(1.71)
$GDPg$		− 4.277 2**	− 6.416 2	− 2.629 9**	− 2.258 1*
		(− 2.09)	(− 1.58)	(− 2.86)	(− 2.15)
IND		0.873	5.697 4***	− 0.404 9	− 1.190 3**
		(1.45)	(4.03)	(− 0.63)	(− 2.41)
$\ln ENJ$		− 1.711 9***	− 2.654 6	− 4.676 9***	− 0.532 9
		(− 3.50)	(− 1.59)	(− 6.21)	(− 1.53)
Cons	1.160 3***	13.263 2***	18.785 1**	33.429 7***	4.994 2**
	(2.97)	(4.25)	(2.66)	(6.32)	(2.21)
Hausman	6.05	33.39	11.33	23.09	9.91
	(0.048 5)	(0.000 0)	(0.023 1)	(0.000 3)	(0.077 8)
模型形式	FE	FE	FE	FE	FE
R^2	0.042 9	0.170 1	0.088 2	0.684 6	0.479 6
N	217	217	77	56	84

注：＊＊＊、＊＊和＊分别表示在1％、5％和10％的显著水平，各变量系数对应的括号内数字为t值或z值，Hausman检验对应的括号内数字为p值。

从区域分布来看，模型（5-3-3）、模型（5-3-4）和模型（5-3-5）检验了各地区的影响情况，东部和西部地区影响不显著，中部地区则呈显著正向促进作用，估计系数为0.4231，且在1％水平上显著。可见，农产品出口规模虽然能提高农业产业的高级化水平，但在东部和西部地区却不显著。

从控制变量来看，地区经济增长水平（$GDPg$）对农业产业高级化的影响在全国和中部地区通过了5％的显著性检验，在西部地区通过了10％的显著性检验，且系数均为负值，说明地区经济增长并不利于中西部农业产业的高级化发展，主要原因在于，农业产业作为低端产业，其经济效益相对偏低，而中西部地区由于经济发展相对落后，在追求当地经济效益最大化的发展目标下，可能过多地倾向于高经济效益的非农工业产业，而对农产品加工业的发展力度仍较欠缺。地区工业发展水平（IND）对农业产业高级化的影响在东部地区为正向显著，在西部地区为负向显著，这符合预期假设，主要原因在于东部作为工业发展水平较高的地区，其工业生产技术较为先进，必然能带动农产品加工业技术水平的提升，推动农业产业向高级化发展；而西部地区工业发展水平落后，其工业经济效益的提升主要以非农产品为原料的工业产业来带动，则会削弱农产品加工业的发展，也就不利于农业产业的高级化进程。地区农业就业水平（$\ln ENJ$）对农业产业高级化的影响在全国整体和中部地区为显著负向影响，说明农业就业水平在中部地区越低，劳动生产率越高，即农业产业技术水平更为先进，代表了当地产业的高级化发展。

5.3.3.2 农产品出口质量对农业产业高级化的影响

中国农产品出口质量对农业产业高级化的影响结果见表5-11所示。从全国范围来看，模型（5-3-6）检验了全国农产品出口质量对农业产业高级化的直接影响，结果显示，存在明显的正向促进作用，估计系数为1.0485，且至少在1％水平上显著，完全符合预期理论假设。在引入控制变量后，如模型（5-3-7）所示，农产品出口质量对产业高级化仍然为正向影响，估计系数为1.7106，且至少在5％水平上显著，这说明不论是否引入控制变量，农产品出口质量对产业高级化存在稳健的影响。另外，该影响系数明显高于农产品出口规模对产业高级化的影响（0.1361），说明农产品出口质量更能有效带动农业产业高级化发展。

表 5 – 11　农产品出口质量影响农业产业高级化的静态面板估计结果

解释变量	被解释变量 IS			
	全国	东部	中部	西部
	模型 (5 – 3 – 6)	模型 (5 – 3 – 7)	模型 (5 – 3 – 8)	模型 (5 – 3 – 9)	模型 (5 – 3 – 10)
ln$EXTS$	1.048 5 ***	1.710 6 **	2.579 1 **	3.753 3 ***	0.455 0 ***
	(11.91)	(2.11)	(2.51)	(2.87)	(9.89)
$GDPg$		1.715 6	− 0.283 3	9.101 4	0.073 9
		(0.27)	(− 0.03)	(1.00)	(0.06)
IND		3.222 2 *	11.886 2 **	3.493 4	− 0.783 3
		(1.94)	(2.17)	(1.39)	(− 1.67)
lnENJ		− 0.712 4	− 1.314 5 *	0.234 8	− 0.705 9 *
		(− 1.58)	(− 1.69)	(0.55)	(− 1.90)
Cons	1.156 4 ***	3.421 2	4.983 2	− 7.606 2 **	5.173 5 **
	(9.23)	(0.90)	(0.87)	(− 1.99)	(2.22)
Hausman	5.12	6.54	5.29	7.63	10.75
	(0.077 2)	(0.257 4)	(0.258 4)	(0.178 1)	(0.056 6)
模型形式	FE	RE	RE	RE	FE
R^2	0.218 9	0.266 5	0.219 3	0.814 4	0.518 5
N	217	217	77	56	84

注：＊＊＊、＊＊和＊分别表示在 1%、5% 和 10% 的显著水平，各变量系数对应的括号内数字为 t 值或 z 值，Hausman 检验对应的括号内数字为 p 值。

从区域分布来看，模型（5 – 3 – 8）、模型（5 – 3 – 9）和模型（5 – 3 – 10）检验了各地区的影响情况，结果显示所有地区农产品出口质量均能促进农业产业高级化水平的提升。其中，中部地区的影响最大，估计系数为 3.753 3，通过 1% 显著性检验；其次为东部地区，估计系数为 2.579 1，通过 5% 显著性检验；最后为西部地区，估计系数为 0.455 0，通过 1% 显著性检验。这表明，农产品出口质量的提高对农业产业整体结构的高级化提升具有显著的促进作用，且对中部地区的促进效果更为明显。另外，相比农产品出口规模对农业产业高级化的影响，三个地区出口质量的系数都明显大于出口规模系数，说明农产品出口质量对农业产业高级化的有效带动作用在任何经济发展水平的地区都适用。

5.3.4 静态实证结果

在静态影响上，从全国整体来看，农产品出口规模和出口质量均能显著促进农业产业规模化和高级化的提升，而对于农业产业合理化，则均未能发挥有效作用。从地区比较来看，在促进农业产业规模化增长方面，东部和中部地区的农产品出口规模和出口质量均具有显著效果，而西部地区的农产品出口质量更为有效；在促进农业产业合理化调整方面，西部地区的农产品出口规模更为有效，而东部和中部地区的农产品出口均未能起到显著作用；在促进农业产业高级化升级方面，中部地区的农产品出口规模和出口质量均有效，东部和西部地区的农产品出口质量更为有效。总体上，农产品出口规模和出口质量的提高对农业产业发展均具促进性，在不同地区其促进效果略有差异；农产品出口质量在促进农业产业规模化和高级化提升方面更具有效性，而农产品出口规模在促进西部地区农业产业合理化调整方面更具有效性。

5.4 动态影响实证分析

为了进一步分析农产品出口贸易对农业产业发展的动态影响时效和贡献力度，本节以 2010—2016 年 31 个省份面板数据为样本，利用 Stata13 软件，运用面板向量自回归模型（PVAR），从产业规模化、合理化和高级化三个层面对来自出口规模和出口质量的影响分别进行实证分析。

5.4.1 平稳性检验和模型定阶

在根据公式（5-7）所构建的 PVAR 模型进行估计之前，首先需要对模型中各变量序列的平稳性进行检验，以避免不平稳导致的"伪回归"现象，对脉冲响应和方差分解的稳定性造成影响。前文已采取 LLC、IPS 和 Fisher-ADF 三种方法检验序列的平稳性，结果表明（表 5-3），各变量至少在 10%

的显著水平上拒绝了面板存在单位根的原假设，由此可判定该模型中各变量序列均为平稳序列。然后需要对公式（5－7）中各变量的最优滞后阶数进行判定，根据 AIC、BIC 和 HQIC 三个信息准则，对各模型一至五阶滞后进行检验，一般以各信息量取值最小的准则确定为模型的最优滞后阶数，具体结果见表5－12所示。

表5－12　PVAR 模型最优滞后阶数的选择

被解释变量	滞后阶数	AIC	BIC	HQIC
$\ln Y$	1	－6.662 3	－5.091 6*	－6.047 9
	2	－6.983 8	－4.878 7	－6.188 3
	3	－7.670 5*	－4.899 4	－6.703 3*
	4	32.591 8	36.126 0	33.529 5
	5	31.895 0	35.168 1	30.683 2
IR	1	－7.268 1	－5.265 3	－6.454 6
	2	－8.026 3*	－5.501 6*	－7.000 7*
	3	－7.624 3	－4.356 4	－6.304 8
	4	－3.942 9	0.482 9	－2.205 2
	5	19.625 6	26.009 1	21.706 5
IS	1	0.303 9	2.306 6	1.117 4
	2	－2.320 4	0.204 2*	－1.294 9
	3	－2.750 5	0.517 4	－1.431 0
	4	－3.425 2*	1.000 6	－1.687 5*
	5	23.987 2	30.370 8	26.068 1

在以 $\ln Y$ 为被解释变量的模型中，AIC 和 HQIC 准则在三阶达到最小，而 BIC 准则在一阶达到最小，考虑到本书样本容量，将该模型最优滞后阶数定为一阶；在以 IR 为被解释变量的模型中，三个准则均在二阶达到最小，因此，该模型最优滞后阶数为二阶；在以 IS 为被解释变量的模型中，AIC 和 HQIC 准则在四阶达到最小，而 BIC 准则在二阶达到最小，考虑到本书样本容量，将该模型最优滞后阶数定为二阶。

5.4.2 PVAR 模型的 GMM 估计

在采用面板 GMM 方法对公式（5-7）进行系数估计之前，应首先消除模型的时间效应和个体效应对估计结果的影响，借鉴 Arellano 和 Bover（1995）的做法，采用"截面均值差分法"消除时间效应，在此基础上采用 Love 和 Zicchino（2006）所提出的"Helmert 方法"，运用"前向均值差分法"消除个体效应，并确保滞后变量与转置变量正交，可分别得到序列 $h\_ \ln Y$、$h\_ IR$、$h\_ IS$、$h\_ \ln EX$ 和 $h\_ \ln EXTS$，同时，为避免变量间可能存在的内生性问题，将各变量的滞后期作为工具变量，随后，使用 Stata13 采用面板 GMM 方法对以农业产业规模化、合理化和高级化为被解释变量的三个面板模型的核心变量进行有效估计，结果见表 5-13、5-14 和 5-15 所示。

表 5-13　农业产业规模化 PVAR 模型的 GMM 估计结果

解释变量	被解释变量 $h\_ \ln Y$			
	全国	东部	中部	西部
L. $h\_ \ln Y$	0.713 0 ***	0.106	1.042 5 ***	0.720 4 **
	(5.05)	(0.08)	(5.75)	(2.48)
L. $h\_ \ln EX$	0.100 1 *	0.782 6	0.145 2 ***	0.092 6 *
	(1.81)	(0.49)	(3.25)	(1.68)
L. $h\_ \ln EXTS$	-0.069 7	0.255 6	-0.585 0 **	-0.032 1
	(-0.45)	(0.34)	(-2.20)	(-0.07)
N	155	55	40	60

注：＊＊＊、＊＊和＊分别表示在 1%、5% 和 10% 的显著水平，各变量系数对应的括号内数字为 z 值。

从三个表所示的估计结果可以看出，在以 $h\_ \ln Y$、$h\_ IR$ 和 $h\_ IS$ 为被解释变量的三个模型中，被解释变量的滞后一期对其自身的影响均为正向显著，这说明农业产业的规模化、合理化和高级化均存在自我增强机制，如果能尽早实现农业产业的高质量发展，这种动态演进机制将促成农业产业更快更好地转变。

h_ lnEX 变量的滞后一期对于全国整体以及中部和西部的 h_ ln$Y$ 影响显著（表5-13），这说明不仅当期农产品出口规模扩大能促进农业产业规模化增长，以前年度出口规模的扩大由于市场需求形势的变化和延续性，也能对当期农业产业增长起到促进作用。但是，其对 h_ IR 和 h_ IS 的影响并无显著性。h_ lnEX 变量的滞后二期在促进东部地区农业产业合理化方面呈负向显著影响（表5-14），由于合理化指标越小代表产业结构越合理，因此，说明东部地区农产品出口规模增长对农业产业合理化水平的提升具有累积促进性。

h_ ln$EXTS$ 变量的滞后一期对全国、中部和西部地区的农业产业合理化以及中部和西部地区的农业产业高级化存在显著正向影响，对中部地区的农业产业规模化则呈显著负向影响；其滞后二期对全国、中部和西部地区的农业产业合理化和西部地区的农业产业高级化存在显著负向影响（表5-14和表5-15）。

表5-14　农业产业合理化 PVAR 模型的 GMM 估计结果

解释变量	被解释变量 h_ IR			
	全国	东部	中部	西部
L. h_ IR	0.758 1 ***	1.308 0 ***	1.321 3 ***	0.675 2 ***
	(3.57)	(3.47)	(4.11)	(3.18)
L2. h_ IR	0.029 9	−0.473 6	−0.285 8	0.127 8
	(0.20)	(−1.57)	(−1.46)	(0.79)
L. h_ lnEX	0.044 6	0.325 9	−0.018 1	0.032
	(0.62)	(1.19)	(−0.35)	(0.51)
L2. h_ lnEX	−0.005 8	−0.168 6 **	−0.005 7	0.001 9
	(−0.28)	(−2.23)	(−0.17)	(0.06)
L. h_ ln$EXTS$	0.977 1 *	0.352 7	1.522 0 **	2.250 0 *
	(1.78)	(0.78)	(2.14)	(1.68)
L2. h_ ln$EXTS$	−0.728 3 *	−0.256 7	−1.146 4 **	−1.653 5 *
	(−1.81)	(−0.79)	(−2.15)	(−1.71)
N	124	44	32	48

注：＊＊＊、＊＊和＊分别表示在1%、5%和10%的显著水平，各变量系数对应的

括号内数字为 z 值。

表 5 - 15　农业产业高级化 PVAR 模型的 GMM 估计结果

解释变量	被解释变量 h_ IS			
	全国	东部	中部	西部
L. h_ IS	1.043 3 *	1.169 7	0.714 7 ***	0.858 8 ***
	(1.89)	(1.31)	(2.71)	(3.40)
L2. h_ IS	− 0.312 0	− 0.364 7	− 0.053 2	0.211 1
	(− 1.31)	(− 0.86)	(− 0.29)	(0.96)
L. h_ lnEX	0.938 7	0.384 4	0.048 9	− 0.032 5
	(0.37)	(0.27)	(0.60)	(− 0.23)
L2. h_ lnEX	0.004 1	− 0.219 8	− 0.045 9	− 0.035 1
	(0.03)	(− 0.25)	(− 0.77)	(− 0.79)
L. h_ lnEXTS	− 3.979 7	− 2.121 4	2.809 2 **	3.640 1 *
	(− 0.36)	(− 0.25)	(2.46)	(1.75)
L2. h_ lnEXTS	2.843 2	1.515 8	− 2.065 2 **	− 2.819 0 *
	(0.36)	(0.25)	(− 2.51)	(− 1.80)
N	124	44	32	48

注：＊＊＊、＊＊和＊分别表示在1%、5%和10%的显著水平，各变量系数对应的括号内数字为 z 值。

在对农业产业合理化影响中，由于合理化指标越小代表产业结构越合理，因此，农产品出口质量水平的滞后一期并未起到促进产业合理化的作用，但是其滞后二期则显著为负向影响，说明其促进了农业产业合理化水平的提高，可见，农产品出口质量对产业合理化的影响具有一定滞后性，越是早期的出口质量水平的提高越能促进当期产业结构的合理化调整，原因在于产业结构调整并非一蹴而就，而是具有长期累积性的任务，因此越早提高出口质量水平就能越早推进产业合理化调整进程。在对农业产业高级化影响中，农产品出口质量的滞后一期对中西部地区起到了显著的促进作用，说明出口质量水平对产业高级化的影响同样具有累积效果，但是其滞后二期则未能起到显著推动作用，这说明农产品出口质量水平的提高只能对近期农业产业高级化的提升起到有效地推动，因此，需要将出口质量水平的提高作为常年关注的重点，来保证农业产业高级化提升的经常性和持续性。

另外，从中国目前发展现状来看，中、西部地区不论农产品出口贸易还是农业产业发展，均具有更快的提升速度和更大的增长潜力；从上述动态实证结果来看，中、西部地区的出口规模和出口质量促进农业产业规模化、合理化和高级化的累积效果要远优于东部地区，可见，将中、西部作为中国农业产业高质量发展的重要区域，是将来我国农业产业走出困境，做大做强的重要途径。

上述基于 PVAR 模型的估计与前文静态面板模型估计的结论保持了较好的一致性，说明本章实证分析的结果具有一定的稳健性。

5.4.3 PVAR 模型的脉冲响应

为了进一步分析农产品出口贸易对农业产业发展的动态影响冲击，可以基于 PVAR 模型进行脉冲响应函数分析。脉冲响应函数（Impulse Response Function，IRF）用于分析模型中，在其他变量当期及前期冲击不变的情况下，随机扰动项的一个标准差冲击对系统中内生变量当期和未来期取值的影响，即衡量一个变量对另一个变量的冲击反应。为重点考察农产品出口规模、出口质量对农业产业规模化、合理化和高级化的影响，对每个变量进行一个标准差冲击，通过 500 次蒙特卡罗模拟获得各变量的脉冲响应关系。图 5 - 1、图 5 - 2 和图 5 - 3 分别为以农业产业规模化（$\ln Y$）、合理化（IR）和高级化（IS）为被解释变量的全国及东部、中部和西部地区的脉冲响应图。其中，横坐标轴表示滞后期数，最大滞后期为 6；纵坐标轴表示被解释变量对解释变量冲击的响应强度；虚线表示 0 值水平线；图中上下两条实线分别表示 95% 置信区间的上下边界，中间曲线即为脉冲响应函数的点估计值。

农业产业规模化变量（$\ln Y$）对于自身以及农产品出口规模和出口质量变量（$\ln EX$ 和 $\ln EXTS$）的冲击响应见图 5 - 1 所示，其中图（5 - 1 - a）、（5 - 1 - b）、（5 - 1 - c）和（5 - 1 - d）分别为全国、东部、中部和西部地区的具体情况。

从全国范围来看，农业产业规模化变量（$\ln Y$）对于自身的冲击于第 1 期就具有显著的正向脉冲反应，但随着时间的推移，其正向反应逐步减弱，并于第 6 期收敛于零，可见，农业产业规模化具有自我增强的正向长期累积效应；对于一个标准差的农产品出口规模变量（lnEX）的冲击，农业产业规模化变量（lnY）于第 1 期就有正向脉冲反应，于第 2 期达到峰值，随后逐渐减少，第 6 期时已经有收敛于零的趋势；对于一个标准差的农产品出口质量变量（lnEXTS）的冲击，农业产业规模化变量（lnY）则表现为微弱的负向脉冲反应，于第 3 期达到峰值，之后向零收敛。

从东部地区来看，农业产业规模化变量（lnY）对来自其自身及农产品出口规模和出口质量变量的一个标准差冲击，并无明显反应。

从中部地区来看，农业产业规模化变量（lnY）对于自身的冲击反应与全国范围的反应基本一致，但是冲击反应期较长，第 6 期尚未收敛于零，但已有向零收敛的趋势；对于农产品出口规模变量（lnEX）的冲击，农业产业规模化变量（lnY）于第 1 期即有非常显著的正向反应，于第 3 期达到峰值，随后逐步减少并具有向零收敛的趋势；对于农产品出口质量变量（lnEXTS）的冲击，农业产业规模化变量（lnY）则呈现出显著的负向反应，于第 3 期达到最大负值，随后逐步弱化，并有收敛于零的趋势。

从西部地区来看，农业产业规模化变量（lnY）对于自身的冲击与全国和中部地区的反应基本一致，但是冲击反应期较短，第 5 期时已经收敛于零；对于农产品出口规模变量（lnEX）的冲击，农业产业规模化变量（lnY）于第 1 期即表现出较为显著的正向反应，于第 2 期达到峰值后开始缓慢减弱，之后具有收敛于零的趋势；对于农产品出口质量变量（lnEXTS）的冲击，农业产业规模化变量（lnY）则无明显反应变化。

综上所述，除了东部地区外，其他地区的农业产业规模化均具有显著的自身动态依赖性，农产品出口规模的冲击均能给其带来较为显著的正向影响，而农产品出口质量的冲击在中部地区存在显著的负向影响，其他地区的影响并不明显。总体上，农业产业规模化增长除了受自身正向累积效应外，受农产品出口规模长期正向冲击的效应比出口质量的冲击更加显著。

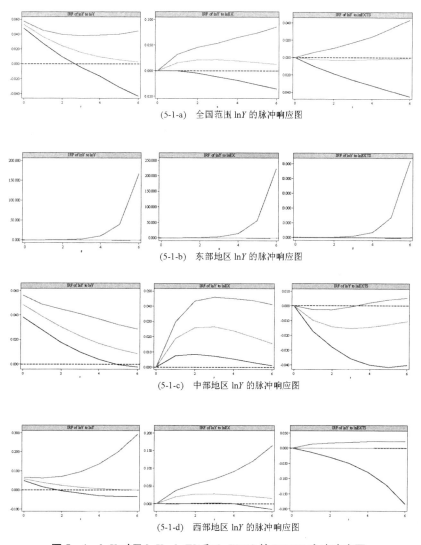

(5-1-a) 全国范围 lnY 的脉冲响应图

(5-1-b) 东部地区 lnY 的脉冲响应图

(5-1-c) 中部地区 lnY 的脉冲响应图

(5-1-d) 西部地区 lnY 的脉冲响应图

图 5-1 lnY 对于 lnY、lnEX 和 lnEXTS 的 PVAR 脉冲响应图

农业产业合理化变量（IR）对其自身以及农产品出口规模和出口质量变量（lnEX 和 lnEXTS）的冲击响应见图 5-2 所示，其中图（5-2-a）、（5-2-b）、（5-2-c）和（5-2-d）分别为全国、东部、中部和西部地区的具体情况。

从全国范围来看，农业产业合理化变量（IR）对于自身的冲击于第 1 期就具有显著的正向脉冲反应，随着时间的延续，其正向冲击反应逐渐衰减，第6期时已明显具有收敛于零的趋势，可见，农业产业合理化也具有自我促进的正向累积效应；对于一个标准差的农产品出口规模变量（ln*EX*）的冲击，农业产业合理化变量（*IR*）于第1期就表现出负向的脉冲反应，在第2期达到峰值，随后逐渐减少并向零收敛，由于农业产业合理化变量越趋近于零，合理化程度越高，因此，对农产品出口规模的冲击反应虽为负向，但却表示产业合理化程度的提高；对于一个标准差的农产品出口质量变量（ln*EXTS*）的冲击，农业产业合理化变量（*IR*）则表现为较弱的正向脉冲反应，于第3期达到峰值，之后具有逐步收敛于零的趋势，这表明农产品出口质量的冲击并不能长期有效带动产业合理化发展。

从东部地区来看，农业产业合理化变量（*IR*）对于自身的冲击同样于第1期就具有显著的正向脉冲响应，作用力度略低于全国平均水平，但影响轨迹更为平缓，持续时间更长，第6期时仍具有显著的正向反应，具有向零收敛的趋势；对于农产品出口规模变量（ln*EX*）的冲击，农业产业合理化变量（*IR*）表现为正向脉冲反应，第2期时达到峰值，随后缓慢向零趋近；对于农产品出口质量变量（ln*EXTS*）的冲击，农业产业合理化变量（*IR*）则呈现出负向脉冲反应，并随时间的推移缓慢增加，第4期后趋于平稳。可见，东部地区农产品出口规模并不能有效拉动产业合理化调整，而出口质量更能促进产业合理化提升，且持续时间更长更稳定。

从中部地区来看，农业产业合理化变量（*IR*）对于自身及农产品出口规模和出口质量变量的一个标准差冲击，在第2期之前并无明显反应，随后则呈现出一定程度的增长趋势。对于自身的冲击，农业产业合理化变量（*IR*）自第2期之后正向反应逐渐增大；对于农产品出口规模变量（ln*EX*）的冲击，自第2期之后负向反应逐渐增大；对于农产品出口质量变量（ln*EXTS*）的冲击，自第2期之后正向反应逐渐增大。可见，中部地区农业产业合理化受自身和农产品出口规模的冲击后，表现了一定的促进作用，但并未呈收敛趋势，其影响的显著性不明显。

从西部地区来看，农业产业合理化变量（*IR*）对于自身的冲击与全国的影响轨迹基本一致，但其作用力度略高于全国平均水平，第6期时已收敛于零附近。对于农产品出口规模变量（ln*EX*）的冲击，农业产业合理化变量（*IR*）于第1期即表现出负向反应，于第3期达到峰值后开始缓慢减弱，之后收敛于零；对于农产品出口质量变量（ln*EXTS*）的冲击，农业产业合理化变量（IR）则表现出正向反应，于第 3 期达到峰值后缓慢减弱，并呈现收敛于零的趋势。可见，西部地区农业产业合理化受自身和农产品出口规模的冲击后，表现出较为显著的促进效果，而农产品出口质量则不具有长期的促进作用。

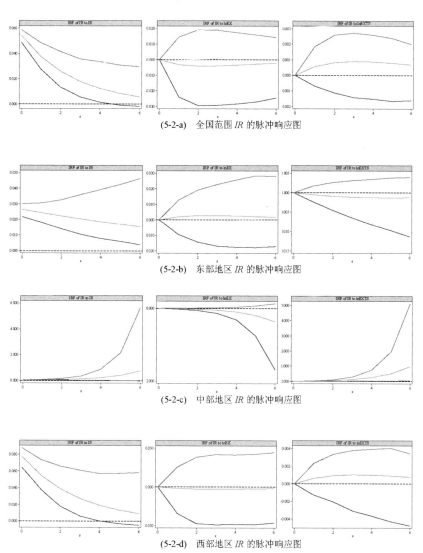

(5-2-a) 全国范围 *IR* 的脉冲响应图

(5-2-b) 东部地区 *IR* 的脉冲响应图

(5-2-c) 中部地区 *IR* 的脉冲响应图

(5-2-d) 西部地区 *IR* 的脉冲响应图

图 5 – 2　*IR* 对于 *IR*、ln*EX* 和 ln*EXTS* 的 PVAR 脉冲响应图

综上所述，全国各地区的农业产业合理化提升均具有自我促进的正向累积效应，其中，西部地区初期的作用力度要高于东部，而东部地区作用的持续时间要长于西部；另外，东部地区的农产品出口质量以及中、西部地区的农产品出口规模在带动当地农业产业合理化调整的作用上更具有长期累积性。

农业产业高级化变量（IS）对于自身以及农产品出口规模和出口质量水平变量（lnEX 和 lnEXTS）的冲击响应见图 5 – 3 所示，其中图（5 – 3 – a）、（5 – 3 – b）、（5 – 3 – c）和（5 – 3 – d）分别为全国、东部、中部和西部地区的具体情况。

从全国范围来看，农业产业高级化变量（IS）对于自身的冲击于第 1 期就具有显著的正向反应，随着时间的延续，正向反应逐渐弱化，第 6 期已收敛于零附近，可见，农业产业高级化也具有自我促进的正向累积效应；对于一个标准差的农产品出口规模变量（lnEX）的冲击，农业产业高级化变量（IS）于第 1 期表现出微弱的负向反应并达到峰值，随后逐渐减少并向零收敛；对于一个标准差的农产品出口质量变量（lnEXTS）的冲击，农业产业高级化变量（IS）则表现出极其微弱的正向反应，作用程度近乎于零。可见，从全国平均水平上来看，农产品出口规模和出口质量对农业产业高级化的提升并未起到有效作用。

从东部地区来看，农业产业高级化变量（IS）对于自身的冲击同样于第 1 期就具有显著的正向反应，作用力度高于全国平均水平，随后亦呈减弱趋势，第 6 期时向零收敛；对于农产品出口规模变量（lnEX）的冲击，农业产业高级化变量（IS）于第 1 期即表现为较为明显的正向反应，第 2 期达到峰值，随后逐步减弱，第 6 期已收敛于零；对于农产品出口质量变量（lnEXTS）的冲击，农业产业高级化变量（IS）则呈现出负向反应，第 3 期达到峰值，随后向零趋近。可见，东部地区农产品出口质量未能在远期有效带动产业高级化提升，而出口规模发挥了更为积极的作用。

从中部地区来看，农业产业高级化变量（IS）对于自身的冲击反应与东部地区表现较为一致的影响轨迹，但初期的作用力度要小于东部地区，最终也呈现收敛于零的趋势；对于农产品出口规模变量（lnEX）的冲击，农业产业高级化变量（IS）呈现出负向反应，于第 3 期达到最大负值，随后逐步向零收敛；对于农产品出口质量变量（lnEXTS）的冲击，农业产业高级化变量（IS）于第 1 期呈现出较弱的负向反应，随后迅速减弱，第 2 期后转变为明显的正向反应，且随着时间的延续逐步增加，但增加幅度不大，总体呈较为平稳的趋势。可见，中部地区农产品出口规模未能在带动产业高级化发展的作用上发挥累积效应，而农产品出口质量则具备长期拉动产业高级化升级的能力。

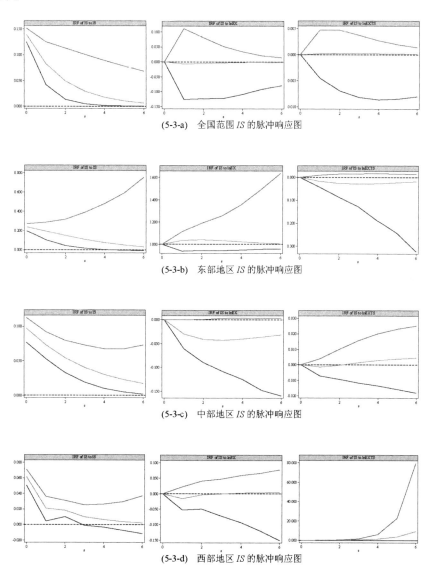

(5-3-a)　全国范围 *IS* 的脉冲响应图

(5-3-b)　东部地区 *IS* 的脉冲响应图

(5-3-c)　中部地区 *IS* 的脉冲响应图

(5-3-d)　西部地区 *IS* 的脉冲响应图

图 5 - 3　*IS* 对于 *IS*、ln*EX* 和 ln*EXTS* 的 PVAR 脉冲响应图

从西部地区来看，农业产业高级化变量（IS）对于自身的冲击与东、中部地区的影响轨迹大致相同，但作用力度最小，第 6 期时已收敛于零附近。对于农产品出口规模变量（$\ln EX$）的冲击，农业产业高级化变量（IS）于第 1 期呈现出负向反应，随后逐步减弱，第 3 期后转变为正向反应，作用力度缓慢增加，第 6 期时较为稳定。对于农产品出口质量变量（$\ln EXTS$）的冲击，农业产业高级化变量（IS）于初期并未有明显反应，第 2 期之后呈现正向反应，且逐年增加。可见，中部地区农产品出口规模对产业高级化的提升具有一定的长期累积促进作用，出口质量虽于长期也表现出一定的促进性，但并未呈收敛趋势。

综上所述，全国各地区的农业产业高级化提升均具有自我促进的正向累积效应，其中，东部地区的作用力度最高，其次为中部地区，最后为西部地区；另外，在提升农业产业高级化水平的长期累积效应上，东部地区的农产品出口规模比出口质量能发挥更大作用，中部地区的农产品出口质量更具备长期性，西部地区的出口规模和出口质量均能发挥一定的促进作用。

5.4.4 PVAR 模型的方差分解

为进一步分析农产品出口规模和出口质量对农业产业规模化、合理化和高级化发展的影响，各自发挥了多大力度，即其影响的贡献程度如何，呈现何种变动趋势，本节将对 PVAR 模型进行六期的方差分解，具体结果见表5 - 16 所示。

在对农业产业规模化变量（$\ln Y$）的影响中，从全国整体来看，在第 1 期，只有自身的冲击对其产生影响，随着时间的推移，其自身影响的贡献力度逐步减弱，同时，农产品出口规模变量（$\ln EX$）和出口质量变量（$\ln EXTS$）的贡献力度逐渐增强，但出口质量变量的总体贡献力度最弱。从各地区内部来看，第 6 期各地仍以农业产业规模化自身影响的贡献力度最大，其次为农产品出口规模，最后为农产品出口质量。从各地区比较来看，西部地区的产业规模化贡献力度最高（69.0%），东部地区的出口规模贡献力度最高（43.3%），中部地区的出口质量贡献力度最高（8.6%）。

表 5 - 16 PVAR 模型的方差分解

被解释变量	s	全国			东部			中部			西部		
		lnY	lnEX	lnEXTS	lnY	lnEX	lnEXTS	lnY	lnEX	lnEXTS	lnY	lnEX	lnEXTS
lnY	1	1.000	0.000	0.000	1.000	0.000	0.000	1.000	0.000	0.000	1.000	0.000	0.000
	2	0.944	0.055	0.001	0.908	0.090	0.002	0.896	0.082	0.022	0.925	0.075	0.000
	3	0.870	0.127	0.003	0.773	0.218	0.009	0.784	0.167	0.049	0.826	0.174	0.000
	4	0.808	0.188	0.004	0.644	0.338	0.018	0.702	0.227	0.070	0.745	0.255	0.000
	5	0.765	0.231	0.004	0.539	0.433	0.028	0.649	0.265	0.086	0.690	0.310	0.000
	6	0.737	0.259	0.005	0.459	0.503	0.038	0.616	0.287	0.097	0.656	0.344	0.000
	s	IR	lnEX	lnEXTS	IR	lnEX	lnEXTS	IR	lnEX	lnEXTS	IR	lnEX	lnEXTS
IR	1	1.000	0.000	0.000	1.000	0.000	0.000	1.000	0.000	0.000	1.000	0.000	0.000
	2	0.946	0.005	0.049	0.921	0.076	0.002	0.904	0.021	0.074	0.859	0.007	0.134
	3	0.789	0.007	0.204	0.851	0.141	0.008	0.711	0.052	0.237	0.619	0.015	0.367
	4	0.573	0.005	0.422	0.788	0.187	0.025	0.538	0.072	0.390	0.452	0.015	0.534
	5	0.409	0.002	0.588	0.720	0.209	0.071	0.431	0.079	0.490	0.377	0.012	0.610
	6	0.327	0.001	0.672	0.609	0.193	0.198	0.374	0.081	0.545	0.350	0.011	0.639

续表

被解释变量	s	全国			东部			中部			西部		
		IS	lnEX	lnEXTS	IS	lnEX	lnEXTS	IS	lnEX	lnEXTS	IS	lnEX	lnEXTS
IS	1	1.000	0.000	0.000	1.000	0.000	0.000	1.000	0.000	0.000	1.000	0.000	0.000
	2	0.538	0.448	0.014	0.980	0.016	0.004	0.853	0.014	0.132	0.872	0.014	0.114
	3	0.705	0.291	0.004	0.907	0.065	0.028	0.507	0.078	0.414	0.740	0.037	0.223
	4	0.674	0.317	0.009	0.730	0.174	0.095	0.245	0.128	0.627	0.676	0.051	0.273
	5	0.682	0.313	0.005	0.532	0.293	0.175	0.128	0.148	0.725	0.654	0.058	0.289
	6	0.682	0.311	0.007	0.428	0.354	0.218	0.084	0.154	0.763	0.646	0.060	0.294

在对农业产业合理化变量（*IR*）的影响中，从全国整体来看，在第1期，只有自身的冲击对其产生影响，随着时间的推移，其自身影响的贡献力度迅速减弱，同时，农产品出口质量变量（ln*EXTS*）的贡献力度迅速增强，但出口规模变量（ln*EX*）的贡献力度最为薄弱，呈先增后减的变化。从各地区内部来看，在第6期，东部地区仍以农业产业合理化自身影响的贡献力度最大，其次为农产品出口质量，中部和西部地区均以农产品出口质量贡献力度最大，其次为产业合理化变量。从各地区比较来看，东部地区的产业合理化贡献力度（60.9%）和出口规模贡献力度（19.3%）均为最高，西部地区的出口质量贡献力度最高（63.9%）。

在对农业产业高级化变量（*IS*）的影响中，从全国整体来看，在第1期，只有自身的冲击对其产生影响，随着时间的推移，其自身影响的贡献力度总体上呈减弱变化，而农产品出口规模变量（ln*EX*）和出口质量变量（ln*EXTS*）的贡献力度则呈不稳定的波动。从各地区内部来看，各地区农业产业高级化的贡献力度均呈递减变化，同时农产品出口规模和出口质量均呈递增变化；在第6期，东部地区仍以农业产业高级化自身影响的贡献力度最大，其次为农产品出口规模，中部地区以农产品出口质量贡献力度最大，其次为出口规模，西部地区也以产业高级化贡献力度最大，其次为出口质量。从各地区比较来看，西部地区的产业高级化贡献力度最高（64.6%），东部地区的出口规模贡献力度最高（35.4%），中部地区的出口质量贡献力度最高（76.3%）。

综上所述，除农业产业自身的影响外，农产品出口规模对农业产业规模化、合理化和高级化的影响在东部地区的贡献力度高于其他地区；农产品出口质量对农业产业规模化和高级化的影响在中部地区的贡献力度高于其他地区，对农业产业合理化的影响则在西部地区的贡献力度最高。

5.4.5 动态实证结果

在动态影响上，从全国整体来看，农产品出口规模对农业产业规模化增长具有长期促进效应，农产品出口质量对农业产业合理化具有长期促进效应，而对于农业产业高级化，农产品出口贸易均无显著的长期促进效应。从地区比较来看，在促进农业产业规模化增长方面，中部和西部的农产品出口规模具有长期有效性；在促进农业产业合理化增长方面，东部地区的农产品出口规模以及中、西部地区的农产品出口质量均具有长期有效性；在促进农业产业高级化增长方面，中部和西部地区的农产品出口质量均具有长期有效性。

在以 h_ lnY、h_ IR 和 h_ IS 为被解释变量的三个模型中，被解释变量的滞后一期对其自身的影响均为正向显著，这说明农业产业的规模化、合理化和高级化均存在自我增强机制，如果能尽早实现农业产业的良好发展，这种动态演进机制将促成农业产业更快更好地转变。

中、西部地区的出口规模和出口质量促进农业产业规模化、合理化和高级化的累积效果要远优于东部地区，可见，将中、西部作为中国农业产业发展的重要区域，是将来我国农业产业走出困境，做大做强的重要途径。

5.5　本章小结

本章从静态和动态两个角度运用静态面板模型和面板向量自回归模型对中国农产品出口规模和出口质量对农业产业规模化、合理化和高级化发展的影响进行实证分析。结果表明，中国各地区的农产品出口规模和出口质量不论于长期均衡状态还是短期非均衡状态中，均能在促进农业产业规模化、合理化和高级化发展方面发挥其有效性。其中，相较于出口规模，农产品出口质量的提升在促进农业产业规模化和高级化的长期效应，以及短期调整农业产业合理化方面，更具有效性，其影响程度均明显高于出口规模，同时，对中、西部地区农业产业高级化升级方面也具有更大的贡献力度和更强的长期累积性。这表明，虽然目前中国农产品出口规模的增长也能推动农业产业的发展，但是这种粗放型的增长模式是以劳动力成本优势和自然资源禀赋优势为依托，随着传统优势趋弱，粗放型的增长将必然不能更为有效和持续地促进农业产业的发展，其发挥的作用也早已显现出后劲不足的趋势。在当前贸易保护主义抬头、外界需求不足以及国际经济形势不稳的情况下，提高自身产品的技术含量和附加值，提升出口贸易质量，引领国内产业的集约化增长并向价值链高端延伸（戴翔和金碚，2014），这才是今后增强农产品国际竞争力，进而推动本国农业产业可持续发展的根本所在。

进而，农产品出口规模和出口质量对农业产业规模化增长、合理化调整和高级化发展的影响，究竟是通过何种途径来发挥作用的，或者说参与国际贸易的农产品出口部门，其出口规模的增长和出口质量的提升是如何带动非出口部门乃至整个农业产业增长和升级的，其向整个产业渗透和传导的机制是什么，涉及哪些传导中介，这些中介因素在出口向产业的传导过程中发挥了多大作用，其在出口规模和出口质量的影响中有何区别，在不同地区又有何差异，这些问题将在下一章展开研究。

第6章

农产品出口影响农业产业的传导路径

中国农产品出口规模和出口质量的提升对于农业产业的规模化增长以及合理化和高级化发展，均具有长期或短期的促进效应，在不同地区其作用力度和持续时间略有差异。该差异的形成是否与农产品出口贸易影响农业产业的传导路径有关？不同地区的传导路径有何区别？哪种传导中介在当地发挥了更大作用？又有哪种传导中介并未发挥出其有效性？本章在第2章理论机制的基础上，运用中介效应模型，对理论推导中涉及的物质资本、人力资本、科学技术和制度质量四大传导中介进行中介效应检验，探求各地区农产品出口贸易促进农业产业发展的最有效路径，同时通过地区间的比较，寻找各地区发展短板，为进一步取长补短，提高各地区农产品高质量出口推动农业产业高质量发展的有效性提供实证依据。

6.1　研究方法与模型构建

本章以2010—2016年31个省份面板数据为样本，利用Stata13软件，运用中介效应检验模型，以物质资本、人力资本、科学技术和制度质量为中介变量，从农业产业规模化、合理化和高级化三个层面，分别检验农产品出口规模和出口质量通过中介变量对农业产业的影响程度，进而检验各中介变量从中发挥的传导作用，以及中介效应的贡献程度。本章设定的中介效应模型为静态面板模型，需要通过Hausman检验，对各方程采用固定效应模型（FE）或随机效应模型（RE）进行选择。同时，考虑到面板数据可能存在异方差、序列相关和截面相关等问题，对固定效应模型使用"xtscc，fe"命令进行回归，对随机效应模型使用 vce（bootstrap）选项，以减弱异方差、自相关与截面相关对回归结果的影响，来获取稳健标准误（Driscoll 和 Kraay，1998）。

6.1.1 研究方法

本章采用中介效应模型（Mediation Effect Model）分析农产品出口贸易对农业产业发展影响的中间传导机制。该模型最早广泛应用于心理学领域，其中间变量的中介传导效应在理解主体行为导向及事发结果时具有首要的作用。随着该方法的渐趋成熟，其他社科领域也开始逐步采用该方法进行实证研究。

中介效应模型即通过中间变量的中介效应来分析自变量对因变量的影响路径和作用机制，不仅可获得自变量对因变量的直接作用效果，更能获得其通过中介变量而产生的间接作用效果。相较于传统的自变量对因变量影响的同类研究，该方法不仅具有技术上的进步，而且能得到更为深入细致的实证结论。

最早被业界广为应用的中介效应检验方法是由 Baron 和 Kenny（1986）提出的逐步法（Causal Steps Approach）。该方法需拟合以下三个回归方程：

$$Y = cX + e_1 \tag{6-1}$$

$$M = aX + e_2 \tag{6-2}$$

$$Y = c'X + bM + e_3 \tag{6-3}$$

假设所有变量都已进行中心化或标准化处理，即略去方程中的截距项；X 为自变量，Y 为因变量，M 为中介变量；a、b、c、c' 分别表示回归系数，反映三个关键变量间的关系；e_1、e_2、e_3 分别表示误差项。

三个方程所表示的中介效应传导路径如图 6-1 所示。其中，系数 c 表示自变量 X 影响因变量 Y 的总效应；系数 a 表示自变量 X 影响中介变量 M 的效应；系数 b 表示在控制自变量 X 影响的情况下，中介变量 M 影响因变量 Y 的效应；系数 c' 表示在控制中介变量 M 影响的情况下，自变量 X 影响因变量 Y 的直接效应；系数乘积 ab 表示自变量 X 通过中介变量 M 的传导对因变量 Y 产生影响的间接效应，该间接效应只有满足一定条件时才能称为中介效应。总效应、直接效应和间接效应三者之间存在如下内在联系（MacKinnon 等，1995）：$c = c' + ab$，则间接效应可表示为 $ab = c - c'$。

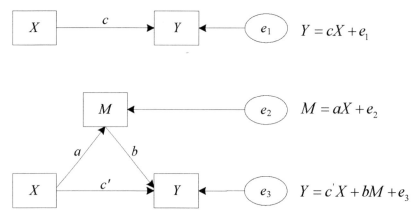

图 6 - 1　中介效应示意图

在检验中介效应的处理方法上，最早由 Baron 和 Kenny（1986）提出的逐步检验回归系数的方法被证实其对系数乘积 ab 的检验力较低（Fritz 和 MacKinnon，2007；MacKinnon 等，2002）。Sobel 法（1982）对系数乘积的检验力要高于逐步检验法（MacKinnon 等，2002；温忠麟等，2004）。但是，如果检验结果都显著，则逐步检验的结果要优于 Sobel 检验的结果，因此，温忠麟等（2004）提出了先进行逐步检验，出现不显著时再进行 Sobel 检验的中介效应检验流程。但是，Sobel 检验需假设 $\hat{a}\hat{b}$ 服从正态分布，而实际中，即使 a 和 b 均服从正态分布，其乘积通常也未必呈正态，因此，Sobel 检验具有明显的局限性，其结果可能是有误的（MacKinnon 等，2004；MacKinnon，2008；Hayes，2009；方杰和张敏强，2012）。目前，Bootstrap 法被认为能较好地检验系数乘积 ab 的显著性（Biesanz 等，2010；Fritz 等，2012；Hayes 和 Scharkow，2013）。但若单纯使用 Bootstrap 法而摒弃逐步检验法则是不明智的选择，因为在检验结果都显著的情况下，逐步检验的结果会优于 Bootstrap 检验的结果（温忠麟和叶宝娟，2014）。为此，温忠麟和叶宝娟（2014）结合逐步法和 Bootstrap 法，提出了新的中介效应检验流程（见图 6 - 2），具体步骤如下：

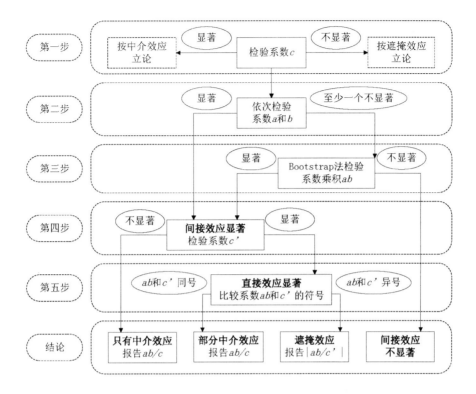

图6-2 中介效应检验流程

第一步，检验方程（6-1）中的系数 c。若显著，则暂且按照中介效应来立论；若不显著，则后续结果按照遮掩效应来立论。需要注意的是，无论系数是否显著，都将进行后续的检验。

第二步，依次检验方程（6-2）中的系数 a 和方程（6-3）中的系数 b。若两个系数均显著，则说明间接效应显著，可直接进行第四步检验；若两个系数至少有一个不显著，则继续第三步检验。

第三步，用 Bootstrap 法检验系数乘积 ab。其原假设为 $H_0: ab = 0$，若显著，则说明间接效应显著，可继续第四步检验；否则，即为间接效应不显著，停止后续检验。

第四步，检验方程（6-3）中的系数 c'。若显著，则说明直接效应显著，应继续第五步检验；若不显著，则说明直接效应不显著，只有中介效应，停止后续检验，结论按中介效应解释。

第五步，比较系数乘积 ab 和系数 c' 的符号。若两者同号，则属于部分中介效应，需报告中介效应在总效应中的比重 ab/c；若两者异号，则属于遮掩效应，需报告中介效应与直接效应的绝对值之比 $|ab/c'|$。

在该流程中，需要区分三个重要概念。第一，间接效应（Indirect Effect），即为自变量 X 通过中介变量 M 的传导对因变量 Y 产生的间接影响（ab 显著）。间接效应可能是中介效应也可能是遮掩效应，在不同条件下，其定论不同，但中介效应和遮掩效应一定是间接效应（温忠麟等，2004；Mathieu 和 Taylor，2006）。第二，中介效应（Mediation Effect），即在以 X 显著影响 Y，即总效应显著（c 显著）的前提条件下，若存在间接效应（ab 显著），且在直接效应显著（c' 显著）时，间接效应与直接效应的符号相同，则该间接效应定论为中介效应。该效应可以解释"X 如何通过中介变量 M 来影响 Y"（Baron 和 Kenny，1986；Mackinnon 和 Fairchild，2009；温忠麟等，2005）。第三，遮掩效应（Suppressing Effect），该效应的定论分两种情况，一是在 X 对 Y 的影响不显著，即总效应不显著（c 不显著）的情况下，若存在间接效应（ab 显著），则该间接效应定论为遮掩效应，可以解释"X 为何不影响 Y"；二是若 X 对 Y 的影响显著，即总效应显著（c 显著），且间接效应（ab 显著）与直接效应也显著（c' 显著），但是，两者符号相反，则该间接效应同样定论为遮掩效应，可以解释"X 对 Y 的影响为何被低估"（Mackinnon 等，2000，2002；Shrout 和 Bolger，2002；Kenny，2003；Mackinnon，2008）。总体上，遮掩效应即为总效应被间接效应遮掩或抵消，使 X 对 Y 的影响降低甚至不显著的情况。

6.1.2 模型构建

基于理论分析以及第 5 章的静态基准回归，本章从以下三个层面构建高质量发展下，农产品出口贸易影响农业产业发展的中介效应检验模型：

$$Y = \xi_0 + cX + \sum_{n=1}^{k} \xi_n Control_{nit} + \eta_i + \mu_t + \varepsilon_{it} \qquad (6-4)$$

$$M = \tau_0 + aX + \sum_{n=1}^{k} \tau_n Control_{nit} + \eta_i + \mu_t + \varepsilon_{it} \qquad (6-5)$$

$$Y = \theta_0 + c'X + bM + \sum_{n=1}^{k} \theta_n Control_{nit} + \eta_i + \mu_t + \varepsilon_{it} \qquad (6-6)$$

其中，$i = 1, \cdots, N$，代表样本单位；$t = 1, \cdots, T$，代表年度；Y 代表被解释

变量；X 代表解释变量；M 代表中介变量；$Control_{nit}$ 代表控制变量；a、b、c、c' 和 ξ_0、ξ_n、τ_0、τ_n、θ_0、θ_n 分别代表方程回归系数；η_i、μ_t 和 ε_{it} 分别代表个体效应、时间效应和随机干扰项。

具体到本研究的三个层面，Y 分别由农业产业规模化指标（$\ln Y$）、农业产业合理化指标（IR）和农业产业高级化指标（IS）表示；X 在每个层面的影响中均由农产品出口规模（$\ln EX$）和出口质量（$\ln EXTS$）表示。

6.2 变量选取与数据处理

被解释变量、解释变量和控制变量的选取及数据处理情况见第5章所述，中介变量的选取以前文对出口贸易影响产业发展的理论机制为依据，包括物质资本、人力资本、科学技术和制度质量四个变量，具体数据来源及处理情况如下所示。

6.2.1 中介变量

6.2.1.1 物质资本

物质资本（$\ln PC$）：本指标用来衡量中国农业产业领域物质资本积累的程度。多数学者在研究贸易对产业影响的问题中，均认为物质资本从中起到了重要的促进作用，且用物质资本存量来表征物质资本（蔡海亚和徐盈之，2017；徐承红等，2017；陈晋玲，2015；李谷成等，2014；谢娟和廖进中，2012）。本章同样采用物质资本存量作为代理指标，其估算方法借鉴张军等（2004）的做法，即采用永续盘存法按不变价格对中国各省份农业产业物质资本存量进行估算，该方法的计算公式为：

$$K_{it} = K_{it-1}(1 - \delta_{it}) + I_{it} \tag{6-7}$$

其中，i 代表第 i 个省份；t 代表第 t 年；K 代表资本存量；δ 代表经济折旧率；I 代表当年资本投资。该公式需要对 K、δ 和 I 进行选取和确定。

首先，关于基期物质资本存量 K 的确定。本书研究的样本时间为2010—2016年，则将基期定为2010年。由于本书界定的中国农业产业既包括农林牧渔第一产业，还包括12类农产品加工业，则资本存量应为这两部分之和。第一部分：对农林牧渔产业基期资本存量的估算，直接引用宗振利和廖直东

（2014）对中国各省份 1978—2011 年第一产业资本存量的估算结果，利用各省份固定资产价格指数将以 1978 年为基期的 2010 年资本存量折算为以 2010 年为基期的数值；第二部分：对 12 类农产品加工业基期资本存量的估算，则先将宗振利和廖直东（2014）估算的中国各省份 2010 年第一、二、三产业的资本存量加总，得出以 1978 年为基期的 2010 年各省份全部产业资本存量，再利用各省份固定资产价格指数将其折算为以 2010 年为基期的数值，然后计算各省份 2010 年农产品加工业固定资产投资占全社会总固定资产投资的比重，作为农产品加工业资本存量的占比，以此乘以 2010 年全部产业资本存量，得到各省份以 2010 年为基期的 2010 年农产品加工业资本存量。将以上两部分产业的资本存量进行如总，即得到中国各省份基期物质资本存量（以 2010 年为基期）。

其次，关于经济折旧率 δ 的确定。该指标的选取直接引用宗振利和廖直东（2014）对中国各省份固定资产折旧率的估算结果。

然后，关于当年资本投资额 I 的确定。当前，大部分新近研究多采用固定资本形成总额作为资本投资额的替代指标（张军等，2004；徐现祥等，2007），但由于 2002 年之后中国各省份的固定资本形成总额数据无法获得，则借鉴王小鲁和樊纲（2000）以及宗振利和廖直东（2014）的做法，选取全社会固定资产投资额作为替代指标。将 2011—2016 年各省份农林牧渔业和农产品加工业的全社会固定资产投资进行加总，利用固定资产投资价格指数将其换算成以 2010 年为基期的各年固定资产投资额。

最后，将估算出的 K、δ 和 I 分别带入公式（6 - 7），得出中国各省份 2010—2016 年农业产业的物质资本存量，进而除以农业产业就业人数，即得到以 2010 年为基期的人均物质资本存量（单位：万元/人，见附录 A），为提高序列平稳性，对其取对数处理。以上各省份全社会固定资产投资额和固定资产投资价格指数均源自《中国统计年鉴》。

6.2.1.2 人力资本

人力资本（lnHC）：所谓人力资本，并非劳动力数量的投入，而是劳动力质量的投入，劳动者素质水平越高，其学习新技术新理念并转化为生产力的能力越强，越能带动产业技术水平的提高。

本指标用来衡量中国各省份整体劳动者素质水平的差异，借鉴 Wang 和 Yao（2003）、岳书敬和刘朝明（2006）、刘洪铎和陈晓珊（2016）、周海银

（2014）以及杜晓英（2014）的做法，使用平均受教育年限作为代理指标。由于本书研究中国农业产业相关问题，理应采用农业产业领域就业者的平均受教育年限，但由于分省分行业数据不可得，则以当地全部就业者平均受教育年限来代替，虽未能体现农业领域实际的人力资本水平，但代表了当地的整体人力资本水平，该水平越高，说明当地高素质人才聚集和产业间流动的潜力越大，即当地农业领域所处的人力资本环境越优越，那么，越有利于带动农业领域劳动者素质的提高。平均受教育年限的计算方法为：

$$HC_{it} = (H_{1it} \times 6 + H_{2it} \times 9 + H_{3it} \times 12 + H_{4it} \times 16)/EM_{it} \qquad (6-8)$$

其中，i 代表第 i 个省份；t 代表第 t 年；HC_{it} 代表第 i 个省第 t 年的平均受教育年限，即人力资本情况；H_1、H_2、H_3 和 H_4 分别代表受教育程度为小学、初中、高中和大专及以上就业人数，各类教育的平均累计受教育年限分别设定为 6 年、9 年、12 年和 16 年；EM 代表总就业人数。该公式即通过加权平均获得各省份就业人均受教育年限（单位：年/人，见附录 B），为提高序列平稳性，对其取对数处理。相关数据源自《中国劳动统计年鉴》。

6.2.1.3 科学技术

科学技术（TL）：该指标用来衡量中国各省份生产科技水平和技术创新能力的发展程度。科学技术进步不仅意味着生产率水平的提高，还意味着生产要素在不同产业间配制效率的提高（马颖等，2012），因此，不仅是农业产业增长的主要源泉之一，更是带动农业产业结构优化升级的关键要素（项光辉和毛其淋，2016）。

科学技术进步可以通过自主研发和技术引进两种投入途径实现（郭浩森，2013；廖涵和谢靖，2017），本章借鉴李勤昌和张莉晶（2016）、李政和杨思莹（2016）、林桂军和黄灿（2013）以及曹玉平（2012）的做法，采用各省份 R&D 经费占 GDP 的比重作为技术自主研发的代理变量；借鉴邵军和刘军（2011）、陈文翔和周明生（2017）、刘洪铎和陈晓珊（2016）以及杜晓英（2014）的做法，采用各省份 FDI 占 GDP 的比重作为技术引进的代理变量。另外，对于技术进步的产出成果，本章借鉴许和连和成丽红（2015）以及王煌和张秀英（2017）的做法，采用三种专利授权量作为代理指标。以上指标本应采用农业产业领域的技术进步指标，但由于分省分行业数据不可得，则以各省市区的整体技术进步水平来代替，该水平反映了当地农业产业所处的技术环境。由于科学技术的溢出和转移效应，所处地区整体技术水平越高，带动当地农业产业技术提升的机会越大，可见，整体技术水平指标同样可以反映不同省份农业产业技术水平的差异程度。

因为本章设定的科学技术水平指标由 R&D 经费占 GDP 比重、FDI 占 GDP 比重和三种专利授权量三个子指标构成，所有数据均源自《中国统计年鉴》。为了能综合反映科学技术水平，本章借鉴王军等（2013）的做法，采用熵值法确定三个子指标的权重，进而构建科学技术水平综合评价指标（见附录 C）。熵值法的计算步骤为：

第一步：初始数据标准化处理。若子指标对综合指标的影响是正向的，即子指标取值越大越有利于综合指标提升，则采用正向指标，见公式（6-9）；否则，采用负向指标，见公式（6-10）。

$$\chi_{it} = \frac{X_{it} - \min\{X_i\}}{\max\{X_i\} - \min\{X_i\}} \tag{6-9}$$

$$\chi_{it} = \frac{\max\{X_i\} - X_{it}}{\max\{X_i\} - \min\{X_i\}} \tag{6-10}$$

其中，i 代表第 i 项子指标；t 代表第 t 年；χ_{it} 为标准化后的子指标值；$\min\{X_i\}$ 为子指标中所有年份中的最小值；$\max\{X_i\}$ 为子指标中所有年份中的最大值。按照本章指标构建的特点，应选择正向指标进行标准化处理。

第二步，计算第 t 年第 i 项子指标所占比重（s_{it}），其中 m 为要评价的年数。

$$s_{it} = \frac{x'_{it}}{\sum_{t=1}^{m} x'_{it}} \tag{6-11}$$

第三步，计算子指标信息熵（e_i）。

$$e_i = -\frac{1}{\ln m} \sum_{t=1}^{m} (s_{it} \times \ln s_{it}) \tag{6-12}$$

第四步，计算子指标信息熵冗余度（d_i）。

$$d_i = 1 - e_i \tag{6-13}$$

第五步，计算各子指标权重（ω_i），其中 n 为子指标个数。

$$\omega_i = \frac{d_i}{\sum_{i=1}^{n} d_i} \tag{6-14}$$

第六步，计算第 t 年总指标综合得分（S_t）。

$$S_t = \sum_{i}^{n} (\omega_i \times \chi_{it}) \tag{6-15}$$

6.2.1.4 制度质量

制度质量（*IQ*）：该指标用来衡量中国各省份制度环境质量的差异情况。Johnson 等（2007）曾研究指出，对外贸易的开放是改进和完善一国（地区）经济和政治制度环境的重要途径。Ades 和 Tella（1997）、Rodrick 等（2002）、Acemoglu 和 Robinson（2008）以及 Dang（2010）通过实证检验证实了贸易对于提高一国（地区）制度环境质量的重要性。进而，制度环境质量的提高不仅可以减轻专项投资不足的问题（Levchenko，2007；Costinot，2009）、提高企业技术决策效率（Acemoglu 等，2007）、促进劳动分工深化（Costinot，2009），还能提高人力资本聚集水平（Vogel，2007），并能吸引 FDI 的大量流入（茹玉骢等，2010），这些均能有效提高产业的生产效率，对产业的增长和升级起到重要的推动作用。

对于制度质量指标的选取，多数学者从金融、市场、政治、法律等维度进行衡量（邱斌等，2014；戴翔和金碚，2014；毛其淋和许家云，2015；衣长军等，2015；张莉和黄汉民，2016）。考虑到省级数据的可得性，本章借鉴邱斌等（2014）和衣长军等（2015）的做法，从金融发展水平、政府治理水平和法制发展水平三个维度来衡量。其中，金融发展水平采用人民币信贷规模占 GDP 比重作为代理指标，数据源自《中国金融年鉴》；政府治理水平采用政府与市场关系得分作为代理指标；法制发展水平采用市场中介组织发育和法律制度环境得分作为代理指标，后两个指标数据均源自《中国市场化指数》。另外，两篇文献还用到了知识产权保护指标，其数据均源自樊纲《中国市场化指数》中的知识产权保护得分。由于该项指数依据三种专利申请批准数量计算得来（樊纲等，2003），而本章在科学技术指标中已经用到了专利授权数，因此，制度环境质量指标体系中不应包括知识产权保护指标。最后，为了能综合反映制度质量，本章继续采用熵值法确定三个子指标的权重，进而构建制度质量综合评价指标（见附录 D）。

6.2.2 数据处理

被解释变量、解释变量和控制变量的选取及数据处理情况见第 5 章所述，物质资本（ln*PC*）、人力资本（ln*HC*）、科学技术（*TL*）和制度质量（*IQ*）

四个中介变量的数据处理情况如下所示。

6.2.2.1 描述性统计

模型中各中介变量的描述性统计结果见表6-1所示，物质资本变量（$\ln PC$）的标准差最大，说明数值波动幅度最为明显；人力资本（$\ln HC$）的标准差最小，说明数值波动幅度最小；科学技术（TL）和制度质量（IQ）的标准差最为接近，说明数值波动幅度较为一致。

表6-1　中介变量的描述性统计

变量	定义	样本	均值	标准差	最小值	最大值
$\ln PC$	物质资本存量的对数	217	1.663 7	0.779 8	-0.643 7	3.713 8
$\ln HC$	平均受教育年限的对数	217	2.274 3	0.122 9	1.642 5	2.627 1
TL	科学技术水平综合评价指标	217	0.482 5	0.221 2	0.080 4	1.000 0
IQ	制度环境质量综合评价指标	217	0.464 1	0.206 7	0.000 0	1.000 0

6.2.2.2 多重共线性

本章总样本中各自变量的 VIF 结果如表6-2所示，最大值为5.29，小于经验准则值10，因此，本模型不存在显著的多重共线性问题，不会对实证产生显著影响。

表6-2　总样本中各自变量的方差膨胀因子 VIF 值

变量	VIF	$1/VIF$
$\ln EXTS$	5.29	0.188 9
$\ln PC$	3.57	0.280 0
$\ln ENJ$	3.13	0.319 1
IND	3.07	0.325 2
$GDPg$	2.90	0.344 9
TL	2.63	0.380 5
$\ln EX$	2.09	0.478 4
$\ln HC$	2.09	0.479 5
IQ	1.92	0.521 2
VIF 均值	2.97	

6.2.2.3　平稳性检验

通过对中介变量序列的平稳性进行 LLC 检验、IPS 检验和 Fisher – ADF 检验，结果表明（表6–3），各变量均在1%的显著水平上拒绝了面板存在单位根的原假设，由此可判定该模型中各中介变量序列均为平稳序列。

表6–3　中介变量平稳性检验结果

变量	LLC	IPS	Fisher – ADF	结论
ln*PC*	– 10.145 0 ***	– 7.775 2 ***	175.220 3 ***	平稳
ln*HC*	– 6.519 2 ***	– 11.966 9 ***	236.093 2 ***	平稳
TL	– 6.964 6 ***	– 35.417 5 ***	138.410 9 ***	平稳
IQ	– 21.185 1 ***	– 19.510 4 ***	170.468 8 ***	平稳

注：＊＊＊、＊＊和＊分别表示在1%、5%和10%的显著水平下拒绝存在单位根的原假设。

6.3　物质资本积累的传导效应

理论上，农产品出口贸易的规模增长和质量提升，在促进国内收入增长的同时，更能加速国内物质资本的积累，物质资本作为产业发展的源动力，不仅能促进产业的规模增长，其在积累过程中不断提升的资本配置效率，更能有效加速产业结构的优化升级。实际中，物质资本积累是否在农产品出口贸易和农业产业发展中起到了良好的中介传导作用，其在中国各地区的中介效应存在多大差别，这些问题亟待进一步验证。本节将从农产品出口规模和出口质量两个角度分别对农业产业规模化、合理化和高级化的物质资本积累中介效应进行检验，具体实证结果如下所示。

6.3.1　出口规模对产业发展的物质资本积累中介检验

农产品出口规模（ln*EX*）通过物质资本中介变量（ln*PC*）影响农业产业规模化（ln*Y*）、合理化（*IR*）和高级化（*IS*）的中介检验结果见表6–4所示。该表展示了全国、东部、中部和西部四个部分的各自回归情况，每部分包括体现公式（6–5）的自变量 *X* 对中介变量 *M* 的回归结果，以及体现公式（6–6）的

自变量 X 和中介变量 M 对因变量 Y 的回归结果，而体现公式（6-4）的自变量 X 对因变量 Y 的基准回归结果见第5章第5.3节静态面板实证分析结果。

从全国整体来看，模型（6-1-1）为农产品出口规模对物质资本中介变量的回归，结果表明农产品出口规模对物质资本积累存在显著的正向促进作用，估计系数为0.2137，且至少在5%水平上显著，说明农产品出口规模的扩大的确会推进物质资本投资的累积和扩张，完全符合预期理论假设。模型（6-1-2）、（6-1-3）和（6-1-4）分别为农产品出口规模和中介变量物质资本积累对农业产业规模化、合理化和高级化的回归，结果表明农产品出口规模对农业产业规模化和合理化具有显著促进作用（其中，IR 越小说明产业越合理，因此负相关即为促进作用），对高级化的影响为正向但不显著，三者系数分别为0.0261、-0.0201和0.0253。与基准回归比较来看，模型（5-1-2）中出口规模对产业规模化的影响以及模型（5-3-2）中对产业高级化的影响均在1%水平上显著，系数分别为0.1448和0.1361，且均高于模型（6-1-2）和模型（6-1-4）的相应系数，而基准回归模型（5-2-2）中出口规模对产业合理化的影响并不显著。这意味着，物质资本积累在农产品出口规模推进农业产业规模化和高级化的影响中存在明显的中介效应，其中介效应占总效应的比重分别为81.98%和81.41%，可见，该中介变量起到非常重要的传导作用，是农产品出口规模促进农业产业规模化增长和高级化升级的强有力的要素手段。但是，在农产品出口规模促进产业合理化调整方面，物质资本积累则表现为遮掩效应，即抵消了出口规模对产业合理化调整的积极作用，其主要原因是，物质资本投资的基本原则是追求利益最大化，农业领域中农产品加工业相对于农林牧渔业，其产品附加值高、利润大，因此全国尤其东部和中部地区的物质资本大多投向农产品加工业，而对基础农业的资金支持相对欠缺。然而，基础农业作为其他产业的基本原料供给源头，其产品本身的品质和性能以及投入成本直接关乎后续产业链的产品质量和市场利润。中国基础农业虽然总量很大，但是从良种选育、机械化运作、安全生产、规模化经营、科学管理、品质监控以及市场流通等各个环节与美国、日本等发达国家相比差距仍然很大，致使中国许多基础农产品在产品品质和生产成本上的竞争力优势弱化，这与物质资本投资的产业偏向化具有很大关系。可见，农产品出口规模增长推动的物质资本积累并未对农业产业的合理化调整起到有利的中介传导作用，其投资的利益倾向化反而不利于农业产业结构的均衡发展。

表6-4 农产品出口规模通过物质资本积累影响农业产业高质量发展的中介效应检验

被解释变量	全国					东部		
解释变量	lnPC	lnY	IR	IS	lnPC	lnY	IR	IS
	模型	模型	模型	模型	模型	模型	模型	模型
	(6-1-1)	(6-1-2)	(6-1-3)	(6-1-4)	(6-1-5)	(6-1-6)	(6-1-7)	(6-1-8)
lnEX	0.213 7***	0.026 1***	-0.020 1***	0.025 3	0.486 4	0.495 6***	0.185 3***	-0.356 2
	(2.63)	(2.32)	(-3.97)	(0.51)	(1.56)	(13.34)	(4.70)	(-0.74)
lnPC		0.555 5***	0.118 2***	0.518 5***		0.631 0***	0.014 2	1.157 3***
		(8.68)	(7.36)	(9.35)		(27.19)	(1.39)	(5.79)
GDPg	-7.868 7***	-0.325 1	0.689 3***	-0.196 9	-5.682 6***	1.405 6***	1.756 6***	0.160 6
	(-30.29)	(-0.32)	(2.21)	(-0.08)	(-5.79)	(2.55)	(4.75)	(0.07)
IND	-3.056 6***	0.741 6***	-0.378 3**	2.458 0***	-0.523 9	1.663 5***	-0.413 3	6.303 8***
	(-24.88)	(4.38)	(-2.47)	(4.63)	(-0.66)	(5.84)	(-1.12)	(10.29)
lnENJ	-2.283 9***	0.471 7***	0.129 0***	-0.527 6	-3.696 0***	0.616 6***	-0.506 8**	1.623
	(-15.80)	(4.27)	(4.59)	(-1.48)	(-10.05)	(4.93)	(-2.45)	(0.87)

续表

被解释变量	全国				东部			
解释变量	lnPC	lnY	IR	IS	lnPC	lnY	IR	IS
	模型	模型	模型	模型	模型	模型	模型	模型
	(6-1-1)	(6-1-2)	(6-1-3)	(6-1-4)	(6-1-5)	(6-1-6)	(6-1-7)	(6-1-8)
Cons	17.454 1*** (13.98)	4.262 0*** (4.41)	0.001 1 (0.00)	4.212 5*** (2.07)	22.816 3*** (20.20)	0.313 (0.62)	2.585 9*** (2.78)	-7.621 2 (-0.75)
Hausman	67.4 (0.000 0)	50.03 (0.000 0)	16.88 (0.009 7)	33.59 (0.000 0)	37.03 (0.000 0)	10.92 (0.000 0)	13.95 (0.030 2)	13.69 (0.033 3)
模型形式	FE	FE	FE	FE	FE	FE	FE	FE
R2	0.794 3	0.797 8	0.200 1	0.239 8	0.809 3	0.725 9	0.329 2	0.214 5
N	217	217	217	217	77	77	77	77
Bootstrap	不需要		不需要		不显著 (0.5290)		不需要	不显著 (0.5260)
检验结论	中介效应占81.98%		遮掩效应占100%	中介效应占81.41%	间接效应不显著		间接效应不显著	间接效应不显著

续表

被解释变量	中部					西部		
解释变量	lnPC	ln$Y$	IR	IS	lnPC	ln$Y$	IR	IS
	模型	模型	模型	模型	模型	模型	模型	模型
	(6-1-9)	(6-1-10)	(6-1-11)	(6-1-12)	(6-1-13)	(6-1-14)	(6-1-15)	(6-1-16)
lnEX	0.421 8***	-0.055 3	-0.050 6	0.048 0	0.109 6	0.019 1	-0.047 1***	0.024 7
	(6.05)	(-1.12)	(-1.09)	(0.56)	(0.92)	(1.22)	(-3.17)	(0.64)
lnPC		0.423 6***	0.071 3	0.889 4***		0.448 3***	0.086 8***	0.211 0***
		(7.25)	(1.57)	(8.57)		(18.52)	(2.57)	(2.70)
GDPg	-5.068 5***	-2.207 9***	-1.127 5	1.877 8***	-13.283 4***	-0.986 8***	-0.192 1	-0.255 8
	(-4.99)	(-4.46)	(-1.73)	(5.47)	(-8.30)	(-3.65)	(-0.21)	(-0.14)
IND	-4.6572***	0.793 1*	0.625 4*	3.737 0***	-2.139 5***	-0.639 7***	-1.296 4***	-0.300 0
	(-7.39)	(2.20)	(2.27)	(5.87)	(-4.17)	(-3.45)	(-3.97)	(-0.35)
lnENJ	-2.570 8***	-1.445 3***	-0.223 2	-2.390 5***	-1.202 4***	0.710 4***	0.403 4*	0.191 1***
	(-15.40)	(-4.74)	(-1.64)	(-2.59)	(-6.96)	(7.27)	(1.88)	(2.47)
Cons	20.620 3***	18.640 2***	2.553 7***	15.090 8*	10.686 3***	3.005 9***	-0.997 2	-0.372 6
	(20.48)	(8.09)	(2.39)	(2.27)	(8.40)	(4.44)	(-0.74)	(-0.64)

续表

被解释变量	中部				西部			
	lnPC	lnY	IR	IS	lnPC	lnY	IR	IS
解释变量	模型 (6-1-1)	模型 (6-1-2)	模型 (6-1-3)	模型 (6-1-4)	模型 (6-1-5)	模型 (6-1-6)	模型 (6-1-7)	模型 (6-1-8)
Hausman	22.27 (0.0005)	22.6 (0.0009)	68.29 (0.0000)	12.1 (0.0598)	18.4 (0.0025)	14.27 (0.0267)	102.97 (0.0000)	6.33 (0.3874)
模型形式	FE	FE	FE	FE	FE	FE	FE	RE
R2	0.9618	0.8939	0.4014	0.7269	0.7840	0.9072	0.3504	0.5183
N	56	56	56	56	84	84	84	84
Bootstrap		不需要	显著 (0.0050)	不需要		显著 (0.0000)	不显著 (0.7110)	显著 (0.0071)
检验结论		中介效应 占100%	遮掩效应 占59.44%	中介效应 占88.67%		遮掩效应 占71.94%	间接效应 不显著	遮掩效应 占64.24%

注：* * *、* *和*分别表示在1%、5%和10%的显著水平，各变量系数对应的括号内数字为 t 值或 z 值，Hausman 检验和 Bootstrap 检验对应的括号内数字为 p 值。

从地区比较来看，第一，东部地区的物质资本积累在农产品出口规模对农业产业规模化、合理化和高级化的影响中均未起到显著的间接传导效应。第二，中部地区的物质资本积累在农产品出口规模促进农业产业规模化增长和高级化升级的影响中起到了绝对重要的中介传导作用，其中介效应占总效应的比重分别为100%和88.67%，但是对于产业合理化则表现出59.44%的遮掩效应，即并未发挥积极作用。第三，西部地区的物质资本积累在农产品出口规模促进农业产业规模化和高级化的影响中表现为71.94%和64.24%的遮掩效应，对产业合理化则间接效应不显著。总之，物质资本积累并非东部和西部地区农产品出口规模促进农业产业发展的有效传导路径，但在中部地区的农业产业规模化和高级化发展中则发挥了重要的传导作用。

6.3.2 出口质量对产业发展的物质资本积累中介检验

农产品出口质量（$\ln EXTS$）通过物质资本中介变量（$\ln PC$）影响农业产业规模化（$\ln Y$）、合理化（IR）和高级化（IS）的中介检验结果见表6-5所示。

从全国整体来看，模型（6-1-17）为农产品出口质量对物质资本中介变量的回归，结果表明农产品出口质量对物质资本积累存在显著的正向促进作用，估计系数为2.1167，且至少在1%水平上显著，说明农产品出口质量的提升能有效推进物质资本投资的累积和扩张，且该系数远高于出口规模对物质资本的影响（0.2137），说明农产品出口质量对物质资本积累的影响程度更大。模型（6-1-18）、（6-1-19）和（6-1-20）分别为农产品出口质量和物质资本中介变量对农业产业规模化、合理化和高级化的回归，结果表明农产品出口质量对三者均具有显著正向影响，系数分别为0.8456、0.2782和1.1890，均小于基准回归模型（5-1-7）、（5-2-19）和（5-3-7）中的相应系数1.5856、0.3670和1.7106。这意味着，物质资本积累在农产品出口质量对农业产业的影响中存在明显的中介效应，其占总效应的比重分别为46.67%、24.17%和28.82%，可见，该中介变量发挥了重要的传导作用。但是，在农产品出口质量对农业产业合理化的影响中，其系数为正值，说明其不利于产业合理化调整，物质资本积累又从中发挥了24.17%的中介作用，意味着该中介变量加重了出口质量对产业合理化调整的抑制作用。另外，相较于出口规模，农产品出口质量对农业产业规模化和高级化的直接影响效应

表6-5　农产品出口质量通过物质资本积累影响农业产业高质量发展的中介效应检验

被解释变量	全国				东部			
解释变量	lnPC 模型	lnY 模型	IR 模型	IS 模型	lnPC 模型	lnY 模型	IR 模型	IS 模型
	(6-1-17)	(6-1-18)	(6-1-19)	(6-1-20)	(6-1-21)	(6-1-22)	(6-1-23)	(6-1-24)
lnEXTS	2.116 7*** (12.85)	0.845 6*** (11.80)	0.278 2*** (2.89)	1.189 0* (1.85)	2.035 9*** (24.96)	1.467 5*** (22.35)	0.802 8*** (3.04)	2.986 9*** (11.12)
lnPC		0.349 6*** (6.26)	0.041 9*** (2.87)	0.232 9 (1.00)		0.326 7*** (12.63)	-0.128 8 (-1.50)	0.384 3 (1.77)
GDPg	-0.504 3 (-1.04)	1.059 (1.10)	1.187 7*** (2.63)	1.845 7 (0.34)	-1.193 0* (-1.91)	2.130 2*** (3.53)	2.453 7*** (4.07)	4.207 8*** (3.82)
IND	-0.457 9 (-1.51)	1.128 1*** (4.50)	-0.316 1* (-2.00)	3.254 8** (2.09)	2.607 8*** (6.88)	4.145 8*** (18.71)	0.812 6* (1.70)	9.583 2*** (10.20)
lnENJ	-0.695 5*** (-2.87)	0.643 5*** (3.45)	0.179 5*** (2.83)	-0.655 3 (-1.13)	-1.148 5*** (-7.78)	1.295 0*** (12.05)	0.052 5 (1.09)	2.582 6 (1.43)

续表

被解释变量 解释变量	全国				东部			
	lnPC 模型	lnY 模型	IR 模型	IS 模型	lnPC 模型	lnY 模型	IR 模型	IS 模型
	(6-1-17)	(6-1-18)	(6-1-19)	(6-1-20)	(6-1-21)	(6-1-22)	(6-1-23)	(6-1-24)
Cons	3.330 3* (1.72)	2.092 8 (1.35)	-0.777 4 (-1.35)	3.396 4 (0.80)	5.278 6*** (5.24)	-3.467 8*** (-4.20)	-1.203 7*** (-3.73)	-20.257 4 (-1.74)
Hausman	32.04 (0.000 0)	17.17 (0.004 2)	23.36 (0.000 7)	6.14 (0.292 6)	9.646 (0.046 8)	23.083 (0.000 3)	4.15 (0.528 2)	12.296 (0.031 0)
模型形式	FE	FE	FE	RE	FE	FE	RE	FE
R2	0.897 8	0.825 0	0.216 4	0.268 7	0.899 0	0.777 1	0.540 6	0.265 4
N	217	217	217	217	77	77	77	77
Bootstrap		不需要	不需要	显著 (0.000 0)		不需要	不显著 (0.616 0)	不显著 (0.128 2)
检验结论		中介效应占46.67%	中介效应占24.17%	中介效应占28.82%		中介效应占33.56%	间接效应不显著	间接效应不显著

191

续表

解释变量 \ 被解释变量	中部				西部			
	$\ln PC$ 模型	$\ln Y$ 模型	IR 模型	IS 模型	$\ln PC$ 模型	$\ln Y$ 模型	IR 模型	IS 模型
	(6-1-25)	(6-1-26)	(6-1-27)	(6-1-28)	(6-1-29)	(6-1-30)	(6-1-31)	(6-1-32)
$\ln EXTS$	1.760 0*** (7.27)	1.785 1*** (25.19)	0.424 5*** (2.72)	3.016 2*** (34.96)	2.616 8*** (10.36)	0.623 6*** (10.22)	-0.312 1*** (-3.09)	0.029 3 (0.28)
$\ln PC$		-0.138 9*** (-6.44)	-0.110 3 (-1.62)	0.120 0* (2.35)		0.284 3*** (6.19)	0.160 6*** (6.30)	0.162 7*** (3.01)
$GDPg$	-0.729 9 (-0.48)	1.148 7*** (4.05)	-0.471 7 (-0.69)	8.088 1*** (5.86)	0.449 2 (0.41)	0.070 5 (0.27)	-0.712 0 (-0.67)	0.000 8 (0.00)
IND	-2.197 6*** (-2.08)	-0.167 3 (-0.69)	0.123 0 (0.41)	3.150 8*** (4.47)	0.227 1 (0.49)	-0.429 6* (-1.98)	-1.409 8*** (-4.36)	-0.820 2* (-1.84)
$\ln ENJ$	-0.521 7 (-1.04)	-1.016 9*** (-3.28)	-0.235 8 (-1.43)	-1.233 7 (-1.36)	-2.058 5*** (-5.52)	0.293 4 (1.43)	0.654 2*** (2.78)	-0.371 1 (-1.38)
Cons	4.048 6 (1.24)	13.913 2*** (5.98)	2.288 4 (1.89)	3.855 8 (0.58)	10.410 8*** (4.08)	4.840 7*** (3.59)	-2.316 8 (-1.77)	3.480 0* (2.04)

续表

被解释变量	中部				西部			
	lnPC	lnY	IR	IS	lnPC	lnY	IR	IS
解释变量	模型	模型	模型	模型	模型	模型	模型	模型
	(6-1-17)	(6-1-18)	(6-1-19)	(6-1-20)	(6-1-21)	(6-1-22)	(6-1-23)	(6-1-24)
Hausman	2.21	35.69	39.25	24.59	20.47	21.61	10.99	16.16
	(0.819 9)	(0.000 0)	(0.000 0)	(0.000 4)	(0.001 0)	(0.001 4)	(0.088 7)	(0.006 4)
模型形式	RE	FE	FE	FE	FE	FE	FE	FE
R2	0.952 3	0.960 7	0.445 6	0.829 4	0.935 0	0.915 8	0.346 2	0.534 7
N	56	56	56	56	84	84	84	84
Bootstrap	不需要		显著 (0.0022)	不需要		不需要	不需要	不需要
检验结论		遮掩效应占 13.69%	遮掩效应占 45.73%	中介效应占 5.63%		中介效应占 54.40%	遮掩效应占 100%	中介效应占 93.57%

注：***、**、*分别表示在1%、5%和10%的显著水平，各变量系数对应的括号内数字为t值或z值，Hausman检验和Bootstrap检验对应的括号内数字为p值。

（0.8456 和 1.1890）均明显大于出口规模的相应影响（0.0261 和 0.0253），虽然中介效应占比相对较低，但出口质量和物质资本对产业的影响程度更大。总之，不论从农产品出口规模还是出口质量，在影响产业合理化调整方面，物质资本积累均未起到积极的推动作用；然而，对农业产业规模化和高级化的影响，则充当了重要传导媒介的角色。

从地区比较来看，第一，东部地区的物质资本积累在农产品出口质量带动农业产业规模化增长方面发挥了重要的中介传导作用，其中介效应占总效应比重为 33.56%，但是在出口质量影响产业合理化和高级化方面则未表现出显著的间接效应。第二，中部地区的物质资本积累在农产品出口质量促进农业产业规模化增长方面表现为遮掩效应，减弱了出口质量对产业规模直接促进效应的 13.69%；其在出口质量影响产业合理化方面表现为 45.73% 的遮掩效应，将系数为 0.4245 直接抑制效应减弱为系数 0.2490 的抑制效应，虽为遮掩效应，但是其抵消了部分出口质量对产业合理化的不利影响，使得其抑制效应有所减弱，因此，该中介变量实际上对产业合理化起到了一定的促进作用；另外，在出口质量促进产业高级化提升方面，该中介变量发挥了总效应 5.63% 的中介促进效应。第三，西部地区的物质资本积累在农产品出口质量促进农业产业规模化和高级化方面发挥了重要的中介传导作用，其中介效应占总效应的比重分别为 54.40% 和 93.57%，但是对产业合理化则表现为遮掩效应，并未发挥积极作用。可见，农产品出口质量带动的物质资本积累在西部地区农业产业高级化和规模化方面发挥了最大的中介效应，其次是对东部地区的产业规模化增长，最后对中部地区的产业合理化和高级化也发挥了一定的积极作用。另外，与出口规模系数比较来看，三个地区不论是出口质量对物质资本中介变量的影响，还是对农业产业发展的影响，其影响程度均显著大于出口规模的相应影响，这说明在任何经济发展水平的地区，农产品出口质量均比出口规模更能推动物质资本积累以及农业产业的发展。

6.4　人力资本投入的传导效应

人力资本作为高素质劳动要素，是企业拥有先进管理理念、开展技术创新以及拓展国内外市场的核心载体，也是企业运营中能否有效提高资源配置效率，提高要素生产率的关键投入。相对于内销企业，出口企业往往面临国内外的多重竞争，对人力资本的大力投入必然成为企业提高竞争力的必要手段。由于人力资本具有很强的流动性和外部性，其自身所拥有的知识技能和先进理念会随之向其他非出口企业扩散和渗透，进而影响整个产业结构升级的速度和方向（Hausmann 等，2007；Romalis，2004），可见，理论上人力资本投入为出口贸易影响产业发展提供了关键的中介传导作用，但实际中，在农产品出口贸易和农业产业发展中的传导作用究竟有多大，亟待进一步验证。本节将从农产品出口规模和出口质量两个角度分别对农业产业规模化、合理化和高级化的人力资本投入中介效应进行检验，具体实证结果如下所示。

6.4.1 出口规模对产业发展的人力资本投入中介检验

农产品出口规模（$\ln EX$）通过人力资本中介变量（$\ln HC$）影响农业产业规模化（$\ln Y$）、合理化（IR）和高级化（IS）的中介检验结果见表 6 – 6 所示。

从全国整体来看，模型（6 – 2 – 1）为农产品出口规模对人力资本中介变量的回归，结果表明农产品出口规模对人力资本积累存在显著的正向促进作用，估计系数为 0.046 4，且至少在 1% 水平上显著，说明农产品出口规模的扩大的确会推进人力资本的投入和累积，完全符合预期理论假设。模型（6 – 2 – 2）、（6 – 2 – 3）和（6 – 2 – 4）分别为农产品出口规模和人力资本投入对农业产业规模化、合理化和高级化的回归，结果表明农产品出口规模对农业产业规模化和高级化具有显著促进作用，均通过 1% 显著性检验，回归系数 0.111 3 和 0.097 3 依次小于基准回归模型（5 – 1 – 2）和（5 – 3 – 2）中相应的系数 0.144 8 和 0.136 1，说明人力资本投入在农产品出口规模促进农业产业规模化增长和高级化升级方面存在明显的中介效应，其中介效应占总效应的比重分别为 23.09% 和 28.49%，可见，增加人力资本投入确实是农产品出口规模推进农业产业规模化和高级化的一个重要手段。但是，在农产品出口规模推进产业合理化调整方面，人力资本投入的间接效应则并不显著，这与物质资本积累从中发挥的作用有所类似。一方面，农业产业在所有产业中处于产业链低端，相对于其他工业产业和服务业，其本身的属性并不具备很强的人才吸引力；即便农产品加工业的技术水平和生产率在逐年提高，但大多也只是劳动密集型的低端加工，不具备对高技能人力资本的容纳条件；

表6-6　农产品出口规模通过人力资本投入影响农业产业高质量发展的中介效应检验

被解释变量	全国				东部			
	$\ln HC$	$\ln Y$	IR	IS	$\ln PC$	$\ln Y$	IR	IS
解释变量 模型	(6-2-1)	(6-2-2)	(6-2-3)	(6-2-4)	(6-2-5)	(6-2-6)	(6-2-7)	(6-2-8)
$\ln EX$	0.046 4***	0.111 3***	-0.003 2	0.097 3*	0.132 4***	0.466 5*	0.187 4***	-0.999 5
	(7.78)	(3.50)	(-0.45)	(4.19)	(6.43)	(2.22)	(3.18)	(-0.81)
$\ln HC$		0.720 5	0.179 8	0.835 6***		2.537 5***	0.036 1	9.110 5*
		(1.54)	(1.01)	(2.49)		(2.40)	(0.20)	(2.15)
$GDPg$	-0.429 5	-4.387 1***	-0.163 7	-3.918 3*	-0.140 3	-1.823 9*	1.680 7***	-5.138 1*
	(-1.66)	(-7.53)	(-0.70)	(-2.03)	(-1.13)	(-2.10)	(4.60)	(-1.86)
IND	-0.315 3**	-0.729 4**	-0.683 0***	1.136 5**	-0.384 9***	2.309 6***	-0.406 8	9.204 1***
	(-2.36)	(-3.21)	(-4.24)	(2.08)	(-4.24)	(2.34)	(-1.24)	(5.67)
$\ln ENJ$	-0.247 8***	-0.618 6***	-0.096 4**	-1.504 9***	-0.332 0***	-0.872 9	-0.547 4*	0.370 1
	(-23.78)	(-4.42)	(-2.10)	(-3.13)	(-7.37)	(-1.66)	(-2.06)	(0.13)

续表

被解释变量	全国				东部			
解释变量	lnHC	lnY	IR	IS	lnPC	lnY	IR	IS
模型	(6-2-1)	(6-2-2)	(6-2-3)	(6-2-4)	(6-2-5)	(6-2-6)	(6-2-7)	(6-2-8)
Cons	3.825 7***	11.202 3***	1.376 7*	10.066 5***	3.784 4***	5.106	2.774 1	-15.692 6
	(107.08)	(5.72)	(1.99)	(3.23)	(24.63)	(1.12)	(1.80)	(-0.76)
Hausman	20.17	65.07	23.71	32.26	22.12	14.28	17.87	11.07
	(0.001 2)	(0.000 0)	(0.000 6)	(0.000 0)	(0.000 5)	(0.026 6)	(0.006 6)	(0.086 2)
模型形式	FE	FE	FE	FE	FE	FE	FE	FE
R2	0.411 0	0.610 0	0.148 9	0.177 9	0.817 0	0.516 1	0.327 8	0.170 9
N	217	217	217	217	77	77	77	77
Bootstrap		显著 (0.000 0)	不显著 (0.278 4)	不需要		不需要	显著 (0.000 0)	不需要
检验结论		中介效应占23.09%	间接效应不显著	中介效应占28.49%		中介效应占41.86%	中介效应占2.49%	遮掩效应占100%

197

续表

被解释变量	中部				西部			
解释变量	lnHC 模型	lnY 模型	IR 模型	IS 模型	lnHC 模型	lnY 模型	IR 模型	IS 模型
	(6-2-9)	(6-2-10)	(6-2-11)	(6-2-12)	(6-2-13)	(6-2-14)	(6-2-15)	(6-2-16)
lnEX	0.029 8*	0.072 1	-0.034 7	0.328 0***	0.047 1***	0.051 3	-0.041 6***	0.032 0
	(2.16)	(1.04)	(-1.04)	(2.81)	(4.30)	(0.89)	(-4.46)	(1.77)
lnHC		1.721 3***	0.476 9***	3.192 4***		0.360 2	0.085 6	0.086 3
		(6.61)	(5.11)	(5.26)		(1.69)	(0.74)	(1.02)
GDPg	-0.547 4	-3.412 5***	-1.227 9*	-0.882 3	-0.644 0	-6.710 4***	-1.290 3*	-2.202 6*
	(-1.74)	(-10.29)	(-2.31)	(-1.32)	(-1.58)	(-7.03)	(-1.93)	(-2.12)
IND	-0.223 1	-0.795 7***	0.399 6*	0.307 1	-0.271 9*	-1.501 0***	-1.458 9***	-1.166 9***
	(-1.20)	(-5.39)	(2.06)	(1.12)	(-1.95)	(-4.47)	(-4.18)	(-2.32)
lnENJ	-0.175 5***	-2.232 2***	-0.322 9*	-4.116 5***	-0.135 1*	0.219 9	0.310 6	-0.521 3
	(-2.86)	(-7.35)	(-2.24)	(-4.88)	(-2.17)	(1.70)	(1.29)	(-1.52)
Cons	3.522 7***	21.311 2***	2.344 4*	22.183 7***	3.047 8***	6.699 3***	-0.330 1	4.731 3*
	(7.13)	(9.67)	(2.18)	(3.88)	(9.08)	(5.98)	(-0.22)	(2.10)

续表

被解释变量 (解释变量)	中部				西部			
	lnHC	lnY	IR	IS	lnHC	lnY	IR	IS
模型	(6-2-1)	(6-2-2)	(6-2-3)	(6-2-4)	(6-2-5)	(6-2-6)	(6-2-7)	(6-2-8)
Hausman	177.99 (0.0000)	36.75 (0.0000)	12.05 (0.0608)	34.16 (0.0000)	11.90 (0.0361)	18.31 (0.0055)	85.95 (0.0000)	23.33 (0.0003)
模型形式	FE	FE	FE	FE	FE	FE	FE	FE
R2	0.6456	0.8979	0.4185	0.7250	0.2620	0.7629	0.3310	0.4807
N	56	56	56	56	84	84	84	84
Bootstrap		不需要	不需要	不需要		不显著 (0.1582)	不显著 (0.4578)	不显著 (0.6140)
检验结论		中介效应占 41.60%	遮掩效应占 40.96%	中介效应占 22.48%		间接效应不显著	间接效应不显著	间接效应不显著

注:*** ,** 和 * 分别表示在 1%、5% 和 10% 的显著水平,各变量系数对应的括号内数字为 t 值或 z 值,Hausman 检验和 Bootstrap 检验对应的括号内数字为 p 值。

199

另外，资金的相对紧缺和利润空间的相对狭小，更难以为高素质人才提供广阔的发展平台。另一方面，农业产业内部的人力资本流动，更倾向于产品附加值高、利润空间大的资本技术密集型农产品加工业，对于技术落后的简单粗加工行业，尤其是农林牧渔等基础农业，很难吸引或留住高素质人才，其人力资本的投入力度相对更弱。可见，不论是从农业产业外部还是内部，人力资本要素的自由流动不仅不利于农业产业在整个产业体系中的合理化配制，而且对于农业产业内部结构的合理化调整也难以发挥积极作用。

从地区比较来看，第一，东部地区的人力资本投入在农产品出口规模促进农业产业规模化增长方面发挥了积极的中介传导效应，其中介效应占总效应的比重为41.86%。在带动农业产业合理化调整方面，虽然也表现出占总效应2.49%的中介效应，但是模型（6-2-7）中的回归系数为正值0.187 4，且在1%水平上显著，说明农产品出口规模对农业产业合理化为抑制性直接效应，即不利于其合理化调整，另外，基准回归模型（5-2-3）中的回归系数亦为正值0.192 2，且在1%水平上显著，说明其总效应亦为抑制性，并大于其直接效应，该中介效应可理解为农产品出口规模增长带来的人力资本投入的增加，加重了出口规模对农业产业合理化调整的不利影响，即该中介效应并未发挥积极作用。在提升农业产业高级化方面，人力资本投入则完全遮掩了农产品出口规模对产业高级化的有效带动。第二，中部地区的人力资本投入在农产品出口规模促进农业产业规模化增长和高级化提升方面起到了重要的中介传导作用，其中介效应占总效应的比重分别为41.60%和22.48%；但是，对于产业合理化则表现为40.96%的遮掩效应，即抵消了农产品出口规模对产业合理化调整的积极影响。第三，西部地区人力资本投入在农产品出口规模对于农业产业发展的各种影响中均未起到显著的间接效应。总之，农产品出口规模带来的人力资本投入的增长可以积极推进东部地区农业产业的规模化以及中部地区农业产业的规模化和高级化的发展，在西部地区无明显传导效应。

6.4.2　出口质量对产业发展的人力资本投入中介检验

农产品出口质量（$\ln EXTS$）通过人力资本中介变量（$\ln HC$）影响农业产业规模化（$\ln Y$）、合理化（IR）和高级化（IS）的中介检验结果见表6-7所示。

表6-7 农产品出口质量通过人力资本投入影响农业产业高质量发展的中介效应检验

被解释变量	全国				东部			
解释变量	$\ln HC$ 模型 (6-2-17)	$\ln Y$ 模型 (6-2-18)	IR 模型 (6-2-19)	IS 模型 (6-2-20)	$\ln HC$ 模型 (6-2-21)	$\ln Y$ 模型 (6-2-22)	IR 模型 (6-2-23)	IS 模型 (6-2-24)
$\ln EXTS$	0.249 4*** (3.01)	1.644 6*** (8.31)	0.389 6*** (4.06)	1.853 1*** (6.69)	0.197 8*** (6.39)	2.078 5*** (26.49)	0.551 9*** (3.68)	3.508 2*** (13.26)
$\ln HC$		-0.236 4* (-1.80)	-0.090 6 (-0.83)	-0.284 2 (-1.31)		0.296 3 (1.06)	-0.294 6 (-0.86)	1.427 9 (1.25)
GDPg	0.351 0*** (2.57)	0.965 7 (0.95)	1.198 4*** (2.54)	2.202 8 (0.94)	0.033 5 (0.16)	1.732 7*** (3.03)	2.537 4*** (3.11)	3.712 2*** (3.26)
IND	0.021 7 (0.12)	0.973 1*** (3.36)	-0.333 3** (-2.12)	3.003 7*** (7.13)	0.028 (0.18)	4.994 1*** (13.59)	0.420 7 (0.56)	10.567 3*** (15.33)
$\ln ENJ$	-0.071 3 (-1.61)	0.383 5 (1.65)	0.143 9*** (2.10)	-0.373 0* (-1.90)	-0.068 9*** (-5.73)	0.9533*** (6.18)	0.077 3 (1.19)	2.303 (1.31)

续表

被解释变量	全国				东部			
	lnHC	lnY	IR	IS	lnHC	lnY	IR	IS
解释变量（模型）	模型 (6-2-17)	模型 (6-2-18)	模型 (6-2-19)	模型 (6-2-20)	模型 (6-2-21)	模型 (6-2-22)	模型 (6-2-23)	模型 (6-2-24)
Cons	2.330 6*** (4.90)	3.808 1* (1.72)	-0.426 7 (-0.76)	1.685 5* (1.86)	2.484 4*** (17.64)	-2.569 9 (-1.49)	-0.409 1 (-0.46)	-22.212 6 (-1.60)
Hausman	16.47 (0.005 6)	39.20 (0.000 0)	21.72 (0.001 4)	11.54 (0.073 1)	2.70 (0.608 8)	53.87 (0.000 0)	1.84 (0.870 9)	10.57 (0.060 6)
模型形式	FE	FE	FE	FE	RE	FE	RE	FE
R2	0.475 2	0.786 6	0.214 2	0.268 7	0.815 0	0.741 8	0.468 0	0.260 1
N	217	217	217	217	77	77	77	77
Bootstrap	不需要		不显著 (0.757 9)	不显著 (0.750 3)		显著 (0.090 9)	不显著 (0.306 2)	不显著 (0.318 7)
检验结论	遮掩效应占3.58%		间接效应不显著	间接效应不显著		中介效应占2.96%	间接效应不显著	间接效应不显著

续表

被解释变量	中部				西部			
解释变量	lnHC 模型 (6-2-25)	ln$Y$ 模型 (6-2-26)	IR 模型 (6-2-27)	IS 模型 (6-2-28)	lnHC 模型 (6-2-29)	ln$Y$ 模型 (6-2-30)	IR 模型 (6-2-31)	IS 模型 (6-2-32)
ln$EXTS$	0.223 6*** (7.91)	1.579 9*** (17.02)	0.216 5* (2.24)	3.198 3*** (12.60)	0.355 2*** (2.76)	1.468 9*** (13.86)	0.116 3 (1.47)	0.495 0*** (10.64)
lnHC		-0.060 2 (-0.30)	0.123 3 (0.61)	0.033 8 (0.05)		-0.285 3*** (-2.41)	-0.023 3 (-0.19)	-0.112 8*** (-2.21)
GDPg	0.259 8 (1.36)	1.315 1*** (5.65)	-0.399 6 (-0.58)	7.950 7*** (7.14)	1.114 5*** (2.61)	0.516 3 (0.90)	-0.613 9 (-0.62)	0.199 6 (0.17)
IND	-0.012 5 (-0.16)	0.169 (0.71)	0.384 8*** (2.83)	2.860 8*** (4.34)	0.040 9 (0.18)	-0.353 4 (-1.31)	-1.372 4*** (-4.37)	-0.778 7 (-1.67)
lnENJ	-0.010 7 (-0.60)	-0.867 9*** (-2.61)	-0.134 5 (-1.72)	-1.360 6 (-1.43)	-0.297 2*** (-3.99)	-0.376 6 (-1.46)	0.316 8 (1.19)	-0.739 5* (-1.93)

续表

被解释变量 解释变量	中部				西部			
	lnHC 模型	lnY 模型	IR 模型	IS 模型	lnHC 模型	lnY 模型	IR 模型	IS 模型
	(6-2-17)	(6-2-18)	(6-2-19)	(6-2-20)	(6-2-21)	(6-2-22)	(6-2-23)	(6-2-24)
Cons	2.000 3*** (14.72)	12.870 2*** (5.76)	1.265 6 (1.37)	4.777 7 (0.82)	3.441 6*** (9.57)	8.782 3*** (4.49)	-0.565 1 (-0.36)	5.561 7*** (2.31)
Hausman	2.53 (0.772 6)	13.47 (0.019 3)	142.74 (0.000 0)	14.91 (0.010 8)	11.42 (0.043 6)	27.37 (0.000 1)	57.21 (0.000 0)	11.58 (0.071 9)
模型形式	RE	FE	FE	FE	FE	FE	FE	FE
R2	0.736 3	0.958 4	0.425 1	0.828 4	0.350 1	0.901 4	0.324 8	0.520 2
N	56	56	56	56	84	84	84	84
Bootstrap		不显著 (0.403 2)	不显著 (0.398 3)	不显著 (0.413 3)	不需要		不显著 (0.1642)	不需要
检验结论		间接效应不显著	间接效应不显著	间接效应不显著	遮掩效应占6.90%		间接效应不显著	遮掩效应占8.09%

注：***、**和*分别表示在1%、5%和10%的显著水平，各变量系数对应的括号内数字为t值或z值，Hausman检验和Bootstrap检验对应的括号内数字为p值。

从全国整体来看，模型（6-2-17）为农产品出口质量对人力资本中介变量的回归，结果表明农产品出口质量对人力资本积累存在显著的正向促进作用，估计系数为0.249 4，且在1%水平上显著，说明农产品出口质量的提升对人力资本投入具有显著的推进作用，且该影响系数明显大于出口规模对人力资本的影响（0.046 4），说明出口质量比出口规模更能促进人力资本投入的增加。模型（6-2-18）、（6-2-19）和（6-2-20）分别为农产品出口质量和人力资本中介变量对农业产业规模化、合理化和高级化的回归，虽然出口质量对三者的影响均非常显著，但是人力资本对三者的影响均为负值，且仅对产业规模化的影响在10%水平上显著，则最终结果为，农产品出口质量带动的人力资本投入的增加对农业产业规模化增长带来了3.58%的遮掩效应，即抵消了一部分出口质量对产业规模化的积极影响；另外，对产业合理化和高级化的间接效应均不显著。可见，虽然农产品出口质量比出口规模更能促进人力资本投入，但是人力资本作为中介变量并不能在农产品出口质量对农业产业发展的影响中起到有效的积极传导作用。

从地区比较来看，第一，东部地区的人力资本投入在农产品出口质量带动农业产业规模化增长方面发挥了一部分中介传导作用，其中介效应占总效应比重为2.96%，在出口质量影响产业合理化和高级化方面间接效应均不显著。第二，中部地区的人力资本投入在农产品出口质量对农业产业发展影响的间接效应均不显著。第三，西部地区的人力资本投入在农产品出口质量带动农业产业规模化和高级化的发展中，表现为6.90%和8.09%的遮掩效应，即抵消了出口质量对这两者的积极影响，另外，在对产业合理化影响中，间接效应不显著。另外，与出口规模比较，虽然三个地区出口质量对人力资本投入的促进程度更为明显，但是，人力资本作为中介变量所发挥的作用尚不如通过农产品出口规模给农业产业带来的效应更加积极。总之，农产品出口质量提升所带来的人力资本投入的增加，除了对东部地区的农业产业规模化增长带来小幅度的中介传导效应之外，对农业产业其他方面以及在其他地区均未体现出有效的积极传导作用。

6.5 科学技术溢出的传导效应

技术进步是任何企业乃至整个产业发展的核心竞争力，在国际竞争关系日益复杂的环境下，提升产品的技术含量，是出口部门增强产品国际竞争力，抢占国际市场的关键所在。因此，出口部门在技术资本投入、技术人员培育等方面具有更多的主动性和更大的投入性，具备更强的技术自主创新能力；另外，相对于非出口部门，出口部门拥有与外界市场接触的便利条件，为其承接国外先进技术的溢出提供了便捷。因此，出口部门往往拥有更先进的生产技术，其带来的边际要素生产率要高于非出口部门（Feder，1982）。但是，由于技术具有很强的溢出性，出口部门的先进技术会逐渐向非出口部门溢出和扩散，最后带来整个产业技术水平的提高。同时，由于技术进步带来的产品更新换代以及新兴产业的出现将会促使产业部门要素的重新配置，会改变产业结构的调整，并带动产业向知识技术型和集约化的方向提升和发展。可见，理论上出口贸易会带来技术水平的提高，先进技术的溢出又会促使整个产业的集约化增长和升级，说明技术进步具有关键的中介传导作用。但实际中，其在农产品出口贸易和农业产业发展中的传导作用究竟有多大，亟待进一步验证。本节将从农产品出口规模和出口质量两个角度分别对农业产业规模化、合理化和高级化的科学技术中介的溢出效应进行检验，具体实证结果如下所示。

6.5.1 出口规模对产业发展的科学技术溢出中介检验

农产品出口规模（$\ln EX$）通过科学技术中介变量（TL）影响农业产业规模化（$\ln Y$）、合理化（IR）和高级化（IS）的中介检验结果见表 6 - 8 所示。

从全国整体来看，模型（6 - 3 - 1）为农产品出口规模对科学技术中介变量的回归，结果表明农产品出口规模对科学技术进步存在显著的正向促进作用，估计系数为 0.054 7，且在 5% 水平上显著，说明农产品出口规模的扩张能带来技术水平的提升。模型（6 - 3 - 2）、（6 - 3 - 3）和（6 - 3 - 4）分别为农产品出口规模和科学技术中介变量对农业产业规模化、合理化和高级化的回归，结果表明，农产品出口规模对农业产业规模化和高级化均为正向促

表 6 - 8　农产品出口规模通过科学技术溢出影响农业产业高质量发展的中介效应检验

被解释变量 解释变量	全国				东部			
	TL	lnY	IR	IS	TL	lnY	IR	IS
	模型 (6-3-1)	模型 (6-3-2)	模型 (6-3-3)	模型 (6-3-4)	模型 (6-3-5)	模型 (6-3-6)	模型 (6-3-7)	模型 (6-3-8)
lnEX	0.054 7*** (2.28)	0.123 3*** (3.26)	-0.000 4 (-0.04)	0.106 3*** (5.29)	0.424 6*** (3.12)	0.588 3*** (3.39)	0.154 0*** (4.27)	1.130 9 (1.03)
TL		0.392 7*** (4.63)	0.101 6*** (4.11)	0.545 3*** (5.46)		0.504 6*** (6.96)	0.090 1*** (8.78)	0.886 8 (1.54)
GDPg	-1.868 8*** (-4.17)	-3.962 7*** (-5.56)	-0.051 1 (-0.17)	-3.258 1 (-1.50)	1.906 4*** (3.19)	-3.141 8*** (-3.92)	1.504 0*** (4.57)	-6.075 3 (-0.44)
IND	-2.400 7*** (-8.78)	-0.013 7 (-0.05)	-0.495 8*** (-3.25)	2.182 1*** (4.36)	-4.432 9*** (-10.86)	3.569 6*** (4.12)	-0.021 4 (-0.06)	10.618 4 (1.35)
lnENJ	-1.185 2*** (-5.02)	-0.331 7*** (-3.32)	-0.020 6 (-0.95)	-1.065 7*** (-3.50)	-1.315 4*** (-7.97)	-1.051 7*** (-2.90)	-0.440 9* (-1.98)	-2.512 8*** (-2.82)

续表

被解释变量 解释变量	全国 TL 模型 (6-3-1)	全国 lnY 模型 (6-3-2)	全国 IR 模型 (6-3-3)	全国 IS 模型 (6-3-4)	东部 TL 模型 (6-3-5)	东部 lnY 模型 (6-3-6)	东部 IR 模型 (6-3-7)	东部 IS 模型 (6-3-8)
Cons	9.035 5***	10.410 2***	1.146 6***	8.336 1***	7.646 0***	10.851 0***	2.222 1*	9.928 7***
	(5.73)	(13.68)	(7.85)	(4.49)	(6.65)	(9.53)	(2.12)	(2.17)
Hausman	60.48	54.00	19.91	33.70	39.14	11.22	15.74	8.00
	(0.000 0)	(0.000 0)	(0.002 9)	(0.000 0)	(0.000 0)	(0.081 8)	(0.015 2)	(0.237 8)
模型形式	FE	FE	FE	FE	FE	FE	FE	RE
R2	0.553 6	0.656 0	0.168 4	0.216 4	0.671 8	0.561 9	0.360 8	0.122 1
N	217	217	217	217	77	77	77	77
Bootstrap		不需要	不需要	不需要		不需要	不需要	不显著 (0.755 1)
检验结论		中介效应 占 14.83%	遮掩效应 占 100%	中介效应 占 21.92%		中介效应 占 26.70%	中介效应 占 19.90%	间接效应 不显著

续表

被解释变量	中部				西部			
	TL 模型	$\ln Y$ 模型	IR 模型	IS 模型	TL 模型	$\ln Y$ 模型	IR 模型	IS 模型
解释变量	(6-3-9)	(6-3-10)	(6-3-11)	(6-3-12)	(6-3-13)	(6-3-14)	(6-3-15)	(6-3-16)
$\ln EX$	0.308 8*** (3.85)	0.098 8* (2.29)	-0.051 7 (-1.07)	0.286 0*** (2.96)	-0.065 0*** (-5.17)	0.090 4 (1.54)	-0.043 6*** (-4.12)	0.043 3* (1.99)
TL		0.079 6 (1.03)	0.101 2*** (2.90)	0.443 8*** (2.58)		0.340 7*** (5.45)	-0.092 5* (-2.00)	0.112 5*** (4.61)
$GDPg$	-0.902 9 (-1.79)	-4.283 0*** (-4.54)	-1.397 6* (-2.34)	-2.229 2*** (-2.55)	-4.270 4*** (-3.62)	-5.487 5*** (-7.45)	-1.740 5*** (-2.30)	-1.777 6* (-1.83)
IND	-1.763 0*** (-6.00)	-1.039 4*** (-3.63)	0.471 7 (1.77)	0.377 5 (0.74)	-2.701 7*** (-5.09)	-0.678 5 (-1.26)	-1.732 0*** (-5.19)	-0.886 3 (-1.47)
$\ln ENJ$	-2.367 1*** (-5.42)	-2.345 9*** (-5.24)	-0.167 0 (-1.53)	-3.626 4*** (-2.95)	0.196 8 (0.73)	0.104 2 (0.95)	0.317 2 (1.28)	-0.555 1 (-1.63)

续表

被解释变量 / 解释变量	中部				西部			
	TL	lnY	IR	IS	TL	lnY	IR	IS
	模型 (6-3-9)	模型 (6-3-10)	模型 (6-3-11)	模型 (6-3-12)	模型 (6-3-13)	模型 (6-3-14)	模型 (6-3-15)	模型 (6-3-16)
Cons	16.624 9*** (5.86)	26.051 7*** (8.16)	2.341 4*** (2.82)	26.051 9*** (3.04)	0.883 1 (0.52)	7.496 2*** (10.16)	0.012 4 (0.01)	4.894 8* (2.15)
Hausman	17.68 (0.003 4)	25.84 (0.000 2)	16.8 (0.010 0)	17.38 (0.008 0)	24.68 (0.000 1)	20.68 (0.002 1)	12.32 (0.030 7)	10.90 (0.091 6)
模型形式	FE	FE	FE	FE	FE	FE	FE	FE
R2	0.656 5	0.877 7	0.436 1	0.714 3	0.629 0	0.790 6	0.338 9	0.489 9
N	56	56	56	56	84	84	84	84
Bootstrap		不显著 (0.308 2)	不需要	不需要		不需要	不需要	不需要
检验结论		间接效应 不显著	遮掩效应 占 60.45%	中介效应 占 32.39%		遮掩效应 占 24.50%	遮掩效应 占 13.79%	遮掩效应 占 16.89%

注：***、**和*分别表示在 1%、5% 和 10% 的显著水平，各变量系数对应的括号内数字为 t 值或 z 值，Hausman 检验和 Bootstrap 检验对应的括号内数字为 p 值。

进作用，回归系数分别为0.123 3和0.106 3，均在1%水平上显著，并依次小于基准回归模型（5-1-2）和（5-3-2）的相应系数0.144 8和0.136 1，这意味着科学技术从中发挥了重要的中介传导作用，其中介效应占总效应的比重分别为14.83%和21.92%，可见，农产品出口规模带来的技术进步是促进农业产业规模化增长和高级化提升的关键传导要素。但是，在农产品出口规模促进产业合理化调整方面，科学技术则表现为完全遮掩效应，并不利于产业合理化的调整，其主要原因是，技术要素需要以物质资本和人力资本作为载体，先进技术的溢出需要物质资本和人力资本的承载，由上文分析得知，物质资本要素和人力资本要素更倾向于产品附加值高、利润空间大的产业领域，在外则多流向工业和服务业，在内则多流向资本技术密集型行业，所以，不论是农业产业外部结构体系还是内部结构体系，对于其合理化均衡发展均难以起到积极主动的推动作用。

从地区比较来看，第一，东部地区的科学技术溢出在农产品出口规模促进农业产业规模化增长方面发挥了积极的中介传导效应，其中介效应占总效应的比重为26.70%。在带动农业产业合理化调整方面，虽然也表现出占总效应19.90%的中介效应，但是模型（6-3-7）中的回归系数为正值0.154 0，且在1%水平上显著，说明农产品出口规模对农业产业合理化为抑制性直接效应，即不利于其合理化调整；另外，基准回归模型（5-2-3）中的回归系数亦为正值0.192 2，且在1%水平上显著，说明其总效应亦为抑制性，并大于其直接效应，表明科学技术中介效应加重了农产品出口规模对农业产业合理化调整的不利影响，即该中介效应并未发挥积极作用。在提升农业产业高级化方面，农产品出口规模带动的科学技术溢出所体现的间接效应并不显著。第二，中部地区的科学技术在农产品出口规模促进农业产业高级化提升方面起到了重要的中介传导作用，其中介效应占总效应的比重为32.39%；其对产业规模化影响的间接效应并不显著，对产业合理化的影响为60.45%的遮掩效应，将出口规模对产业合理化促进性的直接效应-0.051 7遮掩为-0.020 5，降低了对产业合理化的促进性。第三，西部地区的科学技术在农产品出口规模对于农业产业发展的各种影响中均为遮掩效应，其比重分别为24.50%、13.79%和16.89%，虽然科学技术进步能显著提高西部地区农业产业的规模化、合理化和高级化程度，其回归系数分别为0.340 7、-0.092 5和0.112 5，且分别在1%、10%和1%水平上显著，但是由于农产品出口规模的增长不利于西部地区技术水平的提高（系数为-0.065 0，且在1%水平上显著），所以出口规模带动的技术进步反而遮掩了对农业产业发展的促进作用。这与东部和中部地区有所不同，东部和中部地区的农产品出口规模均能显著促进技术水平的提升，回归系数分别为 0.424 6 和 0.308 8，分别在 5% 和 1% 水平上显著。原因可能是，西部地区农产品出口主要以低端农产品为主，其承载的技术含量相对较低，对产品技术要求较低，出口规模的扩大并不能提高出口部门主动提升技术水平的意愿，甚至拥有较高技术的生产资源会向相对发达的东部和中部地区流动。总之，农产品出口规模带来的科学技术溢出对中部地区农业产业高级化的推动效应最强，其次是对东部地区农业产业规模化的推动，对农业产业其他方面以及西部地区则均无积极传导效应。

6.5.2　出口质量对产业发展的科学技术溢出中介检验

农产品出口质量（ln$EXTS$）通过科学技术中介变量（TL）影响农业产业规模化（ln$Y$）、合理化（IR）和高级化（IS）的中介检验结果见表 6 – 9 所示。

从全国整体来看，模型（6 – 3 – 17）为农产品出口质量对科学技术中介变量的回归，结果表明农产品出口质量对科学技术存在显著的正向促进作用，估计系数为 1.011 5，且在 1% 水平上显著，说明农产品出口质量的提升能带来技术水平的明显提升，且该影响系数明显大于出口规模对科学技术的影响（0.054 7），说明出口质量比出口规模更能促进技术水平的提高。模型（6 – 3 – 18）、（6 – 3 – 19）和（6 – 3 – 20）分别为农产品出口质量和科学技术对农业产业规模化、合理化和高级化的回归，结果表明，农产品出口质量对三者均具有显著正向影响，系数分别为 1.493 4、0.336 9 和 1.550 3，均小于基准回归模型（5 – 1 – 7）、（5 – 2 – 19）和（5 – 3 – 7）中的相应系数 1.585 6、0.367 0 和 1.710 6。这意味着，科学技术溢出在农产品出口质量对农业产业的影响中存在明显的中介效应，其占总效应的比重分别为 5.81%、8.21% 和 13.56%。但是，在农产品出口质量对农业产业合理化的影响中，其系数为正值，说明其不利于产业合理化调整，科学技术从中发挥的 8.21% 的中介作用，实质上加重了出口质量对产业合理化调整的反向作用。另外，相较于出口规模，农产品出口质量对农业产业规模化和高级化的直接影响效应（1.493 4 和 1.550 3）均明显大于出口规模的相应影响（0.123 3 和 0.106 3），虽然中介效应占比相对较低，但出口质量和物质资本对产业的影响程度更大。总之，与农产品出口规模类似，出口质量带来的技术进步亦不能促进产业合理化调

表6-9　农产品出口质量通过科学技术溢出影响农业产业高质量发展的中介效应检验

被解释变量	全国				东部			
解释变量	TL 模型 (6-3-17)	lnY 模型 (6-3-18)	IR 模型 (6-3-19)	IS 模型 (6-3-20)	TL 模型 (6-3-21)	lnY 模型 (6-3-22)	IR 模型 (6-3-23)	IS 模型 (6-3-24)
lnEXTS	1.011 5*** (3.44)	1.493 4*** (7.77)	0.336 9*** (4.04)	1.550 3*** (7.20)	1.218 6*** (9.31)	2.042 8*** (16.80)	0.493 8*** (2.89)	2.273 8*** (3.55)
TL		0.091 1*** (4.73)	0.029 8*** (3.53)	0.229 3*** (4.12)		0.073 8 (1.07)	-0.000 3 (-0.00)	0.255 1 (0.68)
GDPg	1.844 8*** (2.10)	0.714 6 (0.73)	1.111 7*** (2.43)	1.680 0 (0.77)	4.237 0*** (5.33)	1.427 7* (2.09)	2.521 8*** (2.58)	-1.273 6 (-0.13)
IND	-1.227 5*** (-4.60)	1.079 8*** (3.35)	-0.298 8* (-1.83)	3.279 0*** (7.93)	-2.383 3*** (-3.09)	5.173 8*** (10.24)	0.415 0 (0.53)	12.390 0* (1.93)
lnENJ	-0.402 5*** (-2.83)	0.437 0* (1.93)	0.162 3** (2.25)	-0.260 4 (-1.29)	0.194 1 (1.04)	0.905 5*** (7.54)	0.098 4*** (1.99)	-1.321 0* (-1.66)

续表

被解释变量	全国				东部			
解释变量	TL	lnY	IR	IS	TL	lnY	IR	IS
	模型（6-3-17）	模型（6-3-18）	模型（6-3-19）	模型（6-3-20）	模型（6-3-21）	模型（6-3-22）	模型（6-3-23）	模型（6-3-24）
Cons	1.9093 (1.35)	3.0831 (1.59)	-0.6946 (-1.10)	0.5854 (0.50)	-1.9765 (-1.53)	-1.5972 (-1.65)	-1.1463*** (-3.20)	5.2417 (0.95)
Hausman	21.15 (0.0003)	32.49 (0.0000)	21.31 (0.0016)	14.96 (0.0205)	19.10 (0.0008)	13.66 (0.0179)	1.52 (0.9113)	5.20 (0.3918)
模型形式	FE	FE	FE	FE	FE	FE	RE	RE
R2	0.6472	0.7877	0.2146	0.2744	0.7584	0.7426	0.4576	0.2209
N	217	217	217	217	77	77	77	77
Bootstrap	不需要					显著 (0.0922)	不显著 (0.2074)	不显著 (0.3383)
检验结论		中介效应占5.81%	中介效应占8.21%	中介效应占13.56%		中介效应占4.54%	间接效应不显著	间接效应不显著

续表

被解释变量　解释变量	中部						西部	
	TL 模型 (6-3-25)	lnY 模型 (6-3-26)	IR 模型 (6-3-27)	IS 模型 (6-3-28)	TL 模型 (6-3-29)	lnY 模型 (6-3-30)	IR 模型 (6-3-31)	IS 模型 (6-3-32)
lnEXTS	1.191 6*** (2.87)	1.656 6*** (32.37)	0.195 1*** (2.79)	2.931 4*** (25.53)	0.523 3 (1.42)	1.297 0*** (12.36)	0.160 3*** (4.63)	0.434 5*** (6.41)
TL		-0.077 6*** (-3.07)	0.045 3*** (4.90)	0.231 4*** (2.46)		0.134 7*** (4.34)	-0.099 7*** (-2.26)	0.039 2 (1.47)
GDPg	2.150 4 (1.78)	1.460 9*** (5.17)	-0.453 7 (-0.69)	7.465 0*** (4.95)	-1.238 3 (-0.58)	0.365 0 (0.57)	-0.763 4 (-0.90)	0.122 4 (0.10)
IND	-0.099 3 (-0.18)	0.159 4 (0.58)	0.393 0* (2.20)	2.884 8*** (5.33)	-2.205 7*** (-6.30)	-0.067 9 (-0.18)	-1.593 3*** (-4.83)	-0.696 9 (-1.35)
lnENJ	-1.209 5*** (-9.30)	-0.967 8*** (-2.73)	-0.067 5 (-0.63)	-1.077 4 (-1.17)	0.149 6 (0.60)	-0.311 9 (-1.31)	0.338 6 (1.29)	-0.711 8* (-1.91)
Cons	7.123 5*** (4.57)	13.354 8*** (5.00)	1.083 3 (1.40)	3.167 8 (0.49)	-0.337 1 (-0.28)	7.845 7*** (4.79)	-0.678 9 (-0.43)	5.186 8*** (2.23)

续表

被解释变量	中部				西部			
解释变量	TL 模型	lnY 模型	IR 模型	IS 模型	TL 模型	lnY 模型	IR 模型	IS 模型
	（6－3－17）	（6－3－18）	（6－3－19）	（6－3－20）	（6－3－21）	（6－3－22）	（6－3－23）	（6－3－24）
Hausman	12.12 （0.016 5）	13.13 （0.022 2）	26.73 （0.000 1）	21.67 （0.000 6）	14.88 （0.005 0）	25.22 （0.000 1）	43.39 （0.000 0）	13.61 （0.034 3）
模型形式	FE	FE	FE	FE	FE	FE	FE	FE
R2	0.645 0	0.960 1	0.432 7	0.836 8	0.647 7	0.902 6	0.335 2	0.519 7
N	56	56	56	56	84	84	84	84
Bootstrap		不需要	不需要	不需要		不显著 不需要 （0.718 4）	不显著 （0.215 9）	
检验结论		遮掩效应 占 5.58%	中介效应 占 21.68%	中介效应 占 7.35%		间接效应 不显著	间接效应 不显著	间接效应 不显著

注：＊＊＊、＊＊和＊分别表示在 1%、5% 和 10% 的显著水平，各变量系数对应的括号内数字为 t 值或 z 值，Hausman 检验和 Bootstrap 检验对应的括号内数字为 p 值。

整，但是，在产业规模化和高级化方面，科学技术则发挥了积极的传导作用。

从地区比较来看，第一，东部地区的科学技术溢出在农产品出口质量促进农业产业规模化增长方面发挥了一定的积极中介效应，其占总效应的比重为4.54%，但在农业产业合理化和高级化方面所体现的间接效应并不显著。第二，中部地区的科学技术在农产品出口质量促进农业产业高级化提升方面起到了一定的中介传导作用，其占总效应的比重为7.35%；对产业规模化的影响则表现为5.58%的遮掩效应，不利于产业规模化增长；对产业合理化的影响虽为21.68%的中介效应，但由于出口质量对产业合理化为抑制作用，则该中介效应加重了其抑制性，因此也属于不利影响。第三，西部地区的农产品出口质量提升带来的技术进步对农业产业发展各方面影响的间接效应均不显著。虽然，三个地区出口质量对科学技术中介变量的影响程度均大于出口规模的影响，但最终的中介传导结果与出口规模类似，出口质量带来的技术溢出也仅对中部地区的农业产业高级化以及东部地区的农业产业规模化具有一定的积极传导效应，但其发挥的中介效应要小于出口规模和科学技术带来的中介效应。

6.6 制度质量提升的传导效应

理论上，贸易开放是一国提升经济和政治制度质量，改善制度环境的重要途径（Ades 和 Tella，1997；Rodrick 等，2004）。随着对外贸易的扩大和深入，国外先进的市场规则和法律法规会通过贸易交往倒逼本国进行制度改革，而制度环境的改善又为企业的生存和发展提供了保障，这不仅有利于企业竞争力的提升，更为整个产业的优化升级提供了良好助力。实际中，农产品出口贸易是否引起了本国制度质量的提升，制度质量又是否在出口贸易促进农业产业发展中充当了重要的中介推手，这些问题亟待进一步验证。本节将从农产品出口规模和出口质量两个角度分别对农业产业规模化、合理化和高级化的制度质量中介的传导效应进行检验，具体实证结果如下所示。

6.6.1 出口规模对产业发展的制度质量提升中介检验

农产品出口规模（$\ln EX$）通过制度质量中介变量（IQ）影响农业产业规模化（$\ln Y$）、合理化（IR）和高级化（IS）的中介检验结果见表 6-10 所示。

表6-10 农产品出口规模通过制度质量提升影响农业产业高质量发展的中介效应检验

被解释变量 解释变量	全国				东部			
	IQ 模型 (6-4-1)	lnY 模型 (6-4-2)	IR 模型 (6-4-3)	IS 模型 (6-4-4)	IQ 模型 (6-4-5)	lnY 模型 (6-4-6)	IR 模型 (6-4-7)	IS 模型 (6-4-8)
lnEX	-0.0717*** (-4.51)	0.1640*** (3.93)	0.0132 (1.14)	0.1743*** (4.46)	0.3730* (2.09)	0.6578*** (3.84)	0.1590*** (6.88)	-0.2245 (-0.36)
IQ		0.2673*** (2.70)	0.1117*** (2.67)	0.5322*** (3.28)		0.3880* (2.12)	0.0891*** (2.66)	1.1562*** (2.41)
GDPg	-3.5748*** (-5.67)	-3.7410*** (-4.29)	0.1583 (0.44)	-2.3746 (-1.00)	-1.4654*** (-2.47)	-1.6114 (-1.59)	1.8062*** (4.42)	-4.7218 (-1.19)
IND	-1.8013*** (-4.19)	-0.4750*** (-5.82)	-0.5385*** (-3.99)	1.8317*** (3.30)	-4.0987*** (-7.30)	2.9230*** (2.78)	-0.0556 (-0.14)	10.4364*** (3.97)
lnENJ	-0.0804 (-0.22)	-0.7757*** (-17.82)	-0.1320*** (-2.87)	-1.6692*** (-4.65)	0.2014 (0.33)	-1.7935*** (-5.24)	-0.5773*** (-2.80)	-2.8874* (-2.07)

续表

被解释变量 解释变量	全国				东部			
	IQ 模型	lnY 模型	IR 模型	IS 模型	IQ 模型	lnY 模型	IR 模型	IS 模型
	(6-4-1)	(6-4-2)	(6-4-3)	(6-4-4)	(6-4-5)	(6-4-6)	(6-4-7)	(6-4-8)
Cons	2.385 5 (0.99)	13.320 9*** (56.36)	1.798 0*** (8.08)	11.993 7*** (5.63)	-1.376 7 (-0.38)	15.243 2*** (12.11)	3.033 4*** (3.08)	20.376 9*** (-2.56)
Hausman	53.84 (0.000 0)	58.72 (0.000 0)	23.88 (0.000 5)	30.57 (0.000 0)	26.57 (0.000 0)	23.80 (0.000 6)	21.97 (0.001 2)	29.82 (0.000 0)
模型形式	FE	FE	FE	FE	FE	FE	FE	FE
R2	0.474 1	0.625 5	0.176 0	0.217 5	0.520 0	0.565 8	0.384 8	0.210 6
N	217	217	217	217	77	77	77	77
Bootstrap		不需要	不需要	不需要		不需要	不需要	不需要
检验结论		遮掩效应占11.69%	遮掩效应占60.67%	遮掩效应占21.89%		中介效应占18.03%	中介效应占17.29%	遮掩效应占100%

续表

被解释变量	中部				西部			
解释变量	IQ 模型 (6-4-9)	$\ln Y$ 模型 (6-4-10)	IR 模型 (6-4-11)	IS 模型 (6-4-12)	IQ 模型 (6-4-13)	$\ln Y$ 模型 (6-4-14)	IR 模型 (6-4-15)	IS 模型 (6-4-16)
$\ln EX$	-0.077 0* (-1.91)	0.119 8* (2.00)	-0.013 8 (-0.47)	0.432 4*** (4.19)	-0.069 8*** (-4.29)	0.091 1 (1.65)	-0.024 5* (-2.10)	0.054 2*** (2.29)
IQ		-0.045 9 (-0.38)	0.086 9 (1.76)	0.121 8 (0.74)		0.326 6*** (3.59)	0.188 2*** (2.77)	0.261 0*** (4.58)
$GDPg$	-1.792 5 (-1.79)	-4.437 1*** (-4.35)	-1.333 3* (-2.09)	-2.411 6* (-2.02)	-5.540 4*** (-10.26)	-5.133 1*** (-9.54)	-0.302 7 (-0.66)	-0.812 2 (-1.07)
IND	-2.327 5*** (-4.16)	-1.286 4*** (-3.98)	0.495 4 (1.46)	-0.121 4 (-0.22)	-0.528 7* (-2.18)	-1.426 3*** (-5.03)	-1.382 6*** (-4.18)	-1.052 4*** (-2.24)
$\ln ENJ$	-0.800 3*** (-4.59)	-2.571 0*** (-7.48)	-0.337 1 (-1.89)	-4.579 4*** (-5.40)	0.670 6*** (2.39)	-0.047 7 (-0.47)	0.172 8 (0.61)	-0.707 9* (-1.90)

续表

被解释变量	中部				西部			
解释变量	IQ 模型	lnY 模型	IR 模型	IS 模型	IQ 模型	lnY 模型	IR 模型	IS 模型
	(6-4-1)	(6-4-2)	(6-4-3)	(6-4-4)	(6-4-5)	(6-4-6)	(6-4-7)	(6-4-8)
Cons	7.6169*** (5.94)	27.7241*** (10.23)	3.3627*** (2.48)	32.5018*** (5.24)	-2.7272 (-1.45)	8.6876*** (14.92)	0.4440 (0.24)	5.7059*** (2.33)
Hausman	13.83 (0.0079)	29.12 (0.0001)	12.59 (0.0501)	20.94 (0.0019)	9.35 (0.0529)	21.68 (0.0014)	12.13 (0.0331)	30.63 (0.0000)
模型形式	FE	FE	FE	FE	FE	FE	FE	FE
R2	0.5985	0.8764	0.4215	0.6866	0.4344	0.7941	0.3763	0.5455
N	56	56	56	56	84	84	84	84
Bootstrap		不显著 (0.4493)	不显著 (0.4213)	不显著 (0.4007)		不需要	不需要	不需要
检验结论		间接效应不显著	间接效应不显著	间接效应不显著		遮掩效应占 25.02%	中介效应占 34.94%	遮掩效应占 33.61%

注：***、**、* 分别表示在 1%、5% 和 10% 的显著水平，各变量系数对应的括号内数字为 t 值或 z 值，Hausman 检验和 Bootstrap 检验对应的括号内数字为 p 值。

从全国整体来看，模型（6-4-1）为农产品出口规模对制度质量中介变量的回归，结果表明农产品出口规模与制度质量呈反方向变动，估计系数为-0.0717，且在1%水平上显著，说明农产品出口规模的扩张并不能带动制度质量的提高。模型（6-4-2）、（6-4-3）和（6-4-4）分别为农产品出口规模和制度质量中介变量对农业产业规模化、合理化和高级化的回归，结果表明，农产品出口规模对农业产业规模化和高级化均为正向促进作用，回归系数分别为0.1640和0.1743，均在1%水平上显著，对产业合理化的影响则不显著。以上系数均大于基准回归模型（5-1-2）、（5-2-2）和（5-3-2）的相应系数0.1448、0.0052和0.1361，这意味着制度质量从中呈现出明显的遮掩效应，比重分别为11.69%、60.67%和21.89%。其遮掩效应的形成，主要是由于农产品出口规模对制度质量的反向影响，导致其抑制了出口规模对农业产业发展的积极作用。这表明，中国目前农产品出口规模的粗放型扩张并不能推进良好制度环境的变革。中国以往主要依靠劳动力成本优势和自然资源禀赋优势而发展成为出口规模粗放型扩张的农产品出口大国，随着"人口红利"和"资源红利"的逐步丧失，后续出口的持续性动力需要转向技术水平的提升，即重点提升农产品出口的质量，而非一味追求出口规模的扩张。可见，当前的农产品出口规模已难以借助制度质量的中介力量来促进农业产业的整体发展和结构升级。

从地区比较来看，第一，东部地区的模型（6-4-5）显示，农产品出口规模增长对制度质量呈正向影响，系数为0.3730，在10%水平上显著，说明在东部发达地区，制度环境相对宽松和良好，农产品出口规模的增长还能在一定程度上促使制度质量的提高，由此，在促进农业产业规模化增长方面发挥了较为重要的中介效应，其占总效应的比重为18.03%；在促进农业产业合理化方面，虽然制度质量也表现为17.29%的中介效应，但是由于出口规模对产业合理化的影响为正值，即不利于合理化调整，则该中介效应即为加重了出口规模对产业合理化的不利影响；在促进农业产业高级化方面，制度质量表现为完全遮掩效应。第二，中部地区的模型（6-4-9）显示，农产品出口规模对制度质量呈负向影响，系数为-0.0770，且在10%水平上显著，说明中部地区出口规模并不能带动制度质量的提升；进而，制度质量在出口规模促进农业产业发展的各方面所体现的间接效应均不显著。第三，西部地区的模型（6-4-13）显示，农产品出口规模对制度质量亦呈反向影响，与中部地区类似，由此，其在农产品出口规模促进农业产业规模化和高级化发展方面均表现为遮掩效应，比重分别为 25.02% 和 33.61%；然而，在促进农业产业合理化方面，由于出口规模抑制了制度质量的提升（系数为 -0.0698），而制度质量的改善又不利于农业产业的合理化调整（系数为 0.1882），则出口规模对制度质量的抑制恰好牵制了其对产业合理化的不利影响，反而使得出口规模对产业合理化的促进作用有所提升，即由模型（6-4-15）的直接效应 -0.0245 变为模型（5-2-5）的总效应 -0.0376，因此，制度质量从中起到了有利的中介效应，其比重为 34.94%。这表明，在西部地区，政府对农业市场的适当干预能在一定程度上促进农业产业结构的合理化配置。总之，农产品出口规模增长仅在东部地区尚能略微带动制度质量的提升，进而对农业产业规模化增长带来一定的中介效应，另外，在西部地区相对较低的制度质量反而有利于当地农业产业合理化调整。

6.6.2　出口质量对产业发展的制度质量提升中介检验

农产品出口质量（$\ln EXTS$）通过制度质量中介变量（IQ）影响农业产业规模化（$\ln Y$）、合理化（IR）和高级化（IS）的中介检验结果见表 6-11 所示。

从全国整体来看，模型（6-4-17）为农产品出口质量对制度质量中介变量的回归，结果表明农产品出口质量对制度质量呈正向影响，估计系数为 0.5526，且在 1% 水平上显著，说明农产品出口质量的提升可有效带动制度质量的提高，这与出口规模对制度质量的负面影响形成鲜明对比。模型（6-4-18）、（6-4-19）和（6-4-20）分别为农产品出口质量和制度质量中介变量对农业产业规模化、合理化和高级化的回归，结果表明，农产品出口质量对农业产业三个方面均为正向影响，回归系数分别为 1.5445、0.3259 和 1.5989，均在 1% 水平上显著，且均小于基准回归模型（5-1-7）、（5-2-19）和（5-3-7）的相应系数 1.5856、0.3670 和 1.7106，这意味着制度质量从中呈现出明显的中介效应，比重分别为 2.59%、11.22% 和 10.72%。其中，对农业产业规模化和高级化的中介效应为促进作用，但是对于产业合理化，则加重了出口质量对产业合理化的不利影响。总体上，对比制度质量在出口规模对产业发展的影响，出口质量更能带动制度质量的提升，进而有效促进产业规模化增长和高级化升级，这说明，随着我国劳动力和自然资源禀赋优势的逐年趋弱，农产品出口以规模取胜的可持续性受到越来越大的挑战，提高产品技术含量，提升出口质量成为增强农产品国际竞争力的关键出路。然而，出口质量的提升不仅需要物质资本、人力资本以及先进技术的大量投入，对制度质量的要求和依赖程度也越来越高，为此，其倒逼国内制度完善和变革的能力就相对越大，并能取得良好的成效，进而成为促进出口质量推动产业规模化增长和高级化发展的有效助力。但是，在产业合理化调整方面，由于制度质量的提升，市场能动性提高，企业以效益最大化为原则进行资源配置，从目前中国农业效益水平上来看，并不利于其产业结构的均衡化发展。

从地区比较来看，第一，东部地区的农产品出口质量对制度质量为正向影响，系数为1.142 0，且在1%水平上显著，远高于出口规模对制度质量的影响（0.373 0），说明出口质量比出口规模更能带动制度质量的提升；进而，制度质量在出口质量促进农业产业规模化和高级化方面发挥了积极的中介效应，比重分别为9.59%和31.29%；但是，在对产业合理化方面则通过中介传导加重了出口质量对合理化的不利影响。第二，中部地区的农产品出口质量对制度质量仍然为负向影响，与出口规模类似，但是并不显著，由此，其在出口质量促进农业产业发展方面的间接效应均不显著。第三，西部地区的农产品出口质量对制度质量为正向影响，系数为0.602 8，在5%水平上显著，而当地出口规模却对制度质量为负向影响，说明出口质量的提升才能有效带动制度环境的改善；进而，在对农业产业规模化和高级化影响方面，制度质量则起到重要的中介推动作用，中介效应占比分别为7.63%和27.74%；对农业产业合理化则表现为完全遮掩效应。总体上，在经济发达的东部地区，农产品出口质量的提升对制度改革的影响力度最大，其对产业规模化和高级化的积极影响也最大，主要是由于发达地区的制度环境相对宽松，出口质量提升所要求的金融、市场和法规制度配套改革的执行效率相对更高，良好制度环境为企业生产效率的提升和基本权益的维护提供了更好的保障，则为整个产业结构的优化和升级提供了更加积极的推动力，最终形成了一套良性循环的运行体系。

表6-11 农产品出口质量通过制度质量提升影响农业产业高质量发展的中介效应检验

被解释变量	全国				东部			
解释变量	IQ 模型 (6-4-17)	lnY 模型 (6-4-18)	IR 模型 (6-4-19)	IS 模型 (6-4-20)	IQ 模型 (6-4-21)	lnY 模型 (6-4-22)	IR 模型 (6-4-23)	IS 模型 (6-4-24)
lnEXTS	0.552 6*** (3.35)	1.544 5*** (6.91)	0.325 9*** (4.18)	1.598 9*** (6.47)	1.142 0*** (7.43)	1.942 7*** (14.19)	0.409 0*** (17.71)	2.962 3*** (4.70)
IQ		0.074 4** (2.08)	0.074 5** (2.55)	0.331 8*** (2.82)		0.166 4 (1.50)	0.044 3* (2.08)	0.706 7* (1.98)
GDPg	-1.130 0*** (-2.27)	0.966 8 (0.90)	1.250 7** (2.52)	2.477 9 (1.05)	0.785 4 (1.24)	1.609 8*** (3.03)	2.434 2*** (8.67)	3.194 3*** (4.17)
IND	-1.307 7*** (-2.80)	1.065 3*** (3.58)	-0.237 9 (-1.47)	3.431 4*** (7.78)	-2.210 6*** (-4.19)	5.365 7*** (11.70)	0.492 3 (1.61)	12.147 8*** (13.22)
lnENJ	0.397 8* (1.94)	0.370 7 (1.52)	0.120 7 (1.33)	-0.484 7** (-2.19)	1.618 9*** (2.59)	0.650 4*** (3.15)	-0.065 4 (-0.39)	0.997 1 (0.60)

续表

被解释变量	全国				东部			
解释变量	IQ	lnY	IR	IS	IQ	lnY	IR	IS
	模型 (6-4-17)	模型 (6-4-18)	模型 (6-4-19)	模型 (6-4-20)	模型 (6-4-21)	模型 (6-4-22)	模型 (6-4-23)	模型 (6-4-24)
Cons	-2.314 5* (-1.89)	3.429 3 (1.65)	-0.465 4 (-0.65)	1.791 1 (1.32)	-10.558 0*** (-2.66)	0.013 6 (0.01)	-0.040 8 (-0.04)	-10.767 3 (-0.96)
Hausman	15.09 (0.004 5)	25.29 (0.000 3)	23.36 (0.000 7)	10.91 (0.091 2)	11.29 (0.023 5)	25.81 (0.000 1)	16.70 (0.005 1)	10.75 (0.056 6)
模型形式	FE	FE	FE	FE	FE	FE	FE	FE
R2	0.499 6	0.787 4	0.226 8	0.285 5	0.585 3	0.755 9	0.472 2	0.297 5
N	217	217	217	217	77	77	77	77
Bootstrap		不需要				显著 (0.084 6)	不需要	不需要
检验结论		中介效应占2.59%	中介效应占11.22%	中介效应占10.72%		中介效应占9.59%	中介效应占10.25%	中介效应占31.29%

续表

被解释变量	中部					西部		
解释变量	IQ	$\ln Y$	IR	IS	IQ	$\ln Y$	IR	IS
	模型 (6-4-25)	模型 (6-4-26)	模型 (6-4-27)	模型 (6-4-28)	模型 (6-4-29)	模型 (6-4-30)	模型 (6-4-31)	模型 (6-4-32)
$\ln EXTS$	-0.103 7	1.559 3***	0.258 7***	3.215 9***	0.602 8***	1.289 4***	0.020 7	0.360 5***
	(-0.26)	(21.31)	(6.41)	(30.29)	(2.55)	(11.45)	(0.20)	(4.98)
IQ		-0.045 9	0.093 6	0.084 7		0.173 0***	0.193 5***	0.209 4***
		(-0.96)	(1.45)	(1.53)		(4.06)	(2.63)	(4.43)
$GDPg$	-1.766 5	1.212 9***	-0.191 0	8.112 2***	-1.389 7	0.696 5	-0.082 6	0.677 1
	(-1.56)	(4.57)	(-0.32)	(5.89)	(-1.21)	(1.22)	(-0.10)	(0.60)
IND	-2.621 1***	0.046 9	0.633 9**	3.083 8***	-0.049 3	-0.348 2	-1.354 5***	-0.762 9
	(-4.58)	(0.16)	(2.38)	(5.52)	(-0.75)	(-1.16)	(-4.67)	(-1.79)
$\ln ENJ$	-0.876	-0.914 1***	-0.040 3	-1.283 1	0.002 0	-0.404 1	0.198	-0.842 0*
	(-1.59)	(-2.56)	(-0.34)	(-1.54)	(0.30)	(-1.58)	(0.66)	(-2.08)
$Cons$	8.070 4	13.172 0	0.650 2	4.132 7	-0.238 8	8.486 0***	0.121 7	6.003 7***
	(1.73)	(4.83)	(0.77)	(0.68)	(-0.52)	(-4.68)	(0.07)	(2.40)

续表

被解释变量	中部				西部			
解释变量	IQ	lnY	IR	IS	IQ	lnY	IR	IS
	模型(6-4-17)	模型(6-4-18)	模型(6-4-19)	模型(6-4-20)	模型(6-4-21)	模型(6-4-22)	模型(6-4-23)	模型(6-4-24)
Hausman	10.75 (0.029 5)	21.79 (0.000 6)	10.67 (0.099 3)	9.90 (0.078 1)	2.40 (0.662 8)	28.1 (0.000 1)	58.13 (0.000 0)	11.78 (0.067 1)
模型形式	FE	FE	FE	FE	RE	FE	FE	FE
R2	0.592 8	0.958 9	0.456 4	0.829 4	0.433 9	0.908 0	0.373 0	0.559 9
N	56	56	56	56	84	84	84	84
Bootstrap		不需要	不需要	不需要		不需要	不需要	不需要
检验结论		间接效应不显著	间接效应不显著	间接效应不显著		中介效应占7.63%	遮掩效应占100%	中介效应占27.74%

注：***、**和*分别表示在1%、5%和10%的显著水平，各变量系数对应的括号内数字为t值或z值，Hausman检验和Bootstrap检验对应的括号内数字为p值。

6.7 本章小结

本章运用中介效应模型,对物质资本、人力资本、科学技术和制度质量四个中介变量在农产品出口规模和出口质量对农业产业规模化、合理化和高级化的影响中所发挥的传导作用进行实证检验。

从全国整体来看,根据四个中介变量所发挥中介效应大小程度的比较,在农产品出口贸易促进农业产业规模化和高级化发展方面,物质资本积累的中介效应最大,属于强有力的要素手段;其次为人力资本投入的中介效应,充当了重要传导媒介的角色;然后是科学技术溢出中介效应,是关键的核心传导要素;最后是制度质量的中介效应,不仅是出口促进产业发展的有效助力,更是所有中介变量提高其有效性的制度保障。但是,在出口贸易促进农业产业合理化调整方面,四个中介变量均未能表现出积极传导效应。根据农产品出口规模和出口质量影响程度的比较,虽然中介变量在出口质量对产业发展中的中介效应比重相对较小,但出口质量通常比出口规模更能促进四个中介变量的累积和增长,其对农业产业发展的影响程度也更大。

从地区比较来看,在东部地区,出口规模可通过人力资本、科学技术和制度质量影响产业规模化;出口质量可通过物质资本、人力资本、科学技术和制度质量影响产业规模化,并通过制度质量影响产业高级化。在中部地区,出口规模可通过物质资本和人力资本影响产业规模化,还可通过物质资本、人力资本和科学技术影响产业高级化;出口质量可通过物质资本影响产业合理化,并通过物质资本和科学技术影响产业高级化。在西部地区,出口规模可通过制度质量影响产业合理化;出口质量可通过物质资本和制度质量影响产业规模化和高级化。

可见,虽然东部地区四个中介变量均能有效发挥作用,但多在促进产业规模化方面发挥其有效性,对合理化和高级化的中介传导倒不如中部和西部地区,说明东部地区农业产业的合理化和高级化发展的空间受到局限,中国农业产业的合理化布局和高级化提升的区域重点应落实在中部和西部地区;

然而，中部地区的制度质量中介变量均未能从中发挥积极传导效应，说明当地的制度环境尚需改善，需要和东部发达地区缩小制度差距；而对于西部地区，人力资本和科学技术均未能有效发挥作用，说明当地对人才和先进技术的吸引力度相对较差。

第7章

研究结论与政策启示

7.1　研究结论

本书研究的核心主题是中国农业高质量发展背景下，农产品出口贸易对农业产业发展的影响效应和传导机制，围绕这一主题，本书沿着理论分析、现状分析和实证分析的技术路线，从"量"和"质"两个层面，旨在回答中国农产品出口规模和出口质量分别对农业产业规模增长和结构升级的"影响效应是否存在"、"影响方向和影响程度的大小如何"、"产生影响的内在传导机制是什么"以及"传导中介各自能发挥多大作用"等问题。通过研究和分析，本书得出以下研究结论：

结论一：农产品出口和农业产业均呈平稳增长趋势，其中，劳动密集型农产品出口和产业是增长的主力，而资本技术密集型农产品出口和产业的提升潜力更大，中西部地区出口和产业提升速度均快于东部地区。

（1）从总体上来看，出口和产业的"量"和"质"均呈平稳增长趋势，国际地位虽逐年攀升，但总体实力仍较落后。第一，农产品出口规模和农业产业规模增长趋势平稳，农产品加工业增长明显快于农林牧渔业；第二，农产品出口贸易的国际地位逐年攀升，但农业产业的实力水平仍落后于发达国家；第三，农产品出口质量和农业产业高级化水平逐年提升，但产业整体合理化水平偏低。

（2）从产品结构上来看，劳动密集型出口和产业均占主导，资本技术密集型出口和产业的提升潜力最大。一方面，劳动密集型农产品出口规模和产业规模均占主导地位，而资本技术密集型出口和产业规模增长的潜力最大；另一方面，劳动密集型农产品出口质量最高，其产业内部结构合理化水平最高，而资本技术密集型农产品出口质量提升空间最大，其产业内部结构合理化水平提升程度最为显著。

（3）从地区分布上来看，东部地区出口和产业稳居首位，中西部地区增长潜力最大。第一，东部地区产业规模最大、出口份额最高，中西部地区产业增长和出口潜力最大；第二，东部地区劳动密集型出口和产出更具优势，中西部地区资本技术密集型出口和产出增速更快；第三，东部地区总体出口质量、产业合理化及高级化水平均居于首位，中西部地区劳动密集型和资本技术密集型出口质量增速最快，中部地区资本技术密集型、西部地区资源密集型和劳动密集型产业合理化水平最高；中部地区总体产业高级化水平提升最快。

总之，中国农产品出口和农业产业在规模增长和质量提升的演进趋势上保持了较为一致的变迁特点，规模上已经成为农产品出口大国和农业生产大国，质量上虽也在不断提升，但整体实力与发达国家相比还有一定距离。另外，劳动密集型和资本技术密集型产业作为农业中技术水平相对较高的产业，其出口和产业的实力水平和增长速度要远高于资源密集型产业，这表明农业产业的出口质量及产业升级已呈现良好的发展势头。同时，东部地区整体农业及劳动密集型产业的出口和产业发展最具实力，但中西部整体农业尤其是资本技术密集型产业的增长速度快于东部，显示出更好的发展潜力。

结论二：农产品出口贸易能显著促进农业产业发展，出口质量的促进效果优于出口规模，尤其对中西部产业合理化和高级化的影响最为显著。

（1）从理论上来看，农产品出口贸易会通过规模效应、竞争效应、学习效应和示范效应的产生，而对农业产业发展带来积极影响，不仅会带动整体农业产业经济效益的提高和生产规模的扩大，更能有效促进农业产业结构的合理化和高级化水平的提升。

（2）从全国整体来看，在促进农业产业规模化方面，农产品出口规模在长期均衡状态和短期非均衡状态均具有效性，出口质量于长期有效，且有效程度明显大于出口规模；在促进农业产业合理化方面，农产品出口规模和出口质量虽于长期均未能发挥有效作用，但出口质量却能于短期起到促进作用；在促进农业产业高级化方面，农产品出口规模和出口质量均于长期有效，在短期影响中，出口质量的有效程度明显大于出口规模。

（3）从地区比较来看，在促进农业产业规模化方面，农产品出口规模和出口质量在东部和中部地区均于当期有效，但在东部地区均于远期无效，而中部地区的出口规模仍具有远期有效性，西部地区的出口规模虽于当期无效，但远期有效，其出口质量则仅于当期有效；在促进农业产业合理化方面，东部地区的农产品出口规模和出口质量虽均于当期无效，但出口规模却能于远期发挥作用，中部地区的农产品出口规模于当期和远期均无效，其出口质量当期无效，但远期有效，西部地区的农产品出口规模仅于当期有效，而出口质量则于远期有效；在促进农业产业高级化方面，农产品出口规模在东部和西部地区不论当期还是远期均为无效，其出口质量在东部地区仅于当期有效，但在西部地区则当期和远期均为有效，中部地区的农产品出口规模和出口质量均于当期有效，而远期仅有出口质量有效。

总之，中国农产品出口贸易不论于当期还是远期均能有效促进农业产业发展。其中，农产品出口质量在促进农业产业规模化和高级化，以及远期调整农业产业合理化方面，比出口规模更具有效性，其影响程度也明显高于出口规模。另外，出口贸易对东部地区主要产生当期效应，而对中西部则当期和远期效应均较显著，尤其是出口质量对中西部农业产业合理化和高级化的影响具有更大的贡献力度和更强的长期累积性。

结论三：农产品出口规模和出口质量影响农业产业发展的传导路径有所差别，物质资本和科学技术的传导作用必不可少，人力资本在出口规模对产业发展的影响中具有传导作用，制度质量在出口质量对产业发展的影响中具有传导作用。

（1）从理论上来看，农业产业规模增长及产业结构升级离不开要素禀赋、技术水平和制度环境等因素的影响，而在开放经济条件下，农产品出口贸易则会通过物质资本积累、人力资本投入、科学技术溢出和制度质量提升四个传导路径对农业产业规模增长和结构升级带来有效的推动作用。

（2）从全国整体来看，农产品出口贸易对农业产业发展的影响主要体现在对其规模化和高级化影响方面，而对农业产业合理化的当期调整均无显著影响，但是其于远期能发挥促进合理化提升的有效性，这表明农业产业结构的合理化调整属于长期任务，当期效果并不明显，因而其传导路径亦不显著。

农产品出口规模主要通过物质资本积累、人力资本投入和科学技术溢出三条途径影响农业产业规模化和高级化发展。其中，影响产业规模化的中介效应占比分别为81.98%、23.09%和14.83%，影响产业高级化的中介效应占比分别为81.41%、28.49%和21.92%。总体上，物质资本的中介传导效应最大，其次为人力资本，最后为科学技术，另外，物质资本推动产业规模化的中介效应相对更大，而人力资本和科学技术推动产业高级化的中介效应相对更大。农产品出口质量主要通过物质资本积累、科学技术溢出和制度质量提升三条途径影响农业产业规模化和高级化发展。其中，影响产业规模化的中介效应占比分别为46.67%、5.81%和2.59%，影响产业高级化的中介效应占比分别为28.83%、13.56%和10.72%。总体上，物质资本的中介传导效应最大，其次为科学技术，最后为制度质量，另外，物质资本推动产业规模化的中介效应相对更大，而科学技术和制度质量推动产业高级化的中介效应相对更大。

可见，第一，物质资本和科学技术是农产品出口规模和出口质量影响农业产业发展中必不可少的传导中介，而人力资本主要在出口规模的影响中发挥作用，制度质量则主要在出口质量的影响中发挥作用；第二，物质资本推动产业规模化的中介效应相对更大，而人力资本、科学技术和制度质量推动产业高级化的中介效应相对更大；第三，相对于出口规模影响过程，各中介变量在出口质量影响过程中所产生的中介效应占比均普遍偏小，但由于影响程度均明显较大，所以，其对农业产业的中介影响效果反而是较大的。

结论四：东部地区农业产业结构升级空间已不及中西部，中部地区制度质量仍需进一步提高，西部地区人力资本和科学技术投入力度亟待加强。

（1）从东部地区来看，农产品出口规模通过人力资本（41.86%）、科学技术（26.70%）和制度质量（18.03%）影响农业产业规模化；出口质量通过物质资本（33.56%）、制度质量（9.59%）、科学技术（4.54%）和人力资本（2.96%）影响农业产业规模化，并通过制度质量（31.29%）影响农业产业高级化。可见，东部地区的四个中介变量均能发挥其有效性，但几乎全部集中于影响农业产业规模化增长方面，对产业高级化的影响只有制度质量发挥出中介效应，而对产业合理化调整均无显著影响。

（2）从中部地区来看，出口规模通过物质资本（100%）和人力资本（41.60%）影响农业产业规模化，并通过物质资本（88.67%）、科学技术（32.39%）和人力资本（22.48%）影响农业产业高级化；出口质量通过物质资本（45.73%）影响农业产业合理化，并通过科学技术（7.35%）和物质资本（5.63%）影响农业产业高级化。可见，中部地区的物质资本在影响产业规模化、合理化和高级化过程中均发挥出重要的传导效应，人力资本更有利于产业规模化增长，而科学技术更有利于产业高级化提升，但是，制度质量在中部地区并未发挥出更为有效的作用。

（3）从西部地区来看，出口规模通过制度质量（34.94%）影响农业产业合理化；出口质量通过物质资本（54.40%）和制度质量（7.63%）影响农业产业规模化，并通过物质资本（93.57%）和制度质量（27.74%）影响农业产业高级化。可见，西部地区物质资本在推动产业规模化和高级化发展中起到绝对重要的传导作用，制度质量则对产业规模化、合理化和高级化发展的各方面都能发挥出显著的传导效应，但是，人力资本和科学技术在西部地区则未能发挥有效作用。

以上表明，第一，东部地区各中介变量发展水平相对更高，在出口影响产业规模化的过程中均能调动出有效传导作用，但是对产业合理化和高级化的中介传导却不及中西部地区，说明东部地区农业产业合理化和高级化发展的可持续性和扩展性已不如中西部地区；第二，中部地区的制度质量未能体现出中介效应，说明当地的制度环境质量尚未达到有效带动农业产业发展的水平，与东部地区尚有很大差距，甚至不及西部地区；第三，西部地区的人力资本和科学技术未能体现出中介效应，说明当地人力资本和科学技术的发展水平相对较弱，对人才和技术引进和吸纳的力度仍然较差。总之，中国农业产业结构的合理化调整和高级化发展的重点区域应逐步从东部地区向中、西部地区转移，但是需要提高中部地区的制度质量以及西部地区的人力资本和科学技术的投入水平，来积极推动农业产业的高质量发展。

7.2 政策启示

中国农产品出口贸易和农业产业发展从规模上均已成为"大国"，但是从质量上却尚未达到"强国"的标准。东部地区农业产业和出口的整体竞争优势最为明显，但产业发展已呈饱和状态，产业结构合理化和高级化升级空间已不及中西部地区。现实经验表明，农产品出口贸易尤其是出口质量的提升能显著带动农业产业发展，其影响的内在传导机制在东部和中西部地区有所差异。在充分发挥地方优势的前提下，如何进一步提高农产品出口贸易的高质量水平，做好产业调整和优化的市场准备，推动产业向更具发展潜力的地区协调转移，并从政策上提供后方保障，是更为有效并更大程度地发挥出口贸易推动产业高质量发展积极性的重要举措，对促进农业产业集约化增长和转型升级的结构改革以及现代农业建设，具有重要的政策参考价值。

（1）利用国内外市场，重视技术和品牌，提升出口贸易质量

中国要想成为农产品出口贸易强国，不仅要保持稳定的出口贸易规模，更重要的是要拥有高质量的出口贸易水平，出口质量已经成为各国出口贸易竞争的新焦点。尤其在美国对中国实行贸易保护的情况下，提高国内产品质量水平，提升国际竞争力，更是不容迟缓的重要任务。

对于农产品出口部门来说，第一，要善于利用国外高标准高品质的市场需求来激发自身提高生产技术的主动性，更要善于利用国外先进技术的外部溢出，不断提高技术引进和吸纳的能力，并在此基础上提升技术研发和创新的强度，从而形成节约资源、降低成本、提升品质、绿色环保并提高效益的新技术、新工艺和新方法，带动整体出口质量的提升。

第二，出口企业作为国内生产技术相对先进的企业，要重视与国内产业链上下游企业的合作关系，主动发挥引领者与合作者的作用，倡导并组织相关企业共同学习并合作研发，及时调整旧技术，积极掌握新技能，带动上下游企业共同进步的同时，既保证了源头供应质量又提高了市场运营效率，实质上为出口企业自身竞争实力的提升提供了坚实的前后方支持。

第三，出口企业要重视品牌竞争力的提高，首先要能及时根据农产品特色和市场消费特点申请注册符合法律规定的品牌标识，然后从农产品的生产、收购、加工、包装、检验和销售等各个环节实行标准化管理，严格把控产品质量，维护品牌形象和信誉，最后还要积极与行业协会及各级政府合作，获得政策、资金等方面的支持，扩大品牌影响范围，借助品牌效应进一步提高出口竞争力。

（2）重视合理化调整，加速高级化进程，推进农业产业健康发展

中国农业产业在追求规模增长的同时，产业结构的合理化和高级化发展才是产业得以持续性增长的根本所在。

第一，将农业产业合理化调整放在首位。农业产业结构合理化水平代表

了产业结构关系的协调性，这是农业产业高级化发展的前提和基础，也是产业结构升级的重要目标之一，没有合理化的结构升级是一种不稳定的非良性升级。然而，目前中国农业产业整体合理化水平偏低，且略呈下降趋势，其中，劳动密集型农业产业合理化水平最高，资本技术密集型次之，但合理化提升最为明显，资源密集型合理化水平最低。可见，各地政府在制定产业调整政策时应将产业结构合理化放到最根本最重要的位置上。由于各地农业经济发展水平存在很大差异，地方政府应根据当地资源禀赋特色，因地制宜地制定产业调整政策，不要一味地追求高级化进程。中国东部地区虽然整体农业产业合理化程度最高，但资源密集型、劳动密集型和资本技术密集型产业内部结构合理化程度均不及中西部地区。中西部地区整体技术水平偏低，但依托自然资源和劳动力禀赋的低成本优势仍然存在，因此，可妥善调整资源密集型和劳动密集型农业产业内部结构，适当提升特色农产品比重，在高级化进程初级阶段，打好结构合理化基础，避免出现东部地区结构调整的瓶颈。

第二，加快农业产业高级化进程。对于资源密集型农业产业即农林牧渔第一产业，主要依附于当地资源禀赋特色，属于低附加值生产领域，该产业内部高级化的提升要首先保障粮棉油糖的基本供给，提高大宗农产品的规模化经营和科技支撑力度；其次，形成特色产业主产区，如长江上中游柑橘主产区、东南沿海水产优势养殖带等，形成国家地理标志农产品，扩大品牌效应；另外，多开发低能耗、高效益的新型生产模式，如盐碱地集装箱养鱼、立体无土栽培等，从节约资源、高效生产和绿色安全的角度升级产业结构。对于劳动密集型和资本技术密集型农业产业即农产品加工业，需要市场和政府的协同作用，政府通过市场监管和信息披露为生产者提供更为公平和透明的市场环境，并通过政策鼓励引导要素资源向生产率高、附加值高的企业或行业流动，利用资源配置的变迁刺激产业技术水平的提升，根据当地农业资源特色多向延伸产业链条，由粗浅加工向精深加工转变，由劳动密集型主导向知识技术密集型主导递进。

（3）提高要素配置效率，加强中西部引进力度，扩大中介传导效应

在农产品出口贸易促进农业产业发展的影响过程中，物质资本、人力资本和生产技术等要素资源从中起到了重要的传导作用。因此，提高要素供给质量，并为要素资源的优化配置创造良好条件，将有助于提高其有效性，扩大传导效应。

第一，提高物质资本投资的多元性和有效性。一方面，促进物质资本投资主体多元化。政府应当创造良好的政策条件引导和激励多元化主体投资到农业产业中，形成以企业或合作社为主导，吸引农户主动入股，以政府补贴或政策优惠为助力的投资模式。多元化的投资主体既能促进更多物质资本的累积投入，为现代化农业技术水平的提升提供物质载体，同时又能降低或抵御农业经营中的决策风险和交易风险，另外，还有利于形成规模经营，扩大产品影响力，促进农产品出口贸易竞争力的提升；另一方面，提高物质资本投资的有效性。由于农业产业尤其是初级农业产业生产周期较长，市场波动较大，致使很多投资项目回报期过长，尤其在投资者盲目跟风的情况下，极易造成产能过剩问题。政府应当根据当地产业饱和状况，坚决抑制盲目投资及违规建设项目，及时协助清理多余产能，为具有发展能力的企业提供充足空间，将物质资本要素投入到高效产能中去。另外，尽可能促成分散行业的集中经营，可以通过并购、重组的形式提高产业集中度，淘汰弱、小企业，促成规模经营，提高物质资本使用效率。

第二，加大人力资本培养、引进和保障的力度。首先，从人力资本培养方面，人力资本形成的最根本方式即为教育，基础教育投资的扩大仍以政府教育财政支出为主，应循序渐进地改革教育投资机制，鼓励并引导民间教育资本投入。政府应适当加大农业领域教育资本投入，提高农业类院校的教学和科研经费，以促进农业产业人力资本的形成及水平的提升，尤其要注重中西部地区人力资本的培养。另外，健全职业培训体制，尤其是对新兴职业农民的培训，要从环境、制度和政策等各个层面做好引导和扶持，建立培训制度，构建培训体系，做好认定管理，为承接农业产业升级做好生产经营型、专业技能型和社会服务型农业人才的充分准备。其次，从人力资本引进方面，产业竞争力提升的关键是对人力资本的竞争，只有集聚技术人才、管理人才和企业家人才，才能形成真正的竞争优势。各级政府应当出台人才引进优惠政策，吸引来自不同阶层的人才流入农业产业领域，为发展农业经济带头人注入新的力量。同时，积极促进高校和科研机构与农业企业或基地的合作，为推动农业产业升级提供科技人才支持。最后，从人力资本保障方面，健全人力资本引进、竞争及薪资机制等，维护好人力资本市场秩序，提高市场信息透明度，同时，改进和完善人力资本法制法规，从政府和法律角度保障人力资本的合理流动与有效配置，尤其对中西部地区人力资本的流入和保障措施要重点倾斜。

第三，提升技术引进和创新能力。首先，从技术引进方面，具有出口竞争优势的农业企业可以借助与国外先进企业接触的便利条件，通过技术交流或合作的形式引进先进技术和管理经验，甚至可以开展技术寻求型的对外投资，通过联合研发、成立子公司或者企业并购等方式，推进技术资源的溢出或共享，提升国外运营机构的技术先进性，进而通过企业内部渠道带动国内企业技术水平的升级；另外，各级政府应积极协助国内生产部门或研发部门，引导国内外专家学者的交流与合作，通过制定地方优惠政策，为国内外技术交流提供便利，进而带动国内技术引进和吸收能力的提高。其次，从技术创新方面，政府应加大鼓励并支持技术研发和自主创新，只有自主开发属于自己的核心技术，才能从根本上提高农业技术竞争力，因此，政府可通过对先进技术农产品的研发活动提供税收、金融或财政的直接支持，对先进技术农产品的出口贸易提供优惠政策，并积极推进农业技术产业体系的构建，形成以政府财力为支撑，以科研机构为技术供给主体，以龙头企业、产业园区为技术服务对象的产学研一体化的创新体系，来提高技术研发效率和技术转化能力。另外，政府应着重加大对中西部地区的资金投入，创建优厚的投资与人才配套政策，为技术要素的流入和推广提供物力和人力载体，提升中西部地区对农业产业技术升级的承载能力。

（4）优化内外制度环境，缩小地区制度差异，提供坚实的制度保障

一个国家在国际专业化分工中的地位和对外贸易竞争优势的形成，已不单纯是要素禀赋的较量，国家之间制度质量的差异逐渐成为关键影响因素。制度质量不仅事关对外贸易优势，更是国内产业健康持续增长的重要保障，还能直接影响要素投入质量和配置效率的高低，进而对出口贸易影响产业发展起到不可替代的关键作用。

第一，为出口贸易创建更为优良的内外制度环境。一方面，优化出口贸易的内部制度环境。首先，对农产品出口企业实施更加优惠的财政税收政策，通过加大出口企业技术升级研发的项目投入，适当提高部分高技术高附加值农产品的出口退税率等，降低出口企业技术升级的成本投入；其次，改进和完善出口贸易管理体制，通过简化出口行政审批程序、建立国际贸易"单一窗口"等，提高贸易便利化程度，提升出口贸易通关效率，为出口企业提供良好的服务平台；最后，加强港口、自贸区建设及制度创新，增加港口和自

贸区基础设施建设的投资力度，尤其对西部沿边地区边境口岸、边境和跨境经济合作区建设的投资规模和力度要重点加强，另外，加快现有国内自由贸易试验区与国际规则衔接的进度和制度监管体系的完善，并推进有条件的省份进行自贸区制度创新试验（龙晓柏和洪俊杰，2014）。另一方面，建立更为开放的经贸合作关系。在当前中美贸易关系恶化，而美欧、美日贸易关系缓和的局势下，中国对外贸易政策更要秉持自由开放的原则，积极加强与欧盟、东盟、英国、日韩、南美、非洲以及"一带一路"国家的经贸合作关系。对发达经济体的农产品出口贸易，要以产品技术水平的不断提升为竞争根本，逐步实现资源密集型、劳动密集型农产品向资本技术密集型农产品出口为主导的过渡；对新兴经济体和发展中国家的农产品出口贸易，要根据对方市场的需求状况调整本国农产品供给结构和质量水平，以提高市场占有率为主要目标，制定相对灵活的贸易政策。

第二，为产业发展提供更为公平有效的制度平台。首先，改善市场竞争环境。农业产业结构的优化调整本质上应是企业优胜劣汰的竞争结果，市场竞争越充分，产业优化升级的程度越明显，农产品出口贸易带动产业发展的作用也会越大。因此，深化市场体制改革，强化国内市场竞争，是推动农业产业发展的重要途径（易先忠等，2014）。但是，政府从中发挥的职能要做出适时转变，为明确职能定位，应加快建立政府职责清单制度，防止过度干预市场；为保证公平竞争，应对所有国内企业给予同等待遇，深化国企改革，并减少对民营企业的干涉，规避寻租行为和投机活动，降低企业维护政府关系的成本；为提高信息披露程度，构建内外资企业诚信体系、信用评价体系，为诚信守法行为提供激励和便利，为违法失信行为进行严惩；为维护创新成果，加强并完善商标、专利、版权等知识产权保护机制的建立，保障创新者的基本权益，激励万众创新的积极性（王聪，2016）。其次，改进农业支持政策。通过简化行业协会或企业审批程序、加大税收优惠及信贷支持等方式向高附加值农产品的生产、流通和出口等环节倾斜；合理运用WTO的"绿箱"和"黄箱"政策，对稻谷、小麦、棉花、大豆和玉米进行适度补贴，适当扩大适度规模经营补贴和农机具购置补贴，并逐步提高普惠性质的耕地地力保护补贴（耿仲钟和肖海峰，2018），从生产环节降低出口企业的成本投入；通过构建农业社会化服务体系、农业收入风险补偿机制等，为农业产业发展提供服务平台和政策保障，降低经营成本和交易风险。最后，加强中西部制度建设。中西部地区制度质量与东部地区相比差距较大，但是西部地区借助西部大开发战略以及"一带一路"的良好契机，其制度质量不断提升，且在农产品出口贸易推进农业产业发展的影响机制中起到重要的传导作用，反而中部地区的制度环境未能发挥有效作用，说明中部地区的制度质量提升仍然存在很大空间。因此，应继续提升西部地区制度质量，尤其要重点改善人力资本和技术引进的制度环境，同时，强化中部地区整体制度质量的提升，缩小与东部发达地区的制度差距。

参考文献

[1] Acemoglu D. Patterns of Skill Premia [J]. Review of Economic Studies, 2003, 70 (2): 199 – 230.

[2] Acemoglu D., Antras P., Helpman E. Contracts and Technology Adoption [J]. American Economic Review, 2007, 97 (3): 916 – 943.

[3] Acemoglu D., Johnson S., Robinson J. The Rise of Europe: Atlantic Trade, Institutional Change, and Economic Growth [J]. American Economic Review, 2005, 95 (3): 546 – 579.

[4] Acemoglu D., Robinson J. A. Persistence of Power, Elites, and Institutions [J]. American Economic Review, 2008, 98 (1): 267 – 293.

[5] Ades A., Tella R. D. National Champions and Corruption: Some Unpleasant Interventionist Arithmetic [J]. Economic Journal, 1997, 107 (443): 1023 – 1042.

[6] Aitken B., Hanson G. H., Harrison A. E. Spillovers, foreign investment, and export behavior [J]. Papers, 1994, 43 (1 – 2): 103 – 132.

[7] Alvarez R., López R. A. Is Exporting a Source of Productivity Spillovers? [J]. Review of World Economics, 2006, 144 (4): 723 – 749.

[8] Alvarez – Cuadrado F., Poschke M. Structural Change out of Agriculture: Labor Push versus Labor Pull [J]. American Economic Journal: Macroeconomics, 2011 (3): 127 – 158.

[9] Amiti M., Freund C. The Anatomy of China's Export Growth [M]. Chicago: University of Chicago Press, 2010.

[10] Amiti M., Javorcik. Trade Costs and Location of Foreign Firms in China

[J]. Journal of Development Economics, 2008, 85: 129 – 149.

[11] Anderson J. E. Does trade foster contract enforcement? [J]. Economic Theory, 2009, 41 (1): 105 – 130.

[12] Andersson M., Lööf H., Johansson S. Productivity and international trade: Firm level evidence from a small open economy [J]. Review of world economics, 2008, 144 (4): 774 – 801.

[13] Arellano M., Bover O. Another look at the instrumental variable estimation of error – components models [J]. Journal of Econometrics, 1995, 68 (1): 29 – 51.

[14] Athukorala P., Yamashita N. Production fragmentation and trade integration: East Asia in a global context [J]. The North American Journal of Economics and Finance, 2006, 17 (3): 233 – 256.

[15] Aw B. Y., Batra G. Technological Capability and Firm Efficiency in Taiwan (China) [J]. World Bank Economic Review, 1998, 12 (1): 59 – 79.

[16] Aw B. Y., Chung S., Roberts M. J. Productivity and Turnover in the Export Market: Micro – level Evidence from the Republic of Korea and Taiwan (China) [J]. World Bank Economic Review, 2000, 14 (1): 65 – 90.

[17] Aw B. Y., Hwang A. R. Productivity and the export market: A firm – level analysis [J]. Journal of Development Economics, 1995, 47 (2): 313 – 332.

[18] Azadegan A., Wagner S. M. Industrial upgrading, exploitative innovations and explorative innovations [J]. International Journal of Production Economics, 2011, 130 (1): 54 – 65.

[19] Balassa B. Exports and economic growth: further evidence [J]. Journal of development Economics, 1978, 5 (2): 181 – 189.

[20] Baldwin R. Measurable Dynamic Gains from Trade [J]. Journal of Political Economy, 1992, 100 (1): 162 – 174.

[21] Baron R. M., Kenny D. A. The moderator – mediator variable distinction in social psychological research: Conceptual, strategic, and statistical considerations [J]. Journal of Personality and Social Psychology, 1986, 51: 1173 – 1182.

[22] Baxter M., Kouparitsas M. A. Trade Structure, Industrial Structure, and International Business Cycles [J]. American economic review, 2003, 93 (2):

51 – 56.

[23] Baxter M., Kouparitsas M. A. Trade Structure, Industrial Structure, and International Business Cycles [J]. American Economic Review, 2003, 93 (2): 51 – 56.

[24] Bekkers E., Francois J. Trade and industrial structure with large firms and heterogeneity [J]. European Economic Review, 2013, 60 (5): 69 – 90.

[25] Belloc M., Bowles S. International Trade, Factor Mobility and the Persistence of Cultural – Institutional Diversity [J]. Social Science Electronic Publishing, 2009, 363 (8): 1105 – 22.

[26] Bernard A. B., Eaton J., Jensen J. B., et al. Plants and productivity in international trade [J]. American Economic Review, 2003, 93 (4): 1268 – 1290.

[27] Bernard A. B., Jensen J. B. Exceptional exporter performance: cause, effect, or both? [J]. Journal of international economics, 1999, 47 (1): 1 – 25.

[28] Bértola L., Porcile G. Convergence, trade and industrial policy: Argentina, Brazil and Uruguay in the international economy, 1900 – 1980 [J]. Revista de Historia Económica/Journal of Iberian and Latin American Economic History (Second Series), 2006, 24 (1): 37 – 67.

[29] Biesanz J. C., Falk C. F., Savalei V. Assessing mediational models: Testing and interval estimation for indirect effects [J]. Multivariate Behavioral Research, 2010, 45 (4): 661 – 701.

[30] Biesebroeck J. V. Exporting raises productivity in sub – Saharan African manufacturing firms [J]. Journal of International Economics, 2005, 67 (2): 373 – 391.

[31] Boschma R., Iammarino S. Related variety, trade linkages, and regional growth in Italy [J]. Economic Geography, 2009, 85 (3): 289 – 311.

[32] Brandt L., Hsieh C., Zhu X. China's Great Economic Transformation: Growth and Structural Transformation in China [M]. Cambridge University Press, 2008.

[33] Brenton P., Gros D. Trade reorientation and recovery in transition economics [J]. Oxford review of economic policy, 1997, 13 (2): 65 – 76.

[34] Broda C. M., Limão N., Weinstein D. E. Optimal Tariffs: The Evidence

[C]. Meeting Papers. Society for Economic Dynamics, 2006: 561 – 569.

[35] Caju P. D., Rycx F., Tojerow I. Wage Structure Effects of International Trade: Evidence from a Small Open Economy [J]. Ssrn Electronic Journal, 2011, 112 (3): 256 – 258.

[36] Castellani D. Export behavior and productivity growth: Evidence from Italian manufacturing firms [J]. Weltwirtschaftliches Archiv, 2002, 138 (4): 605 – 628.

[37] Chenery H., Robinson S., Syrquin M. Industrialization and growth: A comparative study [M]. The International Bank for Reconstruction and development/The World Bank, Oxford University Press, 1986.

[38] Chow P. C. Y. Causality between export growth and industrial development: Empirial evidence from the NICs [J]. Journal of Development Economics, 1989, 31 (2): 413 – 415.

[39] Ciccone A., Papaioannou E. Human Capital, the Structure of Production, and Growth [J]. Review of Economics & Statistics, 2009, 91 (1): 66 – 82.

[40] Coe D. T., Helpman E. International R&D spillovers [J]. European Economic Review, 1993, 39 (5): 859 – 887.

[41] Costinot A. On the origins of comparative advantage [J]. Journal of International Economics, 2009, 77 (2): 255 – 264.

[42] Crespi G., Criscuolo C., Haskel J. Productivity, exporting, and the learning – by – exporting hypothesis: direct evidence from UK firms [J]. Canadian Journal of Economics/revue Canadienne Déconomique, 2010, 41 (2): 619 – 638.

[43] Dang D. A. Trade Liberalization and Institutional Quality: Evidence from Vietnam [R]. MPRA paper No. 3185, 2010.

[44] Delgado M. A., Fariñas J. C., Ruano S. Firm productivity and export markets: a non – parametric approach [J]. Journal of International Economics, 2004, 57 (2): 397 – 422.

[45] Demsetz H. Toward a Theory of Property Rights [J]. American Economic Review, 1967, 57 (2): 347 – 359.

[46] Dennis B. N., ? şcan T. B. Engel versus Baumol: Accounting for structural change using two centuries of U. S. data [J]. Explorations in Economic

History, 2009, 46（2）: 186 – 202.

[47] Driscoll J. C., Kraay A. C. Consistent Covariance Matrix Estimation with Spatially Dependent Panel Data [J]. Review of Economics & Statistics, 1998, 80（4）: 549 – 560.

[48] Edmond C., Midrigan V., Xu D. Y. Competition, Markups, and the Gains from Internationaltrade Trade [J]. National Bureau of Economic Research, No. 2012, w18041, 2012.

[49] Ericson R., Pakes A. Markov – Perfect Industry Dynamics: A Framework for Empirical Work [J]. Review of Economic Studies, 1995, 62（1）: 53 – 82.

[50] Ernst D. Global production networks and industrial upgrading – a knowledge – centered approach [R]. East – west Center Working Paper, 2001.

[51] Evenson R. E., Westphal L. E. Technological change and technology strategy [J]. Handbook of Development Economics, 1995, 3（05）: 2209 – 2299.

[52] Fan C. C. City – Urban migration and gender division of labor in transitional China [J]. International Journal of Urban and Regional Research, 2003, 27（1）: 24 – 47.

[53] Feder, G. On Export and Economic Growth [J]. Journal of Development Economics, 1982, 12（1）: 59 – 73.

[54] Feenstra R. C. Advanced international trade: theory and evidence [J]. Journal of International Economics, 2003, 66（2）: 541 – 544.

[55] Findlay R. An Austrian Model of International Trade and Interest Rate Equalization [J]. Journal of Political Economy, 1978, 86（6）: 989 – 1008.

[56] Flam H., Helpman E. Vertical Product Differentiation and North – South Trade [J]. American Economic Review, 1987, 77（5）: 810 – 822.

[57] Frankel J. A., Romer D. H., Cyrus T. Trade and Growth in East Asian Countries: Cause and Effect? [R]. NBER Working Paper Series, 1996（8）: 5732 – 5772.

[58] Fritz M. S., MacKinnon D. P. Required sample size to detect the mediated effect [J]. Psychological Science, 2007, 18: 233 – 239.

[59] Fritz M. S., Taylor, A. B., MacKinnon D. P. Explanation of two anomalous results in statistical mediation analysis [J]. Multivariate Behavioral Re-

search, 2012, 47: 61 –87.

[60] Fujita M. , Hu D. Regonal Disparity in China: Effects of Globalization and Economic Liberalization [J]. Annals of Regional Science, 2001, 35: 3 –37.

[61] Ge Y. Regional Inequality, Industry Agglomeration and Foreign Trade, The Case of China [R]. UNU – WIDER Research Paper, No. 2006 (105), 2006.

[62] Gereffi G. International trade and industrial upgrading in the apparel commodity chain [J]. Journal of International Economics, 1999, 48 (1): 37 –70.

[63] Gereffi G. The Global Economy: Organization, Governance, and Development [M]. The Handbook of Economic Sociology, 2005.

[64] Girma S. , Greenaway A. , Kneller R. Does Exporting Increase Productivity? A Microeconometric Analysis of Matched Firms [J]. Review of International Economics, 2004, 12 (5): 855 –866.

[65] Görg H. , Greenaway D. Much Ado about Nothing? Do Domestic Firms Really Benefit from Foreign Direct Investment? [J]. World Bank Research Observer, 2004, 19 (2): 171 –197.

[66] Greenaway D. , Yu Z. Firm – level interactions between exporting and productivity: Industry – specific evidence [J]. Review of World Economics, 2004, 140 (3): 376 –392.

[67] Greenaway H. , Milner. Country – Specific Factors and the Pattern of Horizontal and Vertical Intra – Industry Trade in the UK [J]. Weltwirtschaftliches Archiv, 1994, 130 (1): 77 –100.

[68] Grossman G. M. , Helpman E. Trade, Knowledge Spillovers, and Growth [J]. European Economic Review, 1991, 35 (2): 517 –526.

[69] Grubel H. G. , Lloyd P. J. Intra – Industry Trade: The Theory and Measurement of International Trade in Differentiated Products [M]. London: The Macmillan Press Ltd, 1975.

[70] Guerrieri P. , Meliciani V. International competitiveness in producer services [C]. Empirical Studies of Innovation in Europe, Urbino, 2003 (12): 2 –16.

[71] Hansmann R. , Hwang J. , Rodrik D. What you export matters [J].

Journal of Economic Growth, 2007, 12 (1): 1 – 25.

［72］Harrison A., Rodríguez – Clare A. Trade, Foreign Investment, and Industrial Policy for Developing Countries ［R］. Mpra Paper, 2009, 5 (15261): 4039 – 4214.

［73］Hausmann R., Hwang J., Rodrik D. What you export matters ［R］. NBER Working Paper No. 11905, 2005.

［74］Hayes A. F. Beyond Baron and Kenny: Statistical mediation analysis in the new millennium ［J］. Communication Monographs, 2009, 76: 408 – 420.

［75］Hayes A. F., Scharkow M. The relative trustworthiness of inferential tests of the indirect effect in statistical mediation analysis: Does method really matter? ［J］. Psychological Science, 2013, 24: 1918 – 1927.

［76］Helpman E., Krugman P. R. Market structure and foreign trade: Increasing returns, imperfect competition, and the international economy ［M］. Cambridge: The MIT press, 1985: 261 – 266.

［77］Holmes T. J., Hsu W. T., Lee S. Allocative Efficiency, Mark – ups, and the Welfare Gains from Trade ［J］. Journal of International Economics, 2014, 94 (2): 195 – 206.

［78］Holtz. Estimating Vector Auto regressions with Panel Data ［J］. Econometrica, 1988 (6): 1371 – 1395.

［79］Hopenhayn H. A. Entry, Exit, and firm Dynamics in Long Run Equilibrium ［J］. Econometrica, 1992, 60 (5): 1127 – 1150.

［80］Hotopp U., Radosevic S., Bishop K. Trade and industrial upgrading in countries of Central and Eastern Europe: patterns of scale – and scope – based learning ［J］. Emerging Markets Finance and Trade, 2005, 41 (4): 20 – 37.

［81］Hsieh C. T., Klenow P. J. Misallocation and Manufacturing TFP in China and India ［J］. The Quarterly Journal of Economics, 2009, 124 (4): 1403 – 1448.

［82］Hsu W. T., Lu Y., Zhou Y. K. Exchange Rates and Export Structure ［R］. Singapore Management University working paper, 2014.

［83］Hummels D., Klenow P. J. The Variety and Quality of a Nation's Exports ［J］. American Economic Review, 2005, 95 (3): 704 – 723.

[84] Isgut A. E. What's Different about Exporters? Evidence from Colombian Manufacturing [J]. Journal of Development Studies, 2001, 37 (5): 57 - 82.

[85] Jae J. B. Horizontal and Vertical Intra - industry Trade of Korea: A Cross - country and Industry Analysis [Z]. UMI NO. 3005196, 2001.

[86] Jarreau J., Poncet S. Export sophistication and economic growth: Evidence from China [J]. Journal of Development Economics, 2012, 97 (2): 281 - 292.

[87] Jongwanich J., James W. E., Minor P. J., et al. Trade Structure and the Transmission of Economic Distress in the High - Income OECD Countries to Developing Asia [R]. Adb Economics Working Paper, 2009, 26 - 1 (1): 48 - 102.

[88] Kenny D. A., Korchmaros J. D., Bolger N. Lower level mediation in multilevel models [J]. Psychological Methods, 2003, 8 (2): 115 - 128.

[89] Khalafalla K. Y., Webb A. J. Export - led growth and structural change: evidence from Malaysia [J]. Applied Economics, 2001, 33 (13): 1703 - 1715.

[90] Kiugman P. R. Scale Economies, Product Differentiation, and the Pattern of Trade [J]. American Economic Review, 1980, 70 (5): 950 - 959.

[91] Koenig P. Agglomeration and the export decisions of French firms [J]. Journal of Urban Economics, 2009, 66 (3): 186 - 195.

[92] Koenig soubeyran P. Trade liberalization and the internal geography of countries [J]. Multinational Firms' Location & the New Economic Geography, 2004.

[93] Kongsamut, P., Rebelo, S., Xie D. Beyond Balanced Growth [J]. Review of Economic Studies, 2001, 68 (4): 869 - 882.

[94] Krugman P. R. Increasing returns, monopolistic competition, and international trade [J]. Journal of International Economics, 1979, 9 (4): 469 - 479.

[95] Kyoji F., Hikari I., Keiko I. Vertical Intra - Industry Trade and Foreign Direct Investment in East Asia [J]. Journal of Japanese and International Economics Elsevier, 2003, 17 (4): 468 - 506.

[96] Lall S. The Technological structure and performance of developing country manufactured exports, 1985 - 1998 [J]. Oxford development studies, 2000 (3): 337 - 369.

[97] Levchenko A. A. Institutional Quality and International Trade [J]. Review of Economic Studies, 2007, 74 (3): 791 – 819.

[98] Levchenko A. A. International Trade and Institutional Change [J]. Journal of Law Economics & Organization, 2013, 29 (5): 1145 – 1181.

[99] Levchenko A. Institutional Quality and International Trade [J]. Review of Economic Studies, 2007, 74 (3): 791 – 819.

[100] Levin A., Raut L. K. Complementarities between Exports and Human Capital in Economic Growth: Evidence from the Semi – industrialized Countries [J]. Economic Development & Cultural Change, 1997, 46 (1): 155 – 174.

[101] Li L., Dunford M., Yeung G. International trade and industrial dynamics: Geographical and structural dimensions of Chinese and Sino – EU merchandise trade [J]. Applied Geography, 2012, 32 (1): 130 – 142.

[102] Lichtenberg F. R. International R&D spillovers: A comment [J]. European Economic Review, 1998, 42 (8): 1483 – 1491.

[103] Love I., Zicchino L. Financial development and dynamic investment behavior: Evidence from panel VAR [J]. The Quarterly Review of Economics and Finance, 2006, 46 (2): 190 – 210.

[104] Lu Y., Yu L. H. Trade Liberalization and Markup Dispersion: Evidence from China's WTO Accession [J]. American Economic Journal: Applied Economics, 2015, 7 (4): 221 – 253.

[105] Lucas R. E. On the Mechanics of Economic Development [J]. Journal of Monetary Economics, 1988, 22 (1): 3 – 42.

[106] MacKinnon D. P. Introduction to statistical mediation analysis [M]. Mahwah N. J.: Erlbaum, 2008.

[107] MacKinnon D. P., Krull J. L., Lockwood C. M. Equivalence of the mediation, confounding and suppression effect [J]. Prevention Science, 2000 (1): 173 – 181.

[108] MacKinnon D. P., Lockwood C. M., Hoffman J. M., West S. G., Sheets V. A comparison of methods to test mediation and other intervening variable effects [J]. Psychological Methods, 2002 (7): 83 – 104.

[109] MacKinnon D. P., Lockwood C. M., Williams J. Confidence limits

for the indirect effect: Distribution of the product and resampling methods [J]. Multivariate Behavioral Research, 2004, 39: 99 – 128.

[110] MacKinnon D. P. , Warsi G. , Dwyer J. H. A simulation study of mediated effect measures [J]. Multivariate Behavioral Research, 1995, 30: 41 – 62.

[111] Manova K. , Yu Z. How firms export: Processing vs. ordinary trade with financial frictions [J]. Journal of International Economics, 2016, 100: 120 – 137.

[112] Mathieu J. E. , Taylor S. R. Clarifying conditions and decision points for mediational type inferences in Organizational Behavior [J]. Journal of Organizational Behavior, 2006, 27: 1031 – 1056.

[113] Matsuyama K. Structural Change in an Interdependent World: A Global View of Manufacturing Decline [J]. Journal of the European Economic Association, 2009, 7 (2 – 3): 478 – 486.

[114] Mazumdar J. Do Static Gains from Trade Lead to Medium – Run Growth? [J]. Journal of Political Economy, 1996, 104 (6): 1328 – 1337.

[115] Melitz M. J. The Impact of Trade on Intra – Industry Reallocations and Aggregate Industry Productivity [J]. Econometrica, 2003, 71 (6): 1695 – 1725.

[116] Melitz M. J. , Ottaviano G. I. P. Market size, trade, and productivity [J]. The review of economic studies, 2008, 75 (1): 295 – 316.

[117] Michaely M. Export and Growth: an empirical investigation [J]. Journal of Development Economics, 1977 (4): 49 – 53.

[118] Michaely M. Trade, Income Levels and Dependence [M]. Amsterdam: North – Holland, 1984.

[119] Nishimizu M. , Robinson S. Trade policies and productivity change in semi – industrialized countries [J]. Journal of Development Economics, 1984, 16 (1): 177 – 206.

[120] North D. C. Institutions and economic growth: An historical introduction [J]. World Development, 1989, 17 (9): 1319 – 1332.

[121] Oyama D. , Sato Y. , Tabuchi T. , et al. On the Impact of Trade on the Industrial Structures of Nations [J]. International Journal of Economic Theory, 2011, 7 (1): 93 – 109.

[122] Pack H. , Page J. M. Accumulation, Exports and Growth in the High –

Performing Asian Economies [J]. 1994, 40 (1): 237 - 250.

[123] Park J. H. The New Regionalism and Third World Development [J]. Journal of Developing Societies. 1995, 11 (1): 23 - 25.

[124] Pietrobelli C. , Rabellotti R. Upgrading to Compete: Global Value Chains, Clusters, and SMEs in Latin America [C]. Inter - American Development Bank/ David Rockefeller Center for Latin American Studies/ Harvard University, 2006.

[125] Poon T. S. Beyond the global production networks: a case of further upgrading of Taiwan's information technology industry [J]. International Journal of Technology and Globalization, 2004, 1 (1): 130 - 144.

[126] Raymond V. International Investment and International Trade in the Product Cycle [J]. Quarterly Journal of Economics, 1966, 80 (2): 190 - 207.

[127] Rivera - Batiz L. A. , Romer P. M. International trade with endogenous technological change [R]. NBER Working Papers, 1991, 35 (4): 971 - 1001.

[128] Roberts M. J. , Tybout J. R. The decision to export in Colombia: an empirical model of entry with sunk costs [J]. The American Economic Review, 1997: 545 - 564.

[129] Robinson A. The Problem of Management and the Size of Firms [J]. Economic Journal, 1934, 44 (174): 242 - 257.

[130] Rodrik D. What's so Special about China's Exports? [J]. China and World Economy, 2006, 14 (5): 1 - 19.

[131] Rodrik D. , Subramanian A. , Trebbi F. Institutions Rule: The Primacy of Institutions Over Geography and Integration in Economic Development [J]. Journal of Economic Growth, 2004, 9 (2): 131 - 165.

[132] Rodrik D. , Subramanian A. , Trebbi F. Institutions Rule: The Primacy of Institutions over Geography and Integration in Economic Development [R]. NBER Working Paper No. 9305, 2002.

[133] Romalis J. Factor proportions and the structure of commodity trade [J]. American Economic Review, 2004, 94 (1): 67 - 97.

[134] Romer P. M. Endogenous Technological Change [J]. The Journal of Political Economy, 1990 (10): 71 - 102.

[135] Schultz T. W. Investment in Human Capital [J]. Economic Journal, 1961, 82 (326): 787.

[136] Shan J., Sun F. On the export – led growth hypothesis: the econometric evidence from China [J]. Applied Economics, 1998, 30 (8): 1055 – 1065.

[137] Shrout P. E., Bolger N. Mediation in experimental and nonexperimental studies: New procedures and recommendations [J]. Psychological Methods, 2002 (7): 422 – 445.

[138] Sobel M. E. Asymptotic confidence intervals for indirect effects in structural equation models [J]. In S. Leinhardt (Ed.), Sociological methodology. Washington D. C.: American Sociological Association, 1982, 290 – 312.

[139] Syrquin M., Chenery H. Three Decades of Industrialization [J]. The World Bank Economic Review, 1989, 3 (2): 145 – 181.

[140] Trefler D. The Case of the Missing Trade and Other Mysteries [J]. American Economic Review, 1995, 85 (5): 1029 – 1046.

[141] Tyler W. G. Growth and export expansion in developing countries: Some empirical evidence [J]. Journal of Development Economics, 1981, 9 (1): 121 – 130.

[142] Vogel J. E. Institutions and Moral Hazard in Open [J]. Journal of International Economics, 2007, 71 (2): 495 – 514.

[143] Wang Y., Yao Y. D. Sources of China's economic growth 1952 – 1999: incorporating human capital accumulation [J]. China Economic Review, 2003, 14 (1): 32 – 52.

[144] Weldemicael E. Technology, Trade Costs and Export Sophistication [J]. World Economy, 2014, 37 (1): 14 – 41.

[145] Xu B. Measuring China's Export Sophistication [R]. China Europe International Business School Working PaPer, 2007.

[146] Xu B. Multinational enterprises, technology diffusion, and host country productivity growth [J]. Journal of Development Economics, 2000, 62: 477 – 493.

[147] Xu B., Lu J. Y. Foreign direct investment, processing trade, and the sophistication of China's exports [J]. China Economic Review, 2009, 20 (3): 425 – 439.

［148］Zhang X. B. , Zhang K. H. How Does Globalization Affect Regional Inequality within a Developing Country? Evidence from China ［J］. Journal of Development Studies, 2003, 39（4）: 47 – 67.

［149］蔡海亚, 徐盈之. 贸易开放是否影响了中国产业结构升级? ［J］. 数量经济技术经济研究, 2017（10）: 3 – 22.

［150］曹玉平. 出口贸易、产业空间集聚与技术创新——基于 20 个细分制造行业面板数据的实证研究 ［J］. 经济与管理研究, 2012（9）: 73 – 82.

［151］常进雄, 楼铭铭. 关于我国工业部门就业潜力问题的研究——基于产业结构偏离度的分析 ［J］. 上海财经大学学报, 2004, 6（3）: 32 – 38.

［152］陈晋玲. 中国外贸结构推动产业结构优化效应的统计测度 ［D］. 太原: 山西财经大学, 2015.

［153］陈凌, 姚先国. 论人才资本中的资源配置能力 ［J］. 经济科学, 1997, 19（4）: 27 – 34.

［154］陈明森. 自主成长与外向推动: 产业结构演进模式比较 ［J］. 东南学术, 2003（3）: 51 – 66.

［155］陈能军. 出口商品结构如何影响产业结构调整——基于 1995—2015 年 30 个样本国家的经验数据 ［J］. 汉江论坛, 2017（3）: 91 – 96.

［156］陈强. 高级计量经济学及 Stata 应用: 第 2 版 ［M］. 北京: 高等教育出版社, 2014.

［157］陈诗波, 李崇光. 湖北省农产品加工产业发展能力分析 ［J］. 农业经济问题, 2007（11）: 44 – 50.

［158］陈文翔, 周明生. 自主创新、技术引进与产业结构升级——基于外部性视角的省级面板数据的实证分析 ［J］. 云南财经大学学报, 2017, 33（4）: 34 – 44.

［159］陈晓光. 人力资本向下兼容性及其对跨国收入水平核算的意义 ［J］. 经济研究, 2005（4）: 46 – 56.

［160］陈晓华, 黄先海, 刘慧. 中国出口技术结构演进的机理与实证研究 ［J］. 管理世界, 2011（3）: 44 – 57.

［161］陈晓华, 刘慧. 制造业出口技术复杂度升级提高了中国资本回报率吗? ［J］. 商业经济与管理, 2018（4）: 81 – 96.

［162］陈晓华, 沈成燕. 出口持续时间对出口产品质量的影响研究 ［J］.

国际贸易问题，2015（1）：47-57.

[163] 陈元. 我国外贸发展对国内外经济的影响与对策研究［M］. 北京：中国财政经济出版社，2007：41-44.

[164] 程铖，杨杰. 农产品出口与农业经济增长的实证分析——基于1994—2009 云南面板数据［J］. 经济问题探索，2011（1）：176-180.

[165] 代谦，别朝霞. 人力资本、动态比较优势与发展中国家产业结构升级［J］. 世界经济，2006（11）：70-84.

[166] 戴翔. 服务贸易出口技术复杂度与经济增长——基于跨国面板数据的实证分析［J］. 财经研究，2011（10）：81-91.

[167] 戴翔. 我国制成品与服务贸易出口技术含量动态相关性分析［J］. 中国软科学，2013（2）：26-34.

[168] 戴翔. 中国服务贸易出口技术复杂度变迁及国际比较［J］. 中国软科学，2012（2）：52-59.

[169] 戴翔，金碚. 产品内分工、制度质量与出口技术复杂度［J］. 经济研究，2014（7）：4-17.

[170] 邓慧慧. 贸易自由化、要素分布和制造业集聚［J］. 经济研究，2009（11）：118-129.

[171] 邓平平. 对外贸易、贸易结构与产业结构优化［J］. 工业技术经济，2018，37（08）：27-34.

[172] 董翔宇，赵守国. 出口贸易结构与经济增长的规律与启示［J］. 软科学，2017，31（3）：21-24.

[173] 董直庆，陈锐，张桂莲. 我国出口贸易技术结构优化了吗？——基于 UNC 数据的实证检验［J］. 吉林大学社会科学学报，2011（6）：118-125.

[174] 杜红梅，安龙送. 我国农产品对外贸易与农业经济增长关系的实证分析［J］. 农业技术经济，2007（4）：53-58.

[175] 杜晓英. 中国加工贸易增值率影响因素的实证研究——基于2001年—2010 年省际面板数据的分析［J］. 经济经纬，2014，31（3）：37-41.

[176] 杜修立，王维国. 中国出口贸易的技术结构及其变迁：1980-2003 ［J］. 经济研究，2007（7）：137-151.

[177] 樊纲，关志雄，姚枝仲. 国际贸易结构分析：贸易品的技术分布 ［J］. 经济研究，2006（8）：70-80.

[178] 樊纲，王小鲁，张立文，等．中国各地区市场化相对进程报告[J]．经济研究，2003（3）：9-18.

[179] 范剑勇，冯猛．中国制造业出口企业生产率悖论之谜：基于出口密度差别上的检验 [J]．管理世界，2013，239（8）：16-29.

[180] 方杰，张敏强．中介效应的点估计和区间估计：乘积分布法、非参数 Bootstrap 和 MCMC 法 [J]．心理学报，2012，44（10）：1408-1420.

[181] 冯蕾，李树超，角田毅．中日农产品加工企业科技创新对比研究 [J]．经济问题探索，2011（4）：151-156.

[182] 冯正强．贸易增长机制与贸易增长动力转换研究 [D]．长沙：中南大学，2008.

[183] 傅元海，叶祥松，王展祥．制造业结构变迁与经济增长效率提高 [J]．经济研究，2016（8）：86-100.

[184] 傅元海，叶祥松，王展祥．制造业结构优化的技术进步路径选择——基于动态面板的经验分析 [J]．中国工业经济，2014（9）：78-90.

[185] 干春晖，郑若谷，余典范．中国产业结构变迁对经济增长和波动的影响 [J]．经济研究，2011（5）：4-16.

[186] 耿仲钟，肖海峰．农业支持政策改革：释放多大的黄箱空间[J]．经济体制改革，2018（3）：67-73.

[187] 顾晓燕，史新和，刘厚俊．知识产权出口贸易与经济增长——基于创新溢出和要素配置的研究视角 [J]．国际贸易问题，2018（3）：12-23.

[188] 关兵．出口贸易与全要素生产率增长的动态效应分析——基于中国省际面板数据的角度 [J]．国际商务（对外经济贸易大学学报），2010（6）：74-80.

[189] 郭海霞．国际产业转移视角下资源型地区产业结构优化研究 [D]．太原：山西财经大学，2017.

[190] 郭浩淼．中国出口产品结构优化路径研究 [D]．沈阳：辽宁大学，2013.

[191] 郭界秀．制度与贸易发展关系研究综述 [J]．国际经贸探索，2013，29（4）：85-94.

[192] 郭树华，包伟杰．美国产业结构演进及对中国的启示 [J]．思想战线，2018，44（2）：93-100.

[193] 何树全. 中国农业贸易模式的动态分析 [J]. 世界经济, 2008 (5): 24 – 33.

[194] 胡秋阳. 中国的产业结构和贸易结构: 投入产出分析的视角 [M]. 北京: 经济科学出版社, 2008: 90 – 98.

[195] 黄庆波, 戴庆玲, 李焱. 中韩两国工业制成品产业内贸易水平的测度及影响因素研究 [J]. 国际贸易问题, 2014 (1): 92 – 98.

[196] 黄庆波, 范厚明. 对外贸易、经济增长与产业结构升级——基于中国、印度和亚洲 "四小龙" 的实证检验 [J]. 国际贸易问题, 2010 (2): 38 – 44.

[197] 黄蓉. 中国对外贸易结构与产业结构的互动关系研究 [D]. 上海: 上海社会科学院, 2014.

[198] 霍忻. 中国对外直接投资逆向技术溢出的产业结构升级效应研究 [D]. 北京: 首都经济贸易大学, 2016.

[199] 贾妮莎, 韩永辉, 邹建华. 中国双向 FDI 的产业结构升级效应: 理论机制与实证检验 [J]. 国际贸易问题, 2014 (11): 109 – 120.

[200] 姜茜, 李荣林. 我国对外贸易结构与产业结构的相关性分析[J]. 经济问题, 2010 (5): 19 – 23.

[201] 姜泽华, 白艳. 产业结构升级的内涵与影响因素分析 [J]. 当代经济研究, 2006 (10): 53 – 56.

[202] 蒋坦. 中国贸易开放、经济增长与收入差距 [D]. 武汉: 武汉大学, 2015.

[203] 蒋昭侠, 产业结构问题研究 [M]. 北京: 中国经济出版社, 2005.

[204] 赖明勇, 许和连, 包群. 出口贸易与中国经济增长理论问题 [J]. 求索, 2004 (3): 4 – 8.

[205] 郎丽华, 刘妍. 中国农业贸易结构与产业结构的互动关系 [J]. 河北学刊, 2018, 38 (4): 141 – 147.

[206] 李谷成, 范丽霞, 冯中朝. 资本积累、制度变迁与农业增长——对 1978—2011 年中国农业增长与资本存量的实证估计 [J]. 管理世界, 2014 (5): 67 – 79.

[207] 李京文, 郑友敬. 技术进步与产业结构——概论 [M]. 北京: 经

济科学出版社，1988.

[208] 李磊，刘斌，郑昭阳，等. 地区专业化能否提高我国的出口贸易技术复杂度？[J]. 世界经济研究，2012（6）：30 - 37.

[209] 李磊. 中国出口结构与产业结构的实证分析 [J]. 财贸经济，2000（5）：59 - 62.

[210] 李强，徐康宁. 制度质量、贸易开放与经济增长 [J]. 国际经贸探索，2017，33（10）：4 - 18.

[211] 李勤昌，张莉晶. 增加值视角下的我国工业结构调整路径选择 [J]. 宏观经济研究，2016（7）：60 - 72.

[212] 李贤珠. 中韩产业结构高度化的比较分析——以两国制造业为例 [J]. 世界经济研究，2010（10）：81 - 86.

[213] 李小卷. 我国产业结构变动对经济波动的影响——基于空间计量模型的研究 [J]. 技术经济与管理研究，2017（3）：105 - 109.

[214] 李小平，周记顺，王树柏. 中国制造业出口复杂度的提升和制造业增长 [J]. 世界经济，2015（2）：31 - 57.

[215] 李政，杨思莹. 创新强度、产业结构升级与城乡收入差距——基于2007—2013 年省级面板数据的空间杜宾模型分析 [J]. 社会科学研究，2016（2）：1 - 7.

[216] 廖涵，谢靖. 环境规制对中国制造业贸易比较优势的影响——基于出口增加值的视角 [J]. 亚太经济，2017（4）：46 - 53.

[217] 林桂军，黄灿. 出口产业向中西部地区转移了吗——基于省际面板数据的经验分析 [J]. 国际贸易问题，2013（12）：3 - 14.

[218] 林晶，吴赐联. 福建产业结构升级测度及产业结构优化研究[J]. 科技管理研究，2014（2）：41 - 44.

[219] 林毅夫，蔡昉，李周. 中国的奇迹：发展战略与经济改革 [M]. 上海：上海三联书店，上海人民出版社，1999.

[220] 林毅夫，李永军. 出口与中国的经济增长：需求导向的分析[J]. 经济学（季刊），2003（3）：779 - 794.

[221] 刘斌斌，丁俊峰. 出口贸易结构的产业结构调整效应分析 [J]. 国际经贸探索，2015，31（7）：42 - 51.

[222] 刘洪铎，陈和. 全球供应链分工地位如何影响一国服务贸易部门

的出口技术复杂度 [J]. 国际贸易问题, 2016 (9): 27 - 37.

[223] 刘洪铎, 陈晓珊. 出口贸易技术效率能从集聚经济中获得提升吗?——基于中国省际面板数据的实证检验 [J]. 北京工商大学学报 (社会科学版), 2016, 31 (6): 43 - 54.

[224] 刘培森, 尹希果. 银行业结构、空间溢出与产业结构升级 [J]. 金融评论, 2015 (1): 51 - 63.

[225] 刘晴. 新新贸易理论视角下中国出口企业转型升级研究 [M]. 上海: 格致出版社, 2015.

[226] 刘晴, 徐蕾. 对加工贸易福利效应和转型升级的反思——基于异质性企业贸易理论的视角 [J]. 经济研究, 2013 (9): 137 - 148.

[227] 刘悦, 杨浩然, 刘合光. 中美农产品加工业发展比较研究 [J]. 亚太经济, 2013 (4): 74 - 79.

[228] 刘正良, 刘厚俊. 出口贸易的外溢效应及中国数据检验——基于贸易方式和经济区域视角的研究 [J]. 世界经济研究, 2008 (12): 56 - 61.

[229] 刘志彪, 张少军. 总部经济、产业升级和区域协调——基于全球价值链的分析 [J]. 南京大学学报 (哲学·人文科学·社会科学), 2009, 46 (6): 54 - 62.

[230] 龙晓柏, 洪俊杰. 战略性贸易政策与出口绩效的关系研究——基于我国省际效应视角 [J]. 南开经济研究, 2014 (3): 84 - 99.

[231] 吕大国, 耿强. 出口贸易与中国全要素生产率增长——基于二元外贸结构的视角 [J]. 世界经济研究, 2015 (4): 72 - 79.

[232] 马光明, 刘春生. 中国贸易方式转型与制造业就业结构关联性研究 [J]. 财经研究, 2016, 42 (3): 109 - 121.

[233] 马鹏, 肖宇. 服务贸易出口技术复杂度与产业转型升级——基于G20国家面板数据的比较分析 [J]. 财贸经济, 2014, 35 (5): 105 - 114.

[234] 马颖, 李静, 余官胜. 贸易开放度、经济增长与劳动密集型产业结构调整 [J]. 国际贸易问题, 2012 (9): 96 - 107.

[235] 马章良, 顾国达. 我国对外贸易与产业结构关系的实证研究 [J]. 国际商务, 2011 (6): 17 - 25.

[236] 毛其淋, 许家云. 中间品贸易自由化、制度环境与生产率演化 [J]. 世界经济, 2015 (9): 80 - 106.

[237] 毛其淋，许家云．跨国公司进入与中国本土企业成本加成——基于水平溢出与产业关联的实证研究 [J]．管理世界，2016（09）：12 - 32，187.

[238] 倪红福．中国出口技术含量动态变迁及国际比较 [J]．经济研究，2017（1）：44 - 57.

[239] 裴长洪．进口贸易结构与经济增长：规律与启示 [J]．经济研究，2013（7）：4 - 19.

[240] 齐晓辉，刘亿．中国与中亚五国农产品产业内贸易及影响因素——基于2004—2013年面板数据分析 [J]．国际商务，2016（1）：50 - 59.

[241] 钱学锋，王菊蓉，黄云湖，等．出口与中国工业企业的生产率——自我选择效应还是出口学习效应？[J]．数量经济技术经济研究，2011（2）：37 - 51.

[242] 邱斌，刘修岩，赵伟．出口学习抑或自选择：基于中国制造业微观企业的倍差匹配检验 [J]．世界经济，2012（4）：23 - 40.

[243] 邱斌，唐保庆，孙少勤，等．要素禀赋、制度红利与新型出口比较优势 [J]．经济研究，2014（8）：107 - 119.

[244] 茹玉骢，金祥荣，张利风．合约实施效率、外资产业特征及其区位选择 [J]．管理世界，2010（8）：90 - 101.

[245] 邵军，刘军．出口专业化、空间依赖与我国地区经济增长 [J]．国际贸易问题，2011（7）：57 - 64.

[246] 沈鸿，顾乃华．产业政策、集聚经济与异质性企业贸易方式升级 [J]．国际贸易问题，2017（3）：120 - 130.

[247] 施炳展，李坤望．中国靠什么实现了对美国出口的迅速增长？——基于产品广度、产品价格和产品数量的分解 [J]．世界经济研究，2009（4）：32 - 37.

[248] 史忠良等．产业经济学 [M]．北京：经济管理出版社，1998.

[249] 宋文．广西对外贸易商品结构与产业结构相互关系研究 [D]．武汉：武汉大学，2014.

[250] 苏东水，任浩．产业经济学 [M]．北京：高等教育出版社，2000：290 - 291.

[251] 孙会敏，张越杰．中国农产品进出口与农业结构优化的关系研

究——基于 VAR 模型和协整检验的实证分析 [J]．农业技术经济，2016 (12)：4 – 12.

[252] 孙金秀，杨文兵．经济增长：产业结构和贸易结构互动升级之结果 [J]．现代财经 (天津财经大学学报)，2011 (9)：118 – 123.

[253] 孙晓华，王昀．对外贸易结构带动了产业结构升级吗？——基于半对数模型和结构效应的实证检验 [J]．世界经济研究，2013 (1)：15 – 21.

[254] 孙莹，张晓雨，陈欣怡．我国高技术产品出口的后向链接溢出效应研究 [J]．东北大学学报 (社会科学版)，2018，20 (3)：247 – 254.

[255] 孙正，张志超．流转税改革是否优化了国民收入分配格局？——基于"营改增"视角的 PVAR 模型分析 [J]．数量经济技术经济研究，2015 (7)：74 – 89.

[256] 孙致陆，李先德．农产品产业内贸易水平与结构：中国和澳大利亚的实证研究 [J]．华南农业大学学报 (社会科学版)，2014，13 (1)：83 – 91.

[257] 唐艳．FDI 在中国的产业结构升级效应分析与评价 [J]．财经论丛，2011 (1)：20 – 25.

[258] 童馨乐，徐菲菲，张为付，等．生产者服务出口贸易如何影响生产率增长？——基于 OECD 国家数据的实证检验 [J]．南开经济研究，2015 (4)：44 – 66.

[259] 王聪．贸易强国之路：以优胜劣汰助力产业升级 [J]．当代经济管理，2016，38 (12)：46 – 51.

[260] 王佃凯．贸易技术结构变动对我国服务贸易出口的影响 [J]．管理世界，2017 (7)：170 – 171.

[261] 王菲．中国出口贸易结构影响产业结构的机制——基于贸易内生技术进步经济增长模型的实证研究 [J]．华东经济管理，2012，26 (3)：83 – 87.

[262] 王煌，张秀英．技术创新、产业结构升级与国际贸易效应的实证分析 [J]．统计与决策，2017 (9)：122 – 126.

[263] 王菁．生产者服务与制造业出口技术复杂度提升研究 [D]．天津：天津财经大学，2016.

[264] 王军，邹广平，石先进．制度变迁对中国经济增长的影响——基于 VAR 模型的实证研究 [J]．中国工业经济，2013 (6)：70 – 82.

[265] 王庆石，张国富，吴宝峰．出口贸易技术外溢效应的地区差异与吸

收能力的门限特征——基于非线性面板数据模型的实证分析 [J]．数量经济技术经济研究，2009 (11)：94 – 103.

[266] 王文，孙早．产业结构转型升级意味着去工业化吗 [J]．经济学家，2017 (3)：55 – 62.

[267] 王小鲁，樊纲．中国经济增长的可持续性跨世纪的回顾与展望 [M]．北京：经济科学出版社，2000.

[268] 王亚静，毕于运，唐华俊．湖北省农产品加工产业绩效评价 [J]．农业经济问题，2010 (1)：71 – 79.

[269] 王岳平．开放条件下的工业结构升级研究 [D]．北京：中国社会科学院研究生院，2002.

[270] 魏金义，祁春节．中国农业要素禀赋结构的时空异质性分析[J]．中国人口·资源与环境，2015，25 (7)：97 – 104.

[271] 温忠麟，叶宝娟．中介效应分析：方法和模型发展 [J]．心理科学进展，2014，22 (5)：731 – 745.

[272] 温忠麟，侯杰泰，张雷．调节效应与中介效应的比较和应用[J]．心理学报，2005，37 (2)：268 – 274.

[273] 吴进红．对外贸易与长江三角洲地区的产业结构升级 [J]．国际贸易问题，2005 (4)：58 – 62.

[274] 吴敬琏．中国增长模式抉择：增订版 [M]．上海：上海远东出版社，2008.

[275] 伍山林．农村经济制度变迁与农业绩效 [J]．财经研究，2002，28 (1)：51 – 56.

[276] 夏天然．全球视角下的服务贸易自由化与产业结构的变迁 [D]．上海：上海交通大学，2015.

[277] 项光辉，毛其淋．农村城镇化如何影响农业产业结构 [J]．广东财经大学学报，2016，31 (2)：77 – 87.

[278] 谢娟，廖进中．进口贸易对我国区域产业结构调整影响的实证研究 [J]．财经理论与实践，2012，33 (5)：105 – 108.

[279] 徐承红，张泽义，赵尉然．我国进口贸易的产业结构升级效应及其机制研究——基于"一带一路"沿线国家的实证检验 [J]．吉林大学社会科学学报，2017 (4)：63 – 75.

[280] 徐现祥, 周吉梅, 舒元. 中国省区三次产业资本存量估计 [J]. 统计研究, 2007 (5): 6-13.

[281] 许和连, 成丽红. 动态比较优势理论适用于中国服务贸易出口结构转型吗——基于要素结构视角下的中国省际面板数据分析 [J]. 国际贸易问题, 2015 (1): 25-35.

[282] 许和连, 栾永玉. 出口贸易的技术外溢效应: 基于三部门模型的实证研究 [J]. 数量经济技术经济研究, 2005, 22 (9): 103-111.

[283] 许南, 李建军. 产品内分工、产业转移与中国产业结构升级[J]. 管理世界, 2012 (1): 182-183.

[284] 严成梁, 吴应军, 杨龙见. 财政支出与产业结构变迁 [J]. 经济科学, 2016 (1): 5-16.

[285] 严成梁. 我国产业结构变迁与经济增长的动力——基于多部门模型的反事实分析 [J]. 华中师范大学学报 (人文社会科学版), 2017, 56 (2): 63-73.

[286] 杨晶晶, 于意, 王华. 出口技术结构测度及其影响因素——基于省际面板数据的研究 [J]. 财贸研究, 2013, 24 (4): 75-82.

[287] 杨全发. 中国对外贸易与经济增长 [M]. 北京: 中国经济出版社, 1999.

[288] 杨汝岱, 姚洋. 有限赶超与经济增长 [J]. 经济研究, 2008 (8): 29-41.

[289] 杨汝岱, 朱诗娥. 中国对外贸易结构与竞争力研究: 1978—2006 [J]. 财贸经济, 2008 (2): 117-223.

[290] 姚洋, 张晔. 中国出口品国内技术含量升级的动态研究——来自全国及江苏省、广东省的证据 [J]. 中国社会科学, 2008 (2): 67-82.

[291] 姚志毅, 张亚斌. 全球生产网络下对产业结构升级的测度 [J]. 南开经济研究, 2011 (6): 55-64.

[292] 衣长军, 李赛, 张吉鹏. 制度环境、吸收能力与新兴经济体 OFDI 逆向技术溢出效应——基于中国省际面板数据的门槛检验 [J]. 财经研究, 2015, 41 (11): 4-19.

[293] 易先忠, 欧阳晓, 傅晓岚. 国内市场规模与出口产品结构多元化: 制度环境的门槛效应 [J]. 经济研究, 2014 (6): 18-29.

[294] 余东华, 孙婷. 环境规制、技能溢价与制造业国际竞争力 [J]. 中国工业经济, 2017 (5): 35 - 53.

[295] 余剑, 谷克鉴. 开放条件下的要素供给优势转化与产业贸易结构变革——基于比较优势战略的中国改革开放实践的考察 [J]. 国际贸易问题, 2005 (11): 5 - 11.

[296] 余淼杰. 中国的贸易自由化与制造业企业生产率 [J]. 经济研究, 2010 (12): 97 - 110.

[297] 俞佳根. 中国对外直接投资的产业结构升级效应研究 [D]. 沈阳: 辽宁大学, 2016.

[298] 袁欣. 中国对外贸易结构与产业结构: "镜像" 与 "原像" 的背离 [J]. 经济学家, 2010 (6): 67 - 73.

[299] 岳书敬, 刘朝明. 人力资本与区域全要素生产率分析 [J]. 经济研究, 2006 (4): 90 - 96.

[300] 张杰, 李勇, 刘志彪. 出口促进中国企业生产率提高吗? ——来自中国本土制造业企业的经验证据: 1999—2003 [J]. 管理世界, 2009 (12): 11 - 26.

[301] 张军, 吴桂英, 张吉鹏. 中国省际物质资本存量估算: 1952—2000 [J]. 经济研究, 2004 (10): 35 - 44.

[302] 张莉, 黄汉民. 合约实施制度、产业出口和经济增长——基于省际面板数据的研究 [J]. 中南财经政法大学学报, 2016 (3): 149 - 156.

[303] 张宁宁, 吕新业, 白描. 产业内贸易对中国农产品贸易影响的实证研究 [J]. 商业经济与管理, 2016 (9): 73 - 79.

[304] 张亚斌. 中国所有制结构与产业结构的耦合研究 [M]. 北京: 人民出版社, 2001.

[305] 张雨. 我国服务贸易出口技术含量升级的影响因素研究 [J]. 国际贸易问题, 2012 (11): 117 - 127.

[306] 郑永杰. 国际贸易的技术溢出促进资源型地区技术进步的机理研究 [D]. 哈尔滨: 哈尔滨工业大学, 2013.

[307] 郑云. 中国农产品出口贸易与农业经济增长——基于协整分析和 Granger 因果检验 [J]. 国际贸易问题, 2006 (7): 26 - 31.

[308] 钟昌标. 外贸对区域产业结构演进的效应 [J]. 数量经济技术经

济研究, 2000, 17（10）: 18 - 20.

[309] 周海银. 人力资本与产业结构升级——基于省际面板数据的检验 [J]. 东岳论丛, 2014, 35（9）: 95 - 99.

[310] 周茂, 陆毅, 符大海. 贸易自由化与中国产业升级: 事实与机制 [J]. 世界经济, 2016（10）: 78 - 102.

[311] 周新德. 农业产业集群发展的国际经验及启示 [J]. 调研世界, 2008（5）: 43 - 46.

[312] 周振华, 产业结构优化论 [M]. 上海: 上海人民出版社, 1992.

[313] 周振华. 现代经济增长中的结构效应 [M]. 上海: 上海人民出版社, 1995.

[314] 宗振利, 廖直东. 中国省际三次产业资本存量再估算: 1978—2011 [J]. 贵州财经大学学报, 2014, 32（3）: 8 - 16.

附　录

附录 A　2010—2016 年中国各省份物质资本存量情况（单位：万元/人）

省市	2010	2011	2012	2013	2014	2015	2016
北京	3.690 3	4.590 5	6.157 7	8.307 7	10.165 0	11.482 8	12.717 0
天津	12.075 4	15.424 1	19.569 1	24.545 9	29.132 4	34.924 1	41.010 5
河北	3.873 5	4.683 4	5.835 3	7.242 6	8.898 9	10.897 0	12.935 1
上海	6.026 3	7.102 9	6.942 2	7.114 0	7.611 2	7.910 6	8.537 2
江苏	3.802 1	5.216 5	6.783 5	8.556 3	10.800 9	13.795 9	17.075 2
浙江	6.865 4	8.308 4	9.246 8	10.411 8	11.771 0	13.542 2	15.773 8
福建	6.202 7	6.681 8	7.772 8	9.644 7	11.572 0	14.101 2	17.009 8
山东	4.469 2	5.335 8	6.176 6	7.404 9	8.935 2	10.825 2	13.105 9
广东	1.681 1	2.076 1	2.471 6	2.986 6	3.891 4	5.047 4	6.222 2
海南	1.341 9	1.368 2	1.498 9	1.661 3	1.754 3	1.918 5	1.960 7
山西	2.093 8	2.438 5	3.084 7	4.264 7	5.698 4	8.015 9	10.706 0
安徽	3.676 6	3.999 6	4.723 6	5.668 2	6.854 5	8.248 2	9.617 9
江西	6.463 8	7.332 7	8.469 0	9.947 4	11.396 8	13.387 3	15.390 1

省市	2010	2011	2012	2013	2014	2015	2016
河南	3.341 4	4.003 6	4.825 5	5.841 3	6.848 3	8.357 6	9.881 7
湖北	2.445 7	3.113 2	4.073 3	5.364 4	7.193 0	9.364 5	11.385 7
湖南	2.946 3	3.366 3	4.036 1	4.967 3	6.015 2	7.439 7	8.833 0
内蒙古	4.611 8	5.451 1	6.480 6	8.028 7	9.435 2	10.852 1	11.904 5
广西	1.171 4	1.718 5	2.595 6	3.309 1	4.192 7	5.259 8	6.523 0
重庆	2.462 0	3.678 0	5.291 7	6.674 7	8.155 6	9.895 0	12.609 6
四川	2.295 0	2.755 9	3.479 7	4.066 9	4.565 7	5.123 6	6.091 3
贵州	0.525 4	0.648 6	0.812 8	1.060 9	1.389 6	1.938 0	2.637 4
云南	1.154 0	1.228 7	1.418 8	1.684 0	2.037 9	2.567 4	3.086 8
西藏	0.941 7	1.167 6	1.402 7	1.736 3	2.335 0	2.924 8	3.774 9
陕西	2.629 2	3.184 9	3.849 2	4.893 0	6.062 2	7.498 4	9.177 1
甘肃	0.636 7	0.944 7	1.397 8	1.858 7	2.467 5	3.102 1	3.984 1
青海	2.350 5	3.045 1	3.838 3	4.764 7	5.868 2	7.150 1	8.627 5
宁夏	2.614 9	3.217 1	4.497 2	5.699 0	6.935 2	8.149 9	9.169 4
新疆	4.271 6	4.421 2	4.652 7	4.842 0	5.320 6	6.072 8	6.964 5
辽宁	5.026 0	5.935 1	7.162 9	8.481 5	10.622 2	12.049 8	11.493 1
吉林	9.139 7	9.936 3	11.421 8	12.587 5	14.794 5	17.315 8	20.376 8
黑龙江	5.564 0	6.380 8	7.651 7	9.575 6	10.952 0	12.461 5	14.185 4

数据来源：根据《中国统计年鉴》相关数据整理计算所得。

附录 B　2010—2016 年中国各省份人力资本情况（单位：年/人）

省市	2010	2011	2012	2013	2014	2015	2016
北京	12. 182 8	13. 095 2	13. 320 4	13. 106 4	13. 388 2	13. 283 0	13. 833 3
天津	10. 706 6	11. 252 2	11. 298 2	11. 556 6	11. 767 0	11. 807 0	12. 139 9
河北	9. 180 2	9. 720 4	9. 828 4	9. 542 6	9. 819 8	10. 162 0	10. 312 7
上海	11. 258 0	11. 671 8	11. 810 4	11. 974 0	12. 580 0	12. 487 0	12. 682 0
江苏	9. 521 6	9. 844 6	10. 080 0	10. 137 4	10. 186 4	10. 660 0	10. 898 0
浙江	9. 167 4	9. 816 6	9. 924 0	10. 052 6	10. 244 2	10. 546 0	10. 877 3
福建	9. 171 8	9. 799 2	9. 934 6	9. 896 4	10. 054 6	9. 920 0	10. 352 5
山东	9. 088 6	9. 927 8	9. 827 2	10. 087 8	10. 092 4	9. 987 0	10. 529 2
广东	9. 802 6	10. 084 8	10. 050 0	10. 166 6	10. 374 8	10. 535 0	10. 719 5
海南	9. 305 8	9. 798 4	9. 983 6	10. 136 4	10. 214 4	9. 886 0	10. 493 3
山西	9. 603 6	10. 120 8	10. 297 2	10. 296 0	10. 330 4	10. 555 0	10. 864 5
安徽	8. 286 2	8. 730 0	8. 969 8	8. 853 6	9. 083 0	9. 064 0	9. 491 0
江西	8. 905 2	9. 349 2	9. 463 0	9. 648 2	9. 574 4	9. 612 0	9. 880 3
河南	8. 960 6	9. 308 6	9. 425 2	9. 606 6	9. 784 2	9. 824 0	10. 124 2
湖北	9. 064 6	9. 848 6	9. 801 6	9. 909 8	10. 049 2	9. 943 0	10. 423 4
湖南	9. 199 0	10. 190 8	10. 164 2	10. 214 2	10. 231 8	9. 889 0	10. 584 2
内蒙古	9. 310 4	9. 971 8	10. 079 4	9. 985 0	10. 076 2	10. 030 0	10. 513 4
广西	8. 818 8	9. 222 4	9. 292 8	9. 309 8	9. 473 6	9. 696 0	9. 903 2

省市	2010	2011	2012	2013	2014	2015	2016
重庆	8.689 4	9.033 0	9.279 2	9.269 8	9.410 2	9.827 0	10.072 7
四川	8.224 6	9.017 0	9.038 8	9.195 0	9.253 8	9.006 0	9.621 8
贵州	7.517 2	8.133 0	8.360 2	8.622 6	8.542 4	8.195 0	8.877 6
云南	7.664 6	8.151 6	8.281 0	8.515 0	8.496 2	8.415 0	8.948 9
西藏	5.168 0	9.080 0	7.083 0	7.169 0	6.452 0	5.878 0	7.257 9
陕西	9.221 8	10.205 8	10.293 8	10.404 8	10.603 6	10.133 0	10.981 7
甘肃	7.987 0	8.972 8	8.954 6	9.121 2	9.146 6	9.107 0	9.817 3
青海	7.837 2	9.192 6	9.250 4	9.335 0	9.272 0	9.152 0	9.914 2
宁夏	8.858 8	9.323 2	9.220 6	9.776 6	9.041 2	9.716 0	9.868 4
新疆	9.348 6	9.635 2	9.802 6	9.848 6	9.853 2	10.424 0	10.481 4
辽宁	9.788 2	9.825 4	9.861 4	10.113 2	9.909 0	10.481 0	10.406 4
吉林	9.454 4	9.669 0	9.610 4	9.762 8	9.861 0	9.941 0	10.089 5
黑龙江	9.451 2	9.261 4	9.329 4	9.350 8	9.5558	10.2780	10.0151

数据来源：根据《中国劳动统计年鉴》相关数据整理计算所得。

附录C　2010—2016年中国各省份技术水平情况

省市	2010	2011	2012	2013	2014	2015	2016
北京	0.172 6	0.237 1	0.451 8	0.464 3	0.567 1	0.843 2	0.780 1
天津	0.404 3	0.324 1	0.394 4	0.475 6	0.490 1	0.775 5	0.820 2

续表

省市	2010	2011	2012	2013	2014	2015	2016
河北	0.202 3	0.163 8	0.274 6	0.384 4	0.525 6	0.852 0	1.000 0
上海	0.318 9	0.366 7	0.474 6	0.461 0	0.592 1	0.874 5	0.833 5
江苏	0.423 8	0.448 7	0.650 4	0.582 4	0.516 3	0.658 7	0.718 1
浙江	0.280 1	0.170 5	0.399 1	0.489 6	0.547 2	0.772 3	0.830 0
福建	0.336 0	0.297 4	0.374 2	0.433 9	0.462 3	0.669 6	0.790 6
山东	0.292 8	0.303 1	0.437 1	0.476 8	0.543 5	0.784 5	1.000 0
广东	0.368 8	0.304 9	0.410 7	0.446 3	0.489 2	0.715 4	0.916 9
海南	0.163 6	0.209 7	0.371 8	0.458 6	0.558 6	0.642 4	0.494 0
山西	0.186 5	0.273 1	0.389 8	0.597 6	0.734 9	0.628 5	0.666 7
安徽	0.178 0	0.250 4	0.414 4	0.464 6	0.518 3	0.957 5	0.764 3
江西	0.347 4	0.110 3	0.163 3	0.199 2	0.337 9	0.563 0	0.782 1
河南	0.260 6	0.254 3	0.348 0	0.396 2	0.568 9	0.822 3	1.000 0
湖北	0.304 5	0.254 9	0.349 6	0.434 0	0.574 2	0.847 2	0.990 3
湖南	0.389 8	0.266 7	0.408 8	0.420 5	0.514 6	0.724 3	0.817 7
内蒙古	0.320 2	0.276 5	0.348 1	0.390 0	0.450 3	0.750 8	0.9 29 8
广西	0.355 5	0.325 1	0.406 1	0.475 4	0.502 0	0.455 9	0.480 1
重庆	0.200 7	0.179 2	0.324 8	0.319 4	0.414 4	0.786 7	1.000 0
四川	0.423 8	0.105 9	0.280 3	0.366 2	0.478 6	0.710 9	0.777 3

省市	2010	2011	2012	2013	2014	2015	2016
贵州	0.361 1	0.300 7	0.307 5	0.298 6	0.493 0	0.597 0	0.771 4
云南	0.405 4	0.340 5	0.376 9	0.353 2	0.395 7	0.765 6	0.831 5
西藏	0.155 9	0.080 4	0.337 2	0.247 2	0.165 1	0.431 9	0.601 4
陕西	0.169 3	0.125 2	0.346 5	0.462 1	0.594 4	0.829 7	0.990 5
甘肃	0.411 8	0.223 5	0.392 2	0.391 8	0.463 2	0.687 9	0.720 5
青海	0.386 9	0.533 2	0.379 4	0.315 8	0.307 8	0.612 7	0.717 7
宁夏	0.334 9	0.158 8	0.121 6	0.248 4	0.424 7	0.750 3	0.971 1
新疆	0.259 7	0.158 7	0.327 7	0.339 5	0.444 5	0.720 5	0.805 4
辽宁	0.610 6	0.611 5	0.587 4	0.566 1	0.447 8	0.381 8	0.872 3
吉林	0.381 6	0.197 3	0.241 4	0.464 5	0.548 5	0.787 3	0.871 8
黑龙江	0.550 6	0.451 2	0.586 7	0.535 9	0.394 1	0.322 6	0.477 2

数据来源：根据《中国统计年鉴》相关数据整理计算所得。

附录 D　2010—2016 年中国各省份制度质量情况

省市	2010	2011	2012	2013	2014	2015	2016
北京	0.690 9	0.330 7	0.240 1	0.291 6	0.631 6	0.640 0	0.483 8
天津	0.171 7	0.015 6	0.506 1	0.596 3	0.376 9	0.841 1	1.000 0
河北	0.316 0	0.266 3	0.134 3	0.181 5	0.784 2	0.536 5	0.574 8
上海	0.527 8	0.319 0	0.161 2	0.154 0	0.845 8	0.644 4	0.685 9

续表

省市	2010	2011	2012	2013	2014	2015	2016
江苏	0.377 1	0.390 8	0.520 6	0.477 3	0.461 4	0.540 9	0.675 4
浙江	0.461 7	0.348 2	0.451 7	0.483 9	0.634 0	0.619 9	0.527 2
福建	0.242 9	0.240 3	0.406 4	0.512 7	0.654 2	0.722 5	0.757 1
山东	0.327 0	0.326 6	0.260 6	0.405 5	0.691 9	0.667 9	0.729 9
广东	0.261 7	0.219 2	0.193 3	0.260 1	0.760 5	0.688 9	0.842 9
海南	0.050 9	0.031 6	0.391 9	0.435 4	0.569 9	0.803 8	0.947 0
山西	0.300 6	0.025 4	0.181 6	0.118 2	0.617 7	0.668 4	0.819 5
安徽	0.345 5	0.372 2	0.250 8	0.322 6	0.605 4	0.602 1	0.684 4
江西	0.476 0	0.418 8	0.147 9	0.196 5	0.707 2	0.529 9	0.568 7
河南	0.421 7	0.362 2	0.221 3	0.282 2	0.673 4	0.545 6	0.618 9
湖北	0.430 2	0.298 1	0.361 3	0.465 7	0.459 2	0.611 4	0.709 2
湖南	0.474 6	0.441 4	0.116 2	0.146 4	0.721 2	0.526 2	0.568 5
内蒙古	0.403 2	0.380 5	0.374 9	0.456 0	0.338 3	0.536 1	0.626 2
广西	0.289 5	0.197 9	0.550 2	0.567 5	0.648 3	0.687 3	0.765 3
重庆	0.547 0	0.328 6	0.236 7	0.214 8	0.832 3	0.600 1	0.563 3
四川	0.485 2	0.354 6	0.314 3	0.386 7	0.598 7	0.591 5	0.631 8
贵州	0.248 5	0.079 4	0.499 8	0.448 5	0.694 9	0.641 5	0.729 4
云南	0.819 3	0.634 5	0.215 8	0.196 7	0.340 1	0.419 3	0.382 4

省市	2010	2011	2012	2013	2014	2015	2016
西藏	0.260 5	0.233 4	0.385 9	0.417 4	0.656 4	0.622 6	0.739 5
陕西	0.315 0	0.176 4	0.329 6	0.338 6	0.622 1	0.728 1	0.763 7
甘肃	0.358 2	0.376 4	0.180 2	0.241 3	0.664 5	0.645 2	0.720 5
青海	0.271 3	0.221 9	0.385 2	0.464 2	0.668 0	0.690 1	0.734 3
宁夏	0.388 2	0.000 0	0.512 4	0.528 9	0.659 6	0.663 9	0.675 3
新疆	0.280 9	0.270 8	0.423 9	0.493 4	0.732 0	0.630 0	0.674 9
辽宁	0.239 7	0.203 2	0.255 2	0.280 3	0.406 2	0.430 4	0.787 5
吉林	0.281 0	0.180 7	0.345 3	0.400 5	0.585 8	0.712 7	0.802 3
黑龙江	0.315 5	0.246 7	0.314 3	0.381 5	0.477 8	0.637 2	0.699 7

数据来源：根据《中国金融年鉴》和《中国市场化指数》相关数据整理计算所得。